集 刊 名：中国公共史学集刊
主　　编：姜　萌　张宏杰
主办单位：中国人民大学史学理论研究所

PUBLIC HISTORY IN CHINA

第四集

集刊序列号：PIJ-2021-443
中国集刊网：www.jikan.com.cn
集刊投约稿平台：www.iedol.cn

姜萌 张宏杰 主编

中国公共史学集刊

历史非虚构写作专号

PUBLIC HISTORY IN CHINA

【第四集】

社会科学文献出版社
SOCIAL SCIENCES ACADEMIC PRESS (CHINA)

本成果
受到中国人民大学2021年度“中央高校建设世界一流大学（学科）
和特色发展引导专项资金”支持

《中国公共史学集刊》

中国公共史学集刊

第四集
2022年3月出版

中国公共史学集刊 第四集
第1~4页

历史叙事的火种永远不会熄灭

姜 萌

人事有代谢，往来成古今。
江山留胜迹，我辈复登临。
水落鱼梁浅，天寒梦泽深。
羊公碑尚在，读罢泪沾襟。

——孟浩然《与诸子登岘山》

暑假里陪儿子背诵校本古诗，其中之一是孟浩然这首《与诸子登岘山》。对于三年级的小学生来说，自然不能理解这苍凉深远的诗意。即使是直白的白话文翻译，孩子也不能准确理解。七八岁的孩子，记住文字，准确背诵就完成了任务。萦绕耳边的稚嫩童声，却引发了我的情感共鸣，以至于带孩子去颐和园等处游玩，多次不自觉地脱口而出。其实这首诗自己儿时也背诵过，但是没有留下多么深刻的印象。人到中年，再遇见这首诗，才体会到它的意蕴，不由自主地生发出感慨。

这首诗也让我想到了这一集的主题——历史叙事问题。人事代谢是人类自然的现象，谁也逃不掉自然规律。一代人有一代人之命运，一代人有一代人之历史。山水无语，春秋有声。一代又一代人的过往，无论是功名煊赫，还是平凡寂寥，本身并不能自我言说。是文字，尤其是赋予历史含义的文字，让这些成败兴衰、悲欢离合长留人间。也就是说，“往来”成为“古今”，需要凭借《羊公碑》上的文字。没有文字，就没有书写。没有书写，就没有历史。

历史叙述在中国传统史学中，居于核心地位。司马迁提出的“述往事，知来者”，前提是“述”。没有历史叙述这个前提，往事就会如烟云一样消散。没有历史叙述这个基础，“来者”就不可知。正是基于这样的认识，中国古代史家反复指出“述”之重要。前有孔子“言以足志，文以足言。不言，谁知其志。言之无文，行而不远”，中有刘知几“史之称美者，以叙事为先”，后有章学诚“事必藉文而传，故良史莫不工文”。将中国古代关于“良史”的评价汇集，可以发现刘知几所言不虚。古人称道的“良史之才”，首推“善述序事理”，其次才是秉笔直书。换句话说，如果不把历史写得让人读之津津有味，即使做到秉笔直书，也不一定被人称誉为“良史”。中国传统史家为何如此推崇历史叙事呢？主要源于古人对于史学功能和价值的认识。

在中国古人的观念世界中，历史叙事的力量是无穷的。“褒见一字，贵逾轩冕；贬在片言，诛深斧钺”，是对这种力量最简练的概括。羊公碑虽然寥寥数语，却记载了羊祜仁声远耀、深谋远略、行为世范的事迹。恬淡自如的孟浩然五百年后读到碑文，依然泪洒衣衫。在中国历史发展进程中，像孟浩然与羊祜这样超时空对话与共情的例子不胜枚举。穿透时空的是羊祜的事迹与精神，承载这些事迹与精神的是历史叙事。中国文明能够如长江黄河一样浩浩汤汤，绵延不绝，其中一个重要因素就是借助于高度发达的历史叙事，将一代代前人的兴衰成败、悲欢离合记录下来、叙述出来、传播出去，被一代代后来者知晓、接受、理解、内化，达到了“述往事，知来者”的效果。

“述往”何以“知来”？根源在于中国文明诞生之际就出现的历史鉴戒意识。无声的历史事实通过历史叙述，成为后来者的精神资源，通过鉴戒转化为历史创造的因素。“鉴前世之兴衰，考当今之得失”，是从王朝国家这样宏观的角度认识历史经验教训如何转化为历史创造的因素。“孔子著《春秋》而乱臣贼子惧”，是从重建和维护政治伦理秩序这样中观的角度揭示历史书写转化为历史创造因素的路径。“人生自古谁无死，留取丹心照汗青”，是从个人感悟和情感这样微观的角度体现历史观念如何影响个体在时代洪流中的选择。“古人日以远，青史字不泯。”一代代中国人坚信通过历史可以继承成功经验，汲取失败教训，褒奖丰功伟绩，记录邪行罪恶。“寓褒贬于叙事”的皇皇青史，虽然不能杜绝所有人的人性之恶，但是的确让更多人知戒惧、存敬畏，用毕生之精力去正道直行，去养浩然之气，去建功立业。

历史叙事传统如此悠远，写作技巧如此精妙的中国传统史学，在现代化过程中，受到了严重挑战。过去一般都认为传统史学的衰微是源自梁启超发动的“新史学运动”。随着认识的增加，人们意识到这种看法或许有进一步检讨的空间。因为无论是梁启超还是其他参与者，都不反对、不排斥历史叙事。在中国新史学孕育之时，就有史家指出所谓“良史之才”一定要“落笔必雄奇超妙而要其大体则不失真且正”。梁启超不仅依靠那支威力胜过十万雄兵的魔力之笔，书写古今中外的历史，还注重对中国史学进行革命性改造。梁启超倡导“无老无幼无男无女无智无愚无贤无不肖所皆当从事”“史界革命”，要实现“新国民”的目标，自然离不开动人的历史书写。也正是这个缘故，他还在“史界革命”之外提出了“小说界革命”，排在第一位的是“以恢奇俶诡之笔，代庄严典重之文”的历史小说。

历史叙事在中国现代史学发展过程中走向衰微，核心原因可能有二。第一是西方强势学术文化标准席卷世界，科学主义对中国人文学科的影响在民国初年确立了主导地位。历史学从“别真伪”与“明是非”兼顾，明显向“别真伪”之学倾斜。经得起科学实证检验的研究才是学术，经不起检验的都是玄学。已经专业化、学院化的学术工作者要先在学术机构立足，都要做“科学家”，不能做“玄学鬼”。基于这样的意识，民国时期专业研究机构的史学工作者，主流都是在“研史”，而不是“写史”。但是中国传统史学的流风余韵尚在，所以还有愿意写史之人。第二是改革开放以来学术评价标准的绝对化。四十余年来中国历史学的发展，基础是明确分工的专业机构。专业机构的职称评审、水平评价就要有客观的依据，追求客观依据势必走向量化导向和评价标准的单一化、同质化。绝对化的学术评价标准，转而影响了史学从业者努力的方向，影响了知识生产的要素投放。四十余年来，学术评价标准越来越绝对化，中国历史研究知识总量急剧增加，但是历史叙述的衰微程度也前所未有。历史叙述的衰微又显著消减了历史学的社会参与度，影响了历史学的健康发展。

不过也不必悲观。从历史学发展的宏观视角来看，数十年来中国现代史学对历史叙事的轻忽，应该是一个相对短暂的阶段，不是一个长期的趋势。从当代世界史学发展来看，历史叙事的复兴，是一个显著的趋势。从当前中国史学情况来看，一些学术素养深厚的前辈大家、一些超越了学术评价体系的中年学者、一些已经勇于遵从内心的青年英才，已经投入历史叙事的实践中。近些年来，学术与文采兼具的历史叙事不断涌现，同时获得了大众和学术界的认可。从历史学自身来说，缺少历史叙事的历史学，是不食人间烟火的历史学，即使可以发现所有的历史知识，也不能融入人民大众的生活，也不能很好地转变为历史创造的因素。当前已经有越来越多的史学从业者意识到了这一点，对这一现象进行反思，对这一问题进行研究，从各个角度进行实践。中国历史叙事的复兴，已经在路上。

或许，我们可以谨慎地做出一个判断：历史叙事的火种在新时代中国不仅不会熄灭，而且最终会获得它应该获得的发展！

中国公共史学集刊　第四集
第 5～32 页

源流与边界：历史非虚构写作的理论维度

王　笛　杨念群　祝　勇　陈肖寒

时　间：2021 年 7 月 23 日晚上

地　点：北京红楼公共藏书楼

嘉　宾：

王　笛（澳门大学杰出教授）

杨念群（中国人民大学历史学院教授，史学理论研究所所长）

祝　勇（故宫博物院故宫文化传播研究所所长）

主持人：

陈肖寒（社会科学文献出版社历史学分社编辑）

陈肖寒：

各位读者大家晚上好！欢迎来到北京红楼公共藏书楼。今天的活动是由社会科学文献出版社历史学分社和中国人民大学《中国公共史学集刊》联合举办的“历史的非虚构写作——2021 年鸣沙史学嘉年华”。我们的活动一共三场，今天是第一场，今天晚上的主题是“源流与边界：历史非虚构写作的理论维度”。

我先介绍一下参加活动的几位老师，按年龄，首先是王笛老师。王笛老师现在是澳门大学历史系的教授。澳门大学全校一共 20 位讲席教授，王老师是其中的一位。第二位是来自中国人民大学历史学院的杨念群老师。大家对杨老师都很熟悉了，在座的很多都是学生，我想很多人和我一样，从很久之前就开始关注杨老师的研究。和我年纪差不多的人是从《再造“病人”》那个时候开始，那时候我刚上本科。年纪再大一点的，可能是从《中层理论》，那已经是二十年前了。第三位老师是故宫博物院故宫文化传播研究所的祝勇老师。文化传播是非常艰巨的任务，也非常有意义，所以祝老师身上的担子是很重的。

回到今天的主题，因为我们是三场活动连在一起，所以我会稍微用一点时间对三场活动做一个总的概括。

我们这一届主题是“历史的非虚构写作”，什么是历史非虚构写作，其实我并不是很清楚。历史难道还有虚构的吗？历史不就是非虚构的吗？历史的非虚构写作的概念、理论、原则、受众，写作者，以及它与严肃学术著作的区别、和纪实文学的区别，等等，还有很多概念有待界定。按我自己的理解，以古典音乐作比，理查德·施特劳斯比严肃性，他不如另一个理查德，我指的是理查德·瓦格纳，写四联剧《尼伯龙根指环》的那位；比通俗性，他不如另一个施特劳斯，我指的是约翰·施特劳斯，写《蓝色多瑙河》的那位。

我们这个活动公告发出以后，有些学者是赞成这个命题的；有学者比较反对，甚至一些知名学者用比较激烈的语言来反驳这件事。有学者提出历史非虚构写作的成本，远远低于一本严谨的、需要多少年磨一剑的学术著作。但是我想用最严肃的态度来强调一点：历史的非虚构写作是否存在，或者说什么是历史的非虚构写作，这是一个学术问题；我们如何看待历史的非虚构写作，是一个哲学问题。它关系到我们的价值观，关系到我们如何看待世界。本质上说，就是我们是否认为这个社会应该是一个多元、开放、包容的社会。什么叫一元的社会？我有我的观点，你有你的观点，你的观点是错的，我的观点是对的，所以这个世界上只能存在我认为正确的观点，就是我的观点。你的观点不应该存在，应该被消灭，这是一元价值观。什么叫多元的社会？你有你的观点，我有我的观点，你讲你的理由，我讲我的理由。我不同意你的观点，但是我认为你的观点应该和我的观点并行存在。什么叫学术的进步？学术的进步不是一种观点取代另一种观点，而是从唯一的观点变成多种观点并行。我想这才是我们看待历史的非虚构写作的态度。

下面我把时间交给三位嘉宾。

王笛：

今天的主题是讲历史非虚构的写作，其实讲到这个问题的时候，在中国的史学界，有一些是我们的朋友，对是否应该提倡历史非虚构写作或者是非虚构历史写作，存在不同的意见。我觉得有不同的看法和争论，是一个正常的现象，我们在这个问题上还没有达成共识，还需要我们这样的对话来进一步讨论什么是历史的非虚构。

既然叫我先讲，我就谈谈我对非虚构历史写作（或者说历史非虚构写作）的看法。我们首先要弄清楚虚构和非虚构。其实我们如果不加“历史”这个定语，按道理说大家是有基本的共识的，无论是在西方还是在中国，虚构就是我们经常所说的小说、文学创作等，而非虚构的内容不是我们头脑中所创造的东西，我们所说的、所引用的、所呈现的东西都应该是有依据的。如果我们把自己的历史写作定义为历史的非虚构，我认为里面所有的东西都必须有根据——这个根据可能是历史资料，可能是档案，可能是社会调查，也可能是亲身的经历。

现在我们说虚构、非虚构的概念，应该是从美国开始的，我们可以追溯到 1960 年代。其实如果我们仔细阅读美国所出版的历史非虚构类著作，像社科文献的甲骨文系列的历史非虚构书系，都是有注释、有资料来源的。那些美国普利策奖的获奖书或者是《纽约时报》畅销榜上的书，后面的注释非常详细。在每一个事实上，都不能臆造。所以好多这样的著作是经过了长期的努力，花费了大量的时间的。

比如说近些年翻译出版的《美国监狱》，作者为了揭露诸多黑幕，进入美国的监狱，进行卧底考察，记下了他所看到的和深入调查的一切。另外还有《美国陷阱》，讲的是法国某公司的一位高管，因为公司的商业活动与美国的有关规定相冲突，被美国中央情报局抓捕，他把自己在监狱里的经历、为自己获得自由所做的艰苦努力，进行了非常精彩的描述。还有一本《坏血》，讲的是美国一位美女企业家，宣称发明了一种检查仪器，通过一滴血，便可以查到身体过去复杂的验血结果。结果她机器造不出来，就开始造假。《华尔街日报》的调查记者经过长时间的追踪，记者本人就成了这个被揭露丑闻的一部分。从以上的例子看，非虚构写作往往具有批判精神，调查十分辛苦，有的甚至要冒生命危险。

在美国，杂志、报社和出版社对这些非虚构作品的事实核查也是非常认真的：要作者提供调查记录——采访了谁，在哪一天，谁说了什么话，都是要有根据的，他们甚至打电话给调查的对象，做事实的再核实。也就是说，既然是非虚构，就一定要对文本的真实性负责。

刚才肖寒提到我们的同行担心提倡历史的非虚构写作有可能会造成误解，怕被人认为既然有非虚构历史写作，那就有可能有虚构的历史写作。我认为不必为此担心。不可否认，当然有虚构的历史写作，是指利用历史题材进行文学的创作，像《康熙大帝》《雍正大帝》等小说以及由此产生的非常火的电视剧。有同行说，恐怕史景迁、卜正民不会认可他们被贴上非虚构的标签。其实，在美国，所有的历史著作，如果要参加评奖的话，都会被划入非虚构的范畴，只是我们很多历史著作没有进入大众的视野。大多数的严肃历史写作，虽然属于非虚构的，但是不会进入大众视野。史景迁的《寻找现代中国》（*Search for Modern China*）出版之后，便在《纽约时报》非虚构畅销书榜上很长一段时间。卜正民的《维米尔的帽子》（*Vermeer's Hat：the Seventeenth Century and the Dawn of the Global World*）被划为非虚构著作，完全是没有问题的。他们绝不会因为其著作被人称为非虚构而认为降低了身段。

杨念群：

“历史的非虚构写作”这个话题非常有意思，实际上在这场活动开始之前，预告一打出来就已经出现很大争议，有位著名学者在微信朋友圈里质疑“历史的非虚构写作”这个概念是否能够成立。其主要观点认为所谓的“非虚构”（non-fiction）不过是挑战传统的 fiction（虚构）作品的一种说法，只能限于文学创作的一个门类，无论“虚构”还是“非虚构”都只是文学表达的专利，历史学不应接盘这个概念，也就是不承认历史可以用非虚构的方式来加以叙述，因为历史写作本来就不存在“虚构”的问题，谈“非虚构”就是多余。历史学家不应该陷入这个“泥潭”里，认同“非虚构”的写作方法。

同时也有朋友反驳说，“非虚构”指的是根据作为表象的事实（约等同于事件）所进行的写作，自然就应该包含历史写作，虽然“非虚构”对应的是“虚构”，实际上却被看作介于历史写作与文学创作之间的领域或种类。其长处在于根据有限的证据和合理的推论重构历史，短处是因史无载述，无法证实，反过来说也无法证伪。

我个人认为，“非虚构”这个概念不应成为文学创作的专利，也不应用“虚构”“非虚构”来严格区分历史和文学的边界，“非虚构”写作恰恰应该成为历史学家和文学家共享的概念，实际上历史学家也应该有资格分享所谓非虚构方法。

这位学者朋友之所以对“历史的非虚构写作”提出挑战也许源自一个担心，就是这样的写作方式把历史学家的学术含量降低了，变成了文学叙事，有跟小说家的创作混淆在一起的危险，我觉得大可不必有此焦虑。

为什么我们要把历史的非虚构写作作为我们的讨论话题？说白了我觉得这个世界上可能有两种人，就历史写作而言，写作尝试采取非虚构的方式的那些人往往是那些当年有文学青年情怀的历史学家。在越来越专门化的写作程式规训之下，他们的文学情怀得不到释放，他们感到不甘心，所以才用非虚构写作的手段表达他们曾拥有的文学梦。还有一种人本身就有小说写作的才华，但是他步入历史研究行列之后，也希望自身的写作具备历史学家的严谨，所以他需要通过对具体史实的搜集和考证来增加其文学叙述的说服力。我们知道现在许多历史学的论文是难以卒读的，非常无趣枯燥，很像闭塞在某个场域之内的小众游戏，游戏的进行只是出于学术职业积累的需要，但是阅读体验非常糟糕，所以一些人就要改变这种现状，希望用一种流畅优美的叙事把历史从枯燥无趣的状态中拯救出来，这可能是我们提倡非虚构写作的初衷和动因。

现在的史学界由于过度强调学术规范而严重削弱了历史研究本应具

有的人文性，以至于文笔很优美，叙述有个性反而变成了历史写作的一种罪过，一个流行的批评理由就是这种写作太具文学色彩。这种导向造成很多符合学术规范的论文难以卒读，其实从根本上来说就是因为很多历史学人缺乏“非虚构”叙述方法的自觉。我们为什么不能把两者结合起来呢？为什么我们不能分享一下文学写作叙事的技巧，追求愉悦的阅读感受呢？中国古代从来都是文史哲不分家，所有传世的文章一定是带有优美的叙述节奏感的，传统的历史书写同样也会表达得雅致好看，所以有人说司马迁的《史记》就是非常杰出的历史非虚构写作范本，当然现在没有人能写出《史记》，因为我们很大程度上被现代学术规范所宰制和规训，越来越失去了写作的自由。

当然我这样说并不是要否定当代学术论文写作规范的正确性或者想动摇其正统地位，没有这个意思，我是说在历史写作的形式上可能需要另辟蹊径，在过度受到现代社会科学宰制的论文写作模式之外寻求另一种书写方式，这就是我们倡导历史非虚构写作的初衷，不知道大家是不是同意我的观点，历史学家和文学家可以分享不同叙事风格带来的优美感和愉悦感，这是我的第一个观点。

第二个观点是围绕着“历史的非虚构写作”这个词所出现的争论，与后现代理论的兴起有很大的关系。我们知道后现代理论最惹人争议的看法就是历史根本没有客观性，历史都是由某个利益群体的主观叙述方式加以决定的，历史演变没有规律，只是偶然发生的事件之间的片段集合，历史发展也是没有未来的、无目的的，不应受到因果律的制约。如果大家懂得一点后现代的常识，就知道历史叙述一旦受主观性支配，就等于颠覆了正统叙事，换成另外一个说法，就是：文学跟历史之间没有界限，文学就是历史，历史也就是文学，当然我个人是不大同意把历史本身绝对化为主观性叙事的，但“历史的非虚构写作”的确在后现代思潮的启发之下具备了一定合理性。

另有一种说法是历史叙述与文学表述之间极其相似，都是遵循所谓的情节设置规则，比如历史与文学叙述中都包含事件、人物和情节等要素。后现代理论坚持说历史既然由主观选择记录下来，那么其叙事的逻辑和方式与文学创作自然难以区别开来，历史和文学都不过是对某种生活场景的还原和描写，都同样需要作者发挥想象力。我们在此不想对后现代理论发表评论，因为历史写作与文学叙述之间到底有没有界限，历史与文学之间的关系是什么，根本不可能用几句话说清楚，学界可以写无数本书去阐述这个问题。

我的感觉是历史事实既然包含着主观书写的成分，那就当然可以借助文学的叙事加以表达，这是“历史的非虚构写作”追求的重要目标，我们要把历史写得好看，让读者读起来感到身心愉悦，那就必须借助文学叙事的技巧，否则不可能达到这个效果。刚才王笛兄也提到了历史与文学叙述是否存在边界的问题，两者的叙述界限到底应该设在何处？当我们按照后现代逻辑无限延伸叙事边界、展开自我想象的时候，恐怕历史和文学的界限就完全消失了，但历史学毕竟是有其自身规范的，不可能与文学叙事毫无区别。刚才王笛老师已经说得非常明确，我们搞任何历史创作，哪怕文笔叙述再优美，故事讲得再生动，也必须做到有根有据，而且根据一定是从坚实的史料搜证中获取的。文学写作可以天马行空，发挥主观的无限想象，编造主观设置的情节，但是历史写作是一定要有史实根据的。这就是史学叙述与文学创作根本区别之所在。

我举两个例子，史景迁写作的第一本所谓的历史非虚构类作品是《康熙自画像》，这本书完全突破了历史传统写作必须采取第三人称的叙述方式，康熙皇帝居然以第一人称出场并展开所有叙事，看上去好像是康熙的一本自传。从常识角度看，大家肯定会质疑，史景迁怎么知道康熙说出来的那些事情是真实发生过的呢？你一个现代人怎么可能与康熙感同身受达到共情呢？因为我们知道，一般而言，只有采用第三人称的观察视角才能达到某种客观性，作为历史的观察者，通过第三方视角才能把历史人物对象化。如果你假想自己幻化成了康熙，那就是一种纯粹的文学想象，只有小说家才敢做出尝试，可是史景迁却敢于这样写。那么，这部书难道还能被称为历史著作吗？在我看来，这部书仍然是一本历史著作，因为康熙帝的每句话和每一次行动都有史料文献出处，都是史景迁从大量档案、文献里查找出来的，有确凿的历史依据。史景迁只是换了一种讲述方式，他用“我”来叙述真实可靠的历史故事。

第二个例子，历史可不可以用不同的叙述结构来加以表达？在此我想举王笛老师的著作《袍哥》做一点说明。《袍哥》这本书是一种典型的双线叙事模式，王笛主要利用了当时燕京大学一篇调查袍哥的毕业论文，他用这个论文作为基本材料重构历史场景，同时王笛又是另外一位历史叙述者，他通过追踪燕大论文作者的经历展开另一条故事线索，两条线索相互呼应、补充，构成了一种双重叙事逻辑。王笛作为《袍哥》著者与燕大论文作者沈宝媛的叙述形成了一种有趣的对话关系，这是在传统历史写作里难以找到的一种书写形式，这种对话关系破坏了历史客观主义的写作原则，已经包含了所谓非虚构写作的元素。这样的历史作品我是很愿意去阅读的，它不是一般那种板着面孔说话的学术论著，它有很严谨的史料做支撑，叙述却具有较强的主观色彩，有比较浓厚的文学性，符合“历史的非虚构写作”要求。这就是历史和文学一起共享“非虚构”叙事资源的一个典型例子，史料根据是严谨的，但是写作风格可以带有一定的想象成分。

这本书如果用传统的文学和史学著作标准去衡量都无法准确定义，我个人认为我们没有必要争论“历史的非虚构写作”这个概念是否成立这一问题，我们就拿作品说话，所有属于“历史的非虚构写作”的作品都是建立在严谨的史料甄别基础之上的，同时又具备独特的叙事框架和优美的写作风格。

陈肖寒：

杨老师讲到了一个本质问题：是不是所有的历史题材都可以写得好看，都可以写成“历史的非虚构”？比如说唐启华研究北洋修约，是针对很具体的问题，通过读档案，通过读外交史料，一条一条做考证。这种书有可能写得不枯燥吗？这个问题一会儿我们可以继续交流。

我们请第三位老师，来自故宫的祝勇老师演讲。祝老师一直在故宫做纪录片工作，他每天的工作我非常羡慕，刚才说得我现在就想退休，一会儿你们可以问问他每天工作都是什么。

祝勇：

刚才念群兄讲到历史的主观性、客观性的问题，我想谈谈自己的想法。在我看来，历史既不是主观的也不是客观的，而是主观和客观互相对话的结果。

对于历史的概念，历来众说不一。那么，什么是历史呢？不同时代的学者有着不同的回答，这方面的论著，也不一而足。简单地说，有学者强调历史的客观性，甚至主张以纯自然科学的眼光看待历史学，从而产生了实证主义历史学，孔德即持这种看法。这种实证主义历史学，对19世纪的历史编纂产生了巨大影响，推动了对历史记录的考订和历史材料的积累。有学者则强调历史的主观性，黑格尔甚至认为历史是“精神”发展和实现的一个过程；到克罗齐，更认为历史知识是思想的产物。但在我看来，历史既不是客观的，也不是主观的，而是主观与客观的对话。因此，在所有对于什么是历史的定义中，我最认同的，是英国历史学家卡尔的一句话：“历史是过去与现在之间永无止境的问答交流。”

简言之，历史是一种对话。谁在对话？卡尔说是过去与现在之间对话，是“过去的事情”与当代人（具体体现为历史书写者）之间的交流。也就是说，历史不是“过去的事情”的总和。在世界上，并不存在一个自足的、完整的、原生态的、闭环式的、不需要他人介入、他人也无法介入的历史，像一头怪兽，在时间中默然运行，与任何（当代）人不发生关系。倘如此，历史就被孤立在我们的视线之外，没人知道历史的存在了，历史成了一个无法打开的黑箱。我们所说的历史，一定是与（当代）人发生了关系的历史。

发生了什么样的关系呢？就是对话、交流的关系。历史不是“过去的事情”，而是“过去的事情”和“当代人”的对话，也是客观（史实）与主观（立场）之间的对话。对话的结果，就体现在当代人所写的历史著作中。历史不是黑箱，是因为有人存在——人的意识、语言、思维，可以在那黑箱之上撕开一个口子，窥视黑箱内部的状况，然后把它讲出来，更多的人也就知道了黑箱内部的状况。讲述者的视角，随即也成了大家的视角。于是我们得出一个结论：历史存在于话语中，存在于人的叙述中。

有一点就非常重要，是谁撕开了这个口子？他在什么地方撕开了这个口子？他所看到的历史景观一定不会是历史的全部，而是带有他的角度，而任何角度，都是有局限性的，不会有哪个人拥有全知视角。谁在说，怎么说，也就变得重要起来。历史的书写者，就是打开那个“黑箱”的人。

当然，言说的那个人，也会变成历史，他所说的话，就变成了文献，于是产生了文献主义历史学。文献主义历史学后来受到了挑战，因为考古学跟上来了，人们开始用地下的证据来验证地上的证据（即历代流传的文献），然后形成对历史的新的表述。但新的表述也是语言，历史始终存在于语言之中。

历史不是文献本身，那些零零散散的地下文物也不是历史，历史是在综合所有证据基础上形成的语言。所以在大学中，历史学与文献学、考古学是不同的学科，它们的目的、方法有所不同。历史学更具有综合性。

所以，历史其实是对话，是交流，是关系，而不是“过去的事情”的总和，不是一些固定的、“客观”的、封闭的、不可移动的“事实”。历史是现在的人和“过去的事情”之间的对话。而且，这样的“问答交流”是“永无止境的”。为什么“永无止境”呢？因为对话的人在变，江山代有才人出，一代人有一代人的问题，一代人有一代人的兴趣点，一代人有一代人的思维方式。对话的主体在变，对话的主题也自然会变。对话者不同了，产生的结果也必然不同。我们不妨从这个意义上去理解“一切历史都是当代史”。

这就孕育了一代一代的历史书写者，他们代表着他们的同时代人与“过去”对话，从而形成中国强大的述史传统，共同书写了一部“中国史学史”。自周代的孔子、汉代的司马迁，一直到今天在座的念群老师、王笛老师，从来不曾中断。只要人类存在，一代一代地繁衍，他们就要从他们的现实处境（语境）出发，与“过去”对话。如果历史仅仅等同于“过去的事情”，那么，“过去的事情”已经被写过了，前人都表达过了（比如《二十四史》），作为后人的我们再去书写，就成了重复劳动，变得无意义，形迹可疑。我想起一位历史学者做过一个惊人的总结：历史学的发展，恰恰在于历史学具有不稳定性和不确定性。霍金在《时间简史》里有这样的发问："为什么我们总记得过去，而不是将来呢？"有人回答：这恰恰是因为"过去的事情"是不确定的、可变的，历史书写则是一项永不止息的作业。当然这不等同于"历史虚无主义"，而是说历史学的发展总是建立在对之前的历史学的怀疑和批判之上。因此，历史学总在进行着新陈代谢，并因这种新陈代谢而迸发出生生不息的活力。因此，历史不是黑箱，而是一栋被不断重建的大厦，或者一辆穿梭于古今之间的车，车上的零件不断更换，甚至外表都重新喷过漆，看上去不像原来那辆车了，但它依然不知疲倦地奔走于古今之间。今天的历史学家所写的汉代历史不是《汉书》，今天的历史学家写的宋史不是《二十四史》里的《宋史》。两汉史不是《汉书》，宋史也不是《宋史》。当然，这些文献是我们今天书写历史的重要依据。

从这个意义上说，历史不是一个永远封闭的"黑箱"，而是有着敞开的机制，通过历史的述说者，向后人无限敞开。历史是一个开放的结构，欢迎一代又一代的述史者加入。他们之间的对话与交流，可以"永无止境"地进行下去。每一个时代的述史者，都会打上其时代的烙印，每一位具体的述史者，也自当体现出鲜明的个性。

我认为历史的书写一定是多元的和有个性的，我甚至认为越是有个性的文本越有价值。当然，个性不是任性，不是标新立异，不是任意胡说甚至凭空捏造。我刚才说，历史学是一门科学，它的科学性体现在它对真相乃至真理的探求。所以历史学讲究"言之有据"，历史著作就是"有据之言"。这是历史学与文学的不同之处。但历史学与文学也有相同之处，我以为就是表达的个性。因为对话者（书写者）是不同的，他的视角不同，表述也一定不同。

对于历史学来说，所谓个性，体现在许多方面，比如认识历史的视角。王笛老师的《袍哥》《茶馆》，就体现出他观察历史的敏锐眼光。《袍哥》《茶馆》能成为历史学著作，对于很多读者来讲是不可想象的，甚至对于历史学界也是不可想象的。题目本身就已经透射出写作者对历史的认知与思考，体现出写作者强烈的“问题意识”，所以《茶馆》对历史切入本身就体现出书写者的个性。

今天的读者为什么会喜欢优秀的历史非虚构的作品呢？原因之一，是历史非虚构作品对历史主题的表达是个性化的，而不是论文式的，不是八股式的，不是标准化的，而是从个性出发的，带有书写者鲜明个人色彩的。读者们希望看到的历史作品，不是千篇一律，而恰恰是差异性、独特性。这些个性化的言说并不是在互相打架、消解，而是活色生香，共建历史这座大厦。对历史的讲述越是个性化，越是多元，历史学的肌体就越是丰满。有学者说过，历史学越是单一、纯粹、清晰，越是危险。

既然历史是一场对话，那么书写者作为对话的一方，他的参与感就显得十分重要，不然，“过去的事情”就占据了话语霸权，历史书写的“当代性”就会缺席。我们今天的读者希望看到的不仅仅是“历史”本身（刚才说过，不存在一个纯客观的“历史”），而是当代人怎么去思考历史。因为思考历史，就是思考当下。刚才念群老师说到《康熙自画像》，大陆出版的版本叫《康熙》，里面都是有历史文献做支撑的，但是确实是第一人称在写，这样的表达，在史学著作中凤毛麟角，因为史学论文的写作规则，就是不能有第一人称。如此，我认为“康熙自画像”比叫“康熙”更好，因为后者看上去还是像一个“纯客观”的记述，而前者则有很强的个体性，也就是文学性，与历史非虚构这个概念更加贴合。

关于历史非虚构的个性，我只从书名，也就是历史的切入点这个角度进行了一点说明，其实历史非虚构的个性体现在许多方面，说起来话长，时间有限，在此省略了。总之，这种个性，体现的是历史书写者阐述历史时应当表现出的主体性。

我个人对历史非虚构的写作方式是十分认同的，这么多年，我也一直是在历史非虚构的路线上写作。我特别强调书写者的个性，以此表现历史书写的主体性。比如 2011 年，是辛亥革命一百周年，我主创了一部十集纪录片《辛亥》（北京电视台播出），也出版了一部历史著作，叫《最后的皇朝》，收选在人民文学出版社“祝勇故宫系列”里。关于辛亥革命，史学界的论著、论文已有很多，那么，当我决定再写，用什么样的角度去阐释这场革命就显得至关重要。最终，我没有站在革命者的角度阐述这场革命，而是选择了清朝皇族，也就是被革命者的视角，去看待这场革命。

中国几千年封建帝制，在1911年轰然瓦解了。1911年春节开始的时候，没有人想到这一年是中国帝制的最后一年。辛亥革命之所以成功，离不开孙中山先生领导的一系列革命运动，但在此之外，我们还要去观察整个社会阶层的状况，更深入地观察中国历史的运行脉络。辛亥革命一百周年之际，有关辛亥革命的电影、电视剧、纪录片有很多，但纪录片《辛亥》绝对是最有个性的一部，也因此超越了许多影视作品，获得了许多大奖。

陈肖寒：

谢谢祝老师！祝老师讲的经验很宝贵，他相当于是从书斋式的学者圈外面往里面看。他也讲到了他的纪录片，从他的亲身经历讲他对历史的非虚构写作的体会。

我们这个活动不是一个讲座，也不是任何形式的授课，而是很开放的、很平等的沙龙。我们可以像聊天一样聊起来。针对前面三位老师讲的问题，每个人会有一些不同的想法，都可以提出来。

我想请王笛老师带个头。因为祝老师和杨老师都提到了您的作品《袍哥》和《茶馆》。

王笛：

谢谢两位老师对我写作的关注，《茶馆》和《袍哥》两本书出来以后得到了学术界和阅读界一定程度的认同。作为一个作者来讲，我觉得还是很值得高兴的事情，书就是要有人读，这也说明多年的努力没有白费。

但是有一点我需要说明的，我在写作的时候完全是把它作为历史研究在做，一点都没考虑到非虚构的问题。今天再叫我来写同样的书，可能这个非虚构的概念会在我的头脑中不断出现，但是在我写《茶馆》的时候，我所提出的问题、要解决的问题、所根据的资料等，都是在历史研究的范围之内。说实话，《茶馆》中译本在社会科学文献出版社出版以后，社会学、传播学、建筑学、城市建设等领域，也在讨论这本书。有的书店甚至把《茶馆》放到社会学的门类，而不是放到历史学。在大众阅读方面，这本书也取得了成功，这超过我原来的预想。那时候虽然并没有一个写非虚构的动机，但是我有个非常清晰的概念，就是要多学科交叉，实际上《茶馆》受到了非常多的人类学、社会学的启发。《袍哥》的中文版是 2018 年出版的，那个时候“非虚构”这个词在中国已经很流行了。我写《袍哥》的时候，还是把它作为历史学的著作。

但是在写《茶馆》和《袍哥》这两本书的时候，我始终有一个出发点——就像念群刚才说的，不能把历史写成干巴巴的，我希望我的研究能够跳出严肃的学术写作和严肃的学术语言的限制，能够让我们的普通读者，大众阅读界也能喜欢这本书，因此在写作手法方面，生动的描述方面，都进行了一些探索和努力。

当然，在《袍哥》出版以后，我思考得比较多的问题，就是刚才念群也提到的历史和文学的关系，我非常赞同他刚才说的，历史和文学是分不开的。历史的非虚构写作，我的理解就是要让历史学家所写的著作或者作品，其阅读范围能够超出学术界同行。要达到这个目的，就必须把作品写得让一般的读者喜欢读，那么，非虚构的写作手法就是非常好的途径。

刚才肖寒提到唐启华老师写中国外交史的著作，如他写的《巴黎和会与中国外交》，这种题材能不能写成非虚构？我的回答是可以的，其实就有同样题材的一本书叫《缔造和平：1919 巴黎和会及其开启的战后世界》，是历史学家玛格丽特·麦克米伦写的，非常精彩。这本书把美英法意日等巨头在巴黎和会上的博弈，包括中国在巴黎和会上各种的活动，写得像小说一样，但是内容都是有根据的。当然也可以写成小说。上次我见到念群，念群就推荐了石黑一雄的《长日将尽》，也是讲第一次世界大战的。从一个英国庄园的管家，从他的角度来看第一次世界大战英德上层之间的来往，这部小说是通过一个管家的日常来写的。

因此，同样的题材可以写成严肃的学术著作，所谓严肃的学术著作就是给专家看的，给同行看的；但是同时也可以写成非虚构或者小说，写给大众。要让普通读者喜欢，就必须要有描述，要有情节，要有场景，要有人物塑造，要读起来有趣味。历史的非虚构，我认为和历史的客观性、历史的真实性一点都不矛盾，可以是带有文学性的。刚才念群已经提到了，其实历史写作本来就有文学的深层结构。按照海登·怀特所写的《元史学》的分析，所有的历史写作都可以划为四种文学形式，即浪漫剧、喜剧、悲剧、讽刺剧，在历史的写作的表达上有隐喻、提喻、转喻、讽喻等，这些文学写作的方法也适合于历史的写作。怀特找到了历史写作的深层结构，原来我们没有意识到这个问题。其实每一种写作都有潜意识，可以说文学和历史学的深层结构是相通的，正如刚才念群说的历史和文学是不能分家的。

但是，20 世纪六七十年代，历史学的写作越来越社会科学化，强调分析，讲究数据，包括我的《跨出封闭的世界》那本书，但是现在历史正在回归人文，回归文学，我们要把历史写作和大众阅读结合起来，而不是在象牙塔里自娱自乐，而历史的非虚构写作，便提供了非常好的途径。

祝勇：

刚才两位老师都讲到跨界的问题，文学和历史学是分不开的。开场的时候，主持人讲过历史非虚构写作时间成本比较低，这点我坚决反对。在我看来，历史非虚构是一种高难度的写作，我根据我自己写作的经验说一下这个问题。

历史非虚构写作需要引人入胜，而不是平铺直叙，重要的是，要关注历史中的人性，因此就需要许多细节，还有对话。有时候一个细微的动作，比什么都更能体现人物的内心世界。有了细节，史学著作就有了文学性。但这是我拍纪录片，或者写作历史非虚构作品最重视、也最难解决的问题，就像一个悖论一样始终存在着。如果写一部历史小说，那就比较好办了，只要想象、编造就可以了。当然细节的呈现可以体现出一个作家生活基础的深与浅，文学功底高与低，但那是另一回事，总之是可以做到的。但历史的非虚构写作就不一样了，因为要“言之有据”，所以细节也好，对话也好，必须要有文献、史料做依据，不能是杜撰的。这一点特别难，要求写作者寻找大量史料和文献，犹如大海捞针，但假如文献的大海里根本没有这个针呢？许多史料、文献是只有概述性的文字，而不提供细节的。我记得谢晋导演说过一句话：假如有两个好的细节，这部电影就可以拍。如果历史非虚构写作得不到好的细节，所谓的文学性就荡然无存了，而要在历史非虚构里实现文学性，真的不是一件容易的事。

现在说一说对话的问题。我的历史著作里有对话，因此而受到诟病。有些人认为历史著作里是不能有对话的，因为对话是不可信的。但我书里的对话都是来自史料，因此所有的对话都加了出处。罗新教授在书里写过一句话：一切史料都是史学。在我看来，被记录下来的对话，也是一种史料。

关于对话的可信度问题，其实是与其他史料平等的，难道所有的文献都可信吗？比如我们引用过去报纸上的报道，可信吗？只有将不同的文献相互参照、比对分析，才能得出相对可靠的结论。其实，史料中的对话也是一样。我把它们写在书里，并不代表我完全相信它们，也不是想让所有人都采信，只是说有这样一种记录，立此存照而已。苏东坡在《念奴娇·赤壁怀古》里写：“故垒西边，人道是，三国周郎赤壁。”有人说了，他所描写的赤壁并不是“三国周郎赤壁”，但他提前说了，是“人道是”，也就是“别人说是”，不是他自己说的。是黄州当地有这么一个说法，仅此而已。

陈肖寒：

刚才王老师说的，历史非虚构写作要有根据，如果没有这个细节你反而把它呈现出来，那岂不是……

祝勇：

没根据的细节肯定是不能写的，而有根据的细节，无疑会使历史非虚构的文学性大大增强。我还是以《辛亥》这部纪录片和《最后的皇朝》这本书为例吧。这一片、一书，时间都截取了辛亥革命这一年，从辛亥年的春节写到辛亥年的除夕，地点放在北京，写这一年在北京发生的事情。它是一部历史著作，完全不是小说，但是一开场我是从一个人的死亡开始的，北京胡同里的老百姓，显得扑朔迷离，悬念感十足。这个方法是跟史景迁、魏斐德、孔飞力他们学的。西方的历史学家对我的影响还是挺大的。

这个开头看上去很像一部小说，但是它绝对不是小说，因为它是有根据的，那个死者有名有姓，连他家的门牌号都是真实的。为此我翻阅了辛亥那一年的很多报纸，对于那一年电影院演什么电影，有哪些商品广告，有哪些社会新闻，我都耳熟能详，在文字里营造了非常真实的现场感。所以书里有很多注释，对话也很多，都是来自文献史料。所幸当时有很多报纸，后来的回忆文章也多，假若写古代史就很难。

所以我觉得历史非虚构的写作者面临着一个很大的障碍，就是史料的支撑。一个好的历史非虚构写作者一定是克服了材料上的巨大障碍，才最终完成了他的写作，我觉得这个过程比起纯学术写作一点也不省力。所以我个人认为历史非虚构写作是最难的，比历史虚构难，比历史论著也难，这是我的一个感受。

陈肖寒：

其实大家也可以思考一下，有没有可能是这样一个问题。历史的非虚构写作，比如说讲一个故事或者怎么样，把清朝的最后一百天或者最后十年讲下来，它只是一个故事，读起来很吸引人就行了。但是学术研究，任何一个有价值的研究，一定要解决一个有意义的、值得被解决的问题。这个书写得好看，我想绝大多数人都不反对，但是学术著作要解决学术上有意义的问题，这就会造成你在写作、叙述过程中，所有东西都要围绕这个中心来考虑，你不能过远地离开这个中心。这就是杨老师刚才讲很多论文写得很枯燥，为什么会枯燥，就是因为这个原因。

我们今天活动请来的三位老师，他们自己都在实践历史的非虚构写作，反过来说，非虚构写作的“人设”立好了——说历史完全可以写得很好看，将来坐在下面的所有的人都会盯着你们的作品，盯着你们的论文，检查你们自己是否首先做到了自己所说的这一点。那么，是不是任何题材，尤其是刚才我讲的围绕一个需要被解决的问题来进行的学术研究也可以做到这一点？

杨念群：

刚才肖寒提出了一个具有挑战性的问题。我以往的写作在主流历史学界里都属于异类，比如说《再造“病人”》，这本书表面看上去是一本医疗史著作，但是表层的医疗史叙述只是表达我另外一套思路的工具，我实际上谈的是政治控制如何演化的问题，探讨的是政治思维在不同的历史时期如何贯通于各个领域，并由此造成了怎样的后果，所以不属于标准的医疗史写作这个专门类型。

我这本书刚出版的时候被西单图书大厦放在“卫生保健类”，可能售货员觉得既然书名上出现“病人”，那一定是谈卫生医疗方面的书。根本不会想到我谈的是政治问题。这样越界写作在正统史学界可能被视为一种“罪过”，特别不符合专门化、标准化的写作规范，有人会质问，你打着研究医疗卫生的旗号也就罢了，为什么表里不一，非得说自己谈的是政治问题？我觉得中国历史上最值得关注的问题都脱离不了政治的制约，中国人从古到今其本性就是“政治动物”，从帝王将相到百姓都是政治操控下的群体，中国人的生活无时无刻不被政治因素所控制和支配，这在西方可能是难以想象的。在中国你不谈政治就抓不住事情的本质。只要脱离政治，你谈的所有东西都只能是边缘性的，都会趋于碎片化，其阐释意义都会大打折扣。近些年社会史、文化史的兴起虽然对中国史研究方法的更新有一定贡献，但越来越偏离中国历史的核心特性和关键问题。

肖寒提的第二个问题也很重要，概括而言，那就是历史学家到底需不需要想象力的问题。长期以来，我们似乎觉得只有文学家需要想象力，他们写作时可以随意虚构人物编造情节。历史学家的面目应该是严谨求实，追求客观，有一分材料说一分话，严格地按照史料划定的范围提出解释，作忠实的叙述者就足够了。但我认为实际情况恰恰相反，历史学家可能更加需要想象力。也就是说如果要想把一个史事或具有故事性的题材写得漂亮生动，就不能仅仅依靠史料本身提供的信息，而必须发挥想象去弥补史料的不足，衔接残缺史料之间的缝隙，建立起合理化的叙述线索。同样一件史料你怎么把它表述得更加精彩，让人们喜欢阅读，也是通过想象力加以呈现的。

顺手举个例子，《再造“病人”》里面有一章提到了兰安生博士，兰安生博士是美国公共卫生学家，他在北京建立了一个公共卫生区。所谓“公共卫生区”就是把某片人类自然居住的地区视为需要进行医疗卫生监控的区域，他把北京行政规划中的“内一区”当作了实验对象，生活在内一区中的所有人都被作为潜在的病人看待。问题是，你用什么手法来描述兰安生建立卫生公共试验区的情景呢？传统的办法一定是按部就班地刻板描述内一区的地理方位，比如说从哪个地点到哪个地点，这样的写法似乎也可以把内一区的范围说清楚，其实内一区就位于紫禁城王府井一带，但这样写看起来很不生动。为了使历史叙事场景化，我虚构了一个兰安生坐车寻访内一区边界的故事，我说兰安生到了北京就坐车沿着内一区的路线走了一圈，沿途看到了什么，这样描写就使得内一区的地理边界顿时显得鲜活了起来。兰安生行走勘察内一区边界的故事是虚构的，但“内一区”作为一个历史地理位置是真实存在的，虚构的兰安生故事仅仅是为了说明“内一区”已被纳入公共卫生区创始人视野这一历史事实，由此起到相互印证的作用。这个例子可以被当成“历史非虚构写作”的一个尝试。如果你不描写兰安生坐小车走一圈，给人的感觉是叙述缺乏情景化效果。相反，如果不存在北京“内一区”这个场所，你却说有这么一个空间，里面发生了什么故事，那就只能属于“虚构写作”，但是北京“内一区”这个历史地理空间是真实存在的，就应该允许通过某种虚构的故事场景灵活地加以表现，这就是“历史非虚构写作”与一般文学作品的最大区别，这是我想说的第二点。

第三点我想简单回应一下王笛兄刚才提到的历史写作如何重归人文精神的看法。“历史非虚构写作”最重要的特质就是其不可归类性。我们大多数历史学者已经被西方社会科学方法规训到了相当狭隘的地步。现在学术刊物上发表的文章，几乎是一个模子刻出来的，一篇文章如何开头、怎样结尾都是那么的八股格式化，这些文章从遵守学术规范的角度观察也许有价值，但是大多非常枯燥无味，难以给人阅读的快感。

所以我写《再造“病人”》的时候就下定决心，要写出一个用标准化的学术规范无法归类的著作，区别于流行的学术八股论著。具体怎么办？我采取的就是“贯通”不同研究领域的办法，我试图把很多以往专门化处理的议题归纳在一起，加以贯通式的理解，而不是仅仅处理个案。有人说你这本书怎么东拉西扯，一会儿东，一会儿西，一会儿上，一会儿下，读起来完全没有章法似的。一开始你写传教士，按照一般学术专门化规范，你就干脆写一本传教士在华传播医疗史就完了，怎么突然又跳到北京城里，大谈公共卫生区的建立，当我们刚想从城市史的角度了解这段历史，你又从北京的产婆、阴阳先生转移到了北京附近的定县，再下一章又开始谈论中医的命运，接着一章又跳到反细菌战，最后又落到了赤脚医生问题上去了，这不符合学术规范啊。其实在我的眼里，所有这些要素都是一个有机结构的组成部分，我的目的是要把许多貌似不相干的问题按自己设计的脉络贯穿起来，体现出我对医疗与政治关系的看法，而不是拘泥于某个特定的个案研究。而紧紧抓住某个特定个案进行分析恰恰是目前社会史文化史最擅长的方法。一旦采取以上的贯通办法恐怕就很难符合现在所谓医疗史的标准学术规范了，甚至显得有些“野狐禅”，但这恰恰是我摆脱历史研究过度社会科学化的一种追求，以此回归刚才王笛兄所说的中国传统研究的人文本性，对一种历史过程的贯通理解不应该是单一的，而应该是多元的、多线的，最重要的目的是更加深切地体现出当时人物的生存状态，而不是像目前社会科学所规训要求的那样，必须要有一个固定的叙事框架和叙事单位。关于这一点我特别理解为什么当时黄仁宇的作品不被美国人所接受，他写的《万历十五年》美国人看不懂，因为黄仁宇的写作具有相当人文化的特征，特别接近古代中国人对历史生态的理解。刚才肖寒提到了一点非常重要，你写一本书不是叙述一个故事，你要从故事里展示出某种给人启发的历史观。当然我是非常不同意黄仁宇的历史观的，黄仁宇认为中国的传统道德很糟糕，必须彻底抛弃，只有全盘实现西式的数目字管理，中国才能实现现代化——这是中国走向光明前途的前提。我不太同意他的这个观点。但是我非常欣赏黄仁宇用一种优美的笔触表达了其复杂的历史观，尽管大多数人其实根本没看懂《万历十五年》到底在说什么，却不妨碍《万历十五年》成为中国历史非虚构写作的典范。

所以我特别强调，历史的非虚构写作不仅仅是单纯的会不会讲故事的问题，一部上乘的“历史非虚构写作”的作品一定要具备卓越的历史观，优美的叙事要服务于深刻的思想，而不是仅仅讲述一个好看的故事。如果你堆砌了一堆故事摆在那儿，那只是通俗的地摊读物而已。历史的非虚构写作和一般通俗读物的区别就在这里。

陈肖寒：

我们今天也征集了很多问题，有一个可能是最重要的：如果现在有一个读者来问你们，我也想写一个历史非虚构写作，我该怎么做？我从什么地方入手？我该具备什么样的素质？我在写的过程中应该注意哪些问题？你们会怎么回答？

王笛：

如果有一个学生问我怎么做，我告诉他的就是进行历史研究的共同的方法，不会和我指导学生论文有任何不同，就三点：一到图书馆搜集资料，二实地考察，三是认真研读资料和思考，在这个过程中，提出研究问题和形成论证的观点。至于说非虚构的写作，如果是研究生的话，我就劝告他写学位论文千万不要写出非虚构的风格，要老老实实地按照学术论文的要求来完成，包括规范和格式。甚至于提副教授之前，都不要去写非虚构，因为你是要受到同行评价的，如果是非虚构的话，要冒极大的风险。必须严格按照本领域的学术评价的基本要求完成学术成果。

念群刚才也提到，黄仁宇多年前在美国的遭遇就是很沉痛的教训，他的写作我认为是非常超前的，《万历十五年》在美国的出版也遭受到很大的挫折，经过了非常曲折的、长期的评审的过程，受到否决，等等。所以在你成名成家之前，要不你就完全不在这个体制里玩，可以随心所欲地写。其实国内很多学者写得非常好，有很多畅销书，如张宏杰、马伯庸等人的作品。他们的书在学术界可能从专业的角度受到非难，但我看了他们的书，觉得相当不错。他们的书有很多细节，是非常有可读性的，我们当然可以质疑其中的细节，但是我们应该思考，为什么他们的写作能够吸引大量普通的读者。

我想起刚才念群兄说的话，觉得应该要澄清，历史学家需要想象力，这是我十分同意的，但是必须要有个前提，如果是作者自己想象的，必须告诉读者。比如刚才念群兄举的例子，兰安生博士在北京建立公共卫生区，在北京走了一圈。目前资料没有证明他走过这一圈，但是从逻辑上推断，他应该是进行了这样的考察，但是必须告诉你的读者，走的这一圈是你想象的或者是推论。

其实我写《袍哥》的时候，也面临类似的问题，由于没法找到雷明远结局的有关资料，我根据逻辑推理，认为不外乎三种结局：第一种，由于吸食鸦片，所以在解放军到达成都郊区的时候，他早已经死去，可能坟头已长满了青草；第二种，他也可能因为吸食鸦片把家产挥霍一空，成为贫农，在土改中甚至分到了一片田；第三种，他是袍哥首领，手里有血案，也可能在镇反运动中被处以死刑。

我是告诉了我的读者这三种可能性，是我逻辑的推论，而不是选其中的一种。我觉得允许想象，但是也要告诉读者，甚至对话都可以想象的。在历史的场景中，你可以想象我们的主人翁可能会说这样几句话，你要把这样的情节写得有吸引力、有色彩，而且可以有人物的塑造。你甚至可以为主人翁代言，并进行心理的推理，但是前提是，你必须告诉读者，这是你根据当时的场景所做的合理的想象，如果你不说，我觉得就把虚构和非虚构给模糊化了。

既然我们叫“非虚构”，我认为就是一点事实都不能自己创造，任何创造的事实，都必须把这是你的想象或推论告诉读者。

杨念群：

刚才王笛兄特别提到了关于想象力再现的问题，我跟他稍微有一点点区别，我非常同意所有的历史再现都必须有确凿的根据。同时我觉得既然是非虚构写作，当面临史料缺乏的时候，就需要使用合理的想象来弥补和衔接似乎并无关联的史料之间的联系。当然每个人观察历史的角度因人而异，需要掌握比较高超的分寸感。我刚才举过兰安生在北京建立卫生试验区的例子，尽管兰安生下车考察北京内一区的情节是虚构的，但是我想通过兰安生的眼睛描述出“内一区”作为卫生试验区的范围，增加历史的现场感，我没必要告诉读者这是个虚构的情节，因为“内一区”本来作为一个地理空间就摆在那里，是一个真实的存在，我只不过用不同的方式描述同样一个历史事实而已，这是我与王笛兄有关非虚构写作边界如何界定的分歧，我不知道王笛兄是不是同意。

王笛：

我是坚决不同意的，如果大家读过我的《茶馆》这本书的“引子”和“尾声”，我也是虚构了场景的，但是我明确说明了这是我的想象。如在“尾声”中，我说我想象一个在1900年1月1日晚上还在成都某一个小茶馆喝茶的茶客，陷入了半个世纪的沉睡，他在1949年12月31日的深夜突然醒了，他像梦游一样沿着城墙开始行走。过去城墙只有四个城门洞，现在已经有七个，而且好多地方的城墙已经被破坏了。他还看到了一条叫春熙路的街，那里有一尊铜像，有小胡子，梦游者不知道那是谁，我写的是孙中山铜像，现在这尊铜像仍然在春熙路。

这是我通过这个梦游者，通过他的眼睛，来看成都在1900～1950年半个世纪的变化。这个想象我一定是要告诉读者的，不告诉就有危险，哪怕这个城市的这些变化都是有根据的，但是这个梦游者是不存在的。对于念群的这个研究而言，如果没有资料，完全可以说你想象兰安生会这样走一圈，没有必要隐藏你的想象，但是你必须告诉读者这是你的想象。

杨念群：

我想咱们各自保留观点就好，不用争执了。在这个问题上，我非常同意王笛兄的看法：如果大家想从事非虚构写作，你们一定要把学业和以后要从事非虚构写作的志向区分开来加以考虑，因为现在的学术科研体制是高度社会科学化的，你在学生期间如果不遵守其规则，就很难毕业，你是青年教师如果想越出制度对你的约束就升不了职称。我当然希望你们始终保留一种人文情怀，不要受体制过多的限制。可是我们每个人都是这个体制训练出来的，等到你们拿到学位，评上教授之后就自由了。这首先是个饭碗问题，解决饭碗问题之后才有资格发挥想象力。

还有你们不要过早地把自己局限于某一类阅读范围，比如只读自己专业领域里的书，你们应该多看小说和艺术类作品，增加自己的人文修养和判断力。除了历史专业的书籍之外，不要太受社会科学专门化影响，只看与自己专业相关的那一部分书籍，而不看其他方面如文学类的作品。我跟王笛兄相似，有时主要精力都放在阅读小说上，所以我更愿意向学生推荐优秀的小说。王笛兄最近在做“一战”与中国的题目，我说你要翻一翻石黑一雄的《长日将尽》，里面就是讲的一个英国管家眼里的一战是什么样子，其观察角度与那些大叙事完全不同，类似的东西你吸收了，长此以往自然会落实到你的写作中，潜移默化培养出书写的优雅与流畅。

陈肖寒：

王老师和杨老师只写过书，祝老师还拍过纪录片，我觉得他的经验可能更多一些。

祝勇：

还是回到你那个问题，如果有小朋友们想写非虚构的话有什么样的建议。我想有时候我们强调一点往往会忽略另一点，刚才我们讲书要写得好看，写得好看讲得多了一点，主持人马上发声，好看不是历史非虚构的终极目的。其实这也是我想说的，如果我们想写历史非虚构的话，首先要有问题意识，就是你关注什么问题，你关注这个问题的哪个方面。有时候我甚至觉得提出问题比解决问题更加重要，在这个基础之上才是怎么阐释、表达得更加艺术的问题，不能反过来看这个关系。我觉得作为一个年轻人，能够有问题意识是非常重要的素质。

现在我也在看小说，我最近十年的书基本都在人民文学出版社出，原来在三联出过几本书，现在因为某种原因就转到人民文学出版社了。人民文学出版社也经常送我小说看，我最近很长时间都在读小说，我反而发现现在有些小说家有问题意识。比如说我最近读东西的长篇小说

《回响》，之前刚刚看钟求是的长篇小说《等待呼吸》，都是写的事情，而且问题意识非常敏锐。他们是带着问题意识进入小说创作的，我觉得我要对他们致敬：他们能够从看似平常的日常生活中，敏锐地发现问题，只不过是用小说的方式，通过人物的命运做出了各自回答。

还有一些作家，专注于现实的非虚构题材，比如梁鸿，写了《中国在梁庄》《出梁庄记》《梁庄十年》等著作，以梁庄和生活其中的人为切入点，勾勒出中国乡村的内部结构，构建出一部相对完整、曲折的农村变迁史。我觉得他们最厉害的就是他们对当下现实或者对历史问题的敏锐度，我觉得这是前提，至于叙事方式是第二步的问题，这是我的一个建议。

杨念群：

我还要建议大家多看电影，其实你看一部片子的导演如何架构规划一个个画面，他如何把这个场景与下一个场景连接起来，形成一个具有强烈观赏性的完整作品，就要发挥独特的想象力。一部优秀的电影和不够优秀的电影，最大的差别就是其叙事逻辑是否独特，各个画面所构造出的故事情境之间如何有效组合拼贴。因为无数人拍了无数电影，你怎么超越前辈？拍电影跟写小说的叙事结构和想象逻辑有相当近似的地方，其最大区别在于情景再现手段的不同，电影是用画面讲述故事情节的。你脑子里想象一个具有连续性的画面，思考着如何把它描写下来，就可以通过多看电影来慢慢感悟，“历史的非虚构写作”跟电影导演的工作有相近的地方，你怎么把不同的故事情节串接起来，体现你的创作意图，同时又要使叙事节奏给人愉悦感。

祝勇：

我发现念群兄非常适合做纪录片导演，这就是纪录片导演的思维方式。如果是笨的纪录片导演一定说这一区在北京什么位置，划分成什么样，灌输给你。一个好的纪录片导演会安排一个人物，沿着它走一圈，这是一个形象思维的东西。刚才王笛老师讲到《袍哥》，《袍哥》我没看，今天晚上回到家里马上订《袍哥》，我对王笛老师讲最后梦游的比方还是很好奇的。

王笛：

刚才祝勇和念群说的引发了我的一些思考，首先是祝勇刚才提到当代文学，前几个星期我在上海师大举行的都市文化和文学的讨论会上做了一个主题演讲，讲到我这些年的一个观察，实际上对中国当代普通人的记录，我们的文学家比历史学家做得好得多。我在那个会上就说，如果50年以后我们要来看普通人的生活，不管城市也好，农村也好，我们只有从文学家那里。比如说1950年代、1960年代、1970年代的中国人的生活，我们会读谁的著作？历史学著作几乎没有，但是我们可以读莫言的《生死疲劳》，可以读路遥的《平凡的世界》，可以读余华的《活着》，等等，但是我们历史学家没有提供这样的著作给后人，这是历史学家的失职。当然我们有各种理由，如受到某些局限，没办法写，但是写普通人，应该说局限少得多，为什么我们还是不做呢？我觉得这是历史观的问题，因为我们觉得普通人没什么好写的，不属于历史学家应该关注的对象。历史研究应该是平衡的，现在历史学家应该把我们的眼光，在瞄准精英、瞄准帝王之外，也投向普通民众。

我非常赞同刚才念群说的，我们写历史要有想象，要有拍电影的眼光。其实历史写作也必须有远景（大场景）、中景、近景，甚至特写，但是我想很多历史学者写作的时候没有考虑这个问题。其实我们可以想象一下，观看一部影视作品，如果只有远景，始终镜头都是拉得远远的，你觉得难受不难受？镜头必须要有层次。电影还告诉我们，要有各种故事线，如果只是单线的话，是不是觉得很枯燥？实际上要有各种复线，不断交叉。此外，要有节奏，要有情节，这样的故事展示才能扣人心弦。因此，我们可以从文学、电影中学到很多东西，历史的写作一定不要故步自封，不要唯我独高，不要瞧不起其他领域的写作。作为学者始终要有开放的眼光，不断从其他学科、其他领域、其他学者那里学到有用的东西。

互动环节

听众：

各位老师好，我是出版社的编辑，因为我是介于作者和读者之间的，本来也是做人文社科的编辑，我发现有一个问题，有两类，要么写得特别严肃，我把这种定义为专业学术著作写作。还有另外一种类似于演绎的，尤其是古人，他能知道人家内心怎么想的，我觉得相当于是肚子里的蛔虫了。我们说历史非虚构写作更多是面对大众的学术需求，大众学术写作。历史学家在写作的时候，如何在特别严肃的和过度演绎中寻找平衡？王笛老师和杨念群老师都可以回答一下。

王笛：

怎样平衡？其实社科文献甲骨文出的那些书都是范本，比如说《午夜北平》，那本书既使用档案和个人的调查，又把故事讲得那么精彩，而且有深度。《午夜北平》就是在报纸上登了这么一篇新闻：被分尸的英国大使馆外交官的女儿，她的父亲为了找到真凶，进行了详细的调查，这批记录，居然在许多年以后，被作者保罗·法兰奇发现，于是他继续追踪杀人凶手。我们历史学家如果对讲故事感兴趣并有相当的技巧的话，就能把历史写得非常有趣，不亚于小说。

陆大鹏翻译的《阿拉伯的劳伦斯》《海洋帝国：地中海大决战》等书，几乎都是非虚构的经典，把故事讲得非常精彩，而且又是非常严肃的。你看了那些书，不得不佩服作者所花的功夫，不管是档案还是实地的考察，以及文学的表述，都是上乘的，严肃的历史学家也是非常认可的。去读这些范本，什么是好的非虚构，心中就有数了。

杨念群：

简单说，很好辨别。严肃历史著作必须符合学术规范和现在主流的学术要求，非虚构的写作则更加注重结构安排的多样性以及叙事的优美可读性，与那些符合学术规范要求的著作是有很大区别的。

您说有些历史写作者像历史人物肚子里蛔虫一样知道当年历史是怎么进行的，我觉得这基本属于戏说。纯粹戏说可以归为小说之列，西方有一种架空小说，比如说假设希特勒如果真成功了会发生什么，那就属于虚构写作，与非虚构写作的区别还是非常大的。

陈肖寒：

今天的时间差不多了，最后我还是想说，我们今天的活动不是讲座，不是授课，三位老师讲了很多自己的经验，自己的感想，自己坚持的原则，但这只是个人的判断。我们每个人都有自己的个性，有自己的原则，有自己做事的方式。三位老师讲的这些东西是不是适合于我们每个人，我们大家自己是需要思考的。学术的进步不是一种观点取代另一种观点，而是从唯一的观点变成很多个并行的观点；一个观点从唯一，变成很多个并行观点中的一个。

中国公共史学集刊　第四集
第 33 ~ 57 页

叙事的转向：历史非虚构写作的实践检讨

赵冬梅　张宏杰　郑小悠　姜　萌

时　间：2021 年 7 月 24 日晚上

地　点：北京红楼公共藏书楼

嘉　宾：

赵冬梅（北京大学历史学系教授）

张宏杰（中国人民大学历史学院研究员）

郑小悠（国家图书馆副研究馆员）

主持人：

姜　萌（中国人民大学历史学院教授，史学理论研究所副所长）

姜萌：

各位朋友，晚上好！今天我们非常荣幸地邀请了三位实践经验丰富的嘉宾。第一位是北京大学历史学系教授赵冬梅老师。这些年赵老师在《百家讲坛》做了很多期节目，很受大家欢迎，出版了《法度与人心》《大宋之变》等多部畅销书，在知识界、学术界、文化界影响都很大。我最早读赵老师的书是《司马光和他的时代》，那时候给同学们讲“《资治通鉴》选读”课，我当时就向学生推荐了《司马光和他的时代》。那时候不认识赵老师，但是对赵老师的写法非常敬佩。

第二位是我的同事：中国人民大学历史学院研究员张宏杰老师。张老师是位多产作家，也是才华横溢的学者。张老师出版的书大多是畅销书，《大明王朝的七张面孔》到现在还很畅销，还有《曾国藩的正面和侧面》等，最近的《简读中国史》影响也很大。张老师也在《百家讲坛》主讲过《饥饿的盛世》等节目，此外还在“喜马拉雅”等平台上讲过音频节目。

今天嘉宾中最年轻的是郑小悠老师。郑老师最近写的《年羹尧之死》《九王夺嫡》《清代的案与刑》都是颇有影响的作品。郑老师因为对历史的兴趣去北大攻读了历史学的本硕博学位，现在工作了，在历史非虚构写作方面取得了优秀的成绩和非常有价值的实践经验。

三位老师都在实践方面颇有建树，所以我们今天讨论的主题就是历史非虚构写作的实践问题。我们这个活动推出来以后在史学界里引起了小小的争议，我对这个争议是持积极态度的：有争议说明我们这个活动办得有价值。因为现在史学界争议的话题是比较少的，大家都比较成熟、比较沉默，不愿意争执，有点争论是好的。

但是我们活动推出来之后知名学者中出现了两种观点：一种观点认为历史本来就是非虚构的，讲历史非虚构很危险，可能成为炒作的噱头；另外一种观点说历史确实有非虚构写作这一说，从增强历史学对大众影响的角度出发，确实应该加强历史非虚构方面的写作。持这两种对立观点的学者在学术界都是大名鼎鼎的。这挺有意思，说明大家的认识分歧不小。

昨天王笛、杨念群和祝勇三位老师探讨了非虚构的一些理论问题，比如历史是不是虚构的？历史非虚构概念站不站得住？写作的时候该怎么把握这个度？昨天讨论得颇有收获。今天我们三位嘉宾在实践方面更有积累，在理论方面也有很深刻的思考，我们请三位嘉宾每个人谈谈自己的看法，之后是我们自由的互动讨论时间，最后留给现场进行互动。

先请赵老师谈一谈她的想法，有请。

赵冬梅：

谢谢姜老师！确实我们这个海报在朋友圈里发了之后，我就看到我的一些北大和清华的前辈，有各种各样的担忧。而他们那些担忧，老实说我大半都同意，担忧的是有道理的。因为我自己并不做理论研究，虽然写过一点点史学史的文章，比如说讨论真实性、时序的问题，但是总体来讲，今天我们把“虚构写作”，或者“历史中的想象”，或者“虚构”“非虚构”这样的词拿出来讨论的话，我觉得我准备不足。

刚才姜老师说我们今天三位其实都是实践者，所以我就从实践者的角度向大家交代一下我做了什么，以及我为什么要这样做。

我的第一本，基于给《百家讲坛》讲寇准的讲稿，出书应该是2012年《千秋是非话寇准》。还有《司马光和他的时代》，还有《大宋之变》，以及刚才姜老师介绍的《法度与人心》，还有《人间烟火》，这五本都可以放在今天讨论的范畴里。第一，它们肯定是非虚构的；第二，我相信它们是靠谱的，至少在我的知识范围之内是靠谱的。以我的学力我努力了，我不是权威，我也不相信谁可以声称绝对的权威。在专业范围之内这些书是靠谱的，同时它们是面向大众的。

曾经有记者问我说这些作品是不是学术的，我很认真地想了想，回答说它们是学术的。为什么？因为学术我不认为它是以形式定义的，不是非得在一个什么刊上发了一篇论文，或者是写了一本很少人能看懂的著作，只有三个人愿意看的著作才是学术的。我认为学术最核心的地方不是它的外包装，不是它的表现形式，而是它的内核，它得有新东西，这个新东西是别人未曾表述的；或者它有新材料，这个新材料是别人没有用过的；或者它对材料的解读跟前人不一样，构成一个新的历史叙事，那就是学术的。这是我对我的实践活动的大致交代——就是这五本书。

这五本书里又分为两大类，一类是人物传记，司马光有两本——《大宋之变》《司马光和他的时代》，还有《千秋是非话寇准》，都可以归为传统的人物传记。《法度与人心》《人间烟火》我更愿意把它们归类为读书笔记。这两本书是我的读书笔记。我是学了30年历史的人，30年中我主要研究宋朝，确切说是北宋，再确切地说是晚唐五代到北宋前中期，现在终于到王安石变法这个时期，这已经是北宋中期向后期转变了。

我是一个学了30年宋史的人。但教书教的是更长时段的历史，比如说中国史学史是从头教到尾的，中国古代史后半段是从隋唐一直教下来教到1840年的。在教学和阅读过程中，我们会对其他断代发生兴趣，产生问题。《法度与人心》和《人间烟火》，就是我以30年宋史学习之功，带着我的问题阅读其他断代、其他专题前辈同行的作品，为自己的问题寻找答案并把自己的答案写出来跟大家分享的成果。

前边人物传记的写作，我自己隐藏了一个很大的“企图心”在里面。我有个想法，我想要做的是一个大的观察。这三本人物传记是以属于三个代际的两个人寇准和司马光为核心叙事线索的，但是描写的是宋朝三个代际的政治生态，这是我那个非常大的写作计划已经完成的三个部分。我的写作计划是基于这样的考量：我认为任何一个相对比较长的王朝都可以作为我们研究帝制时期儒家政治背景之下的王朝政治的个案，我把宋朝作为个案来看帝制时期儒家政治背景之下的王朝政治。

北宋的个案又不是一般的个案。我认为北宋取得了帝制时期王朝政治的最好成绩，而这个最好成绩也恰恰在北宋经过王安石变法后就消失掉了。

我把贯穿整个北宋政治史的政治家分成五个代际，创业一代和第一至四代：寇准是第一代；《司马光和他的时代》谈的是第二代，也就是范仲淹那一代——《司马光和他的时代》里谈的是范仲淹、富弼和庞籍、王沿那一代人，他们是司马光的父辈；《大宋之变》是司马光、王安石的代际；接下来我也可能写苏轼。这就是我做过的工作。

这样的写作计划和写作方式是外界机会和我个人的互相成全。外界机会就是《百家讲坛》，因为《百家讲坛》面对的是普通观众，它要求你讲的那个故事得是老百姓能懂的，所以我的写作也采取了群众喜闻乐见的方式。

我做寇准的时候，我的这个想法就是说我不要再写论文了，因此我用到的新材料就直接放在里面，从史料解读直接到通俗表述，这是《千秋是非话寇准》所隐含的过程。我觉得这一类面向大众的著作，应该是历史学最终的出口。我们都是从学院派、象牙塔里出来的，做的是研究型的工作，我们写作论文、写著作。论文相对集中于单个问题，著作处理更大的问题，基本上论文和著作都是问题导向的。

但是我们的学术训练不应该是终点，历史学者在研究中所获得的那些真知灼见，最终都要走向大众，要成为大众历史记忆的一部分。我认为我们有这个责任。

其实这个工作我们的前辈一直在做，比如说我的祖师爷邓广铭先生，其实写了不少人物传记，计有“四传二谱”。邓先生过世的时候，周一良先生写文章纪念邓先生，里面有一句话，他说邓先生“不仅研究历史，而且写历史”。这句话我当时读了特别有感受，我跟我的导师祝总斌先生交流，我说“研究历史”就是论文、著作，也包括札记，“写历史”其实就是整合，做一个整体史，把这个东西整个儿呈现出来，比如邓先生的“四传二谱”。祝先生还不是很同意我的说法，后来已故的刘浦江老师在《读书》上发表一篇文章纪念邓先生，就引了周先生的说法，他跟我的理解是一样的，就是我们不仅要“研究历史”，而且要“写历史”。

我想借用章学诚的说法，把历史分为“记注”的部分和“撰述”的部分。我觉得“记注”其实就是“研究历史”的部分，而“撰述”就是“写历史”的部分。“记注”求全、求准，它的品德是方的，“方以智”。而“写历史”的部分应该是“圆而神”，要有著述者对历史的理解在里面，不是评判而是理解，这是马克·布洛赫在《历史学家的技艺》里谈到的。我们连周围的事情都搞不清楚，我们更没有资格武断地评判古人，但是我们要努力理解。

我在《大宋之变》里还提到历史学者要提供细节，要提供过程，特别要通过细节给出“从多种可能性通向唯一结果”的过程。我们提出来，聪明的读者、睿智的读者会得到他们想要的历史教训。

姜萌：

赵老师对自己创作历程的思考信息量很大，包括对历史学内涵、历史学家的责任，以及史家应如何写历史的思考。

赵老师是科班出身，然后从书斋走向大众。宏杰兄上大学后喜欢上历史，慢慢自学，后读了历史学硕、博士，最后从事历史写作。郑老师没上大学的时候就很喜欢读历史书，读了历史专业后发现跟自己想的不一样，工作之后又从事历史写作。这是三种不同的经验，一会儿我们可以继续讨论。下面有请宏杰兄。

张宏杰：

谢谢姜老师！我很赞同赵老师刚才说的，面对普通读者的写作应该是历史写作最终的出口。我们探讨的是历史的非虚构写作，我开始写的东西，包括《大明王朝的七张面孔》实际上是当小说来发表的。我正儿八经发表的第一篇东西是在《钟山》上，这是一本文学杂志。我们那个年代基本上没有别的东西，都是看文学杂志。所以我是从文学青年出发来写历史。刚才姜老师也说了，我的本科不是学历史的。我本科是学财经的，是东北财经大学投资经济管理专业毕业的。因为我在上大学之前对历史确实是非常不感兴趣，在所有学科里第一讨厌政治，第二讨厌历史。因为历史基本上就是年号、事件的概述，把结论给你，你把结论记住就行了，不告诉你这个结论是怎么得出来的，所以感觉特别枯燥。我在上大学之前从来没有想到自己以后会写历史，为了就业考虑，学了财经。

学了财经之后发现我对财经也完全不感兴趣。我们那时候进了大学基本上国家将来就给你包分配了，所以那时候我就逃课，同学普遍逃课。很多同学在宿舍里打麻将，我在大连市图书馆办了一个借书证。现在我对大连市图书馆印象还很深，我大学四年在大连市图书馆泡了四年。渐渐我发现历史类的书是我最喜欢读的，在这四年当中，我实际上读了大量历史类作品，算不上自学历史，但是这一段经历对我的影响确实很深。《万历十五年》《草原帝国》《剑桥中国史》和戴逸老师的书都是在大连市图书馆读的，毕业之后我就成了历史爱好者，读了这些书才发现历史很有意思。

我在一本书的封面宣传上还是在后记里写了一句话，就是“历史比小说更有趣”。在读历史书之前，高中阶段我读了大量文学作品，自然就成了一个文学青年。大学毕业之后国家分配工作，分配到辽宁省葫芦岛市的建设银行工作。工作之后发现工作也很没意思，但是一个好处就是工作没有什么事，一个月的工作三天就能干完，剩下就是待着。待着干什么呢？同事就把办公室的玻璃糊住，打扑克，那时候已经有电脑了，我在电脑上敲字写文章。文学青年嘛，想当作家，自然就写了历史类的东西，所以是以文学青年的心态开始了历史写作。我最开始关注的也是历史当中展现的人性，因为文学是关注人性的，但是人性在历史当中表现的是最充分的。因为我们每个人的人生经验不过是几十年，我们认识的人，深入了解的人也不过那几十个，但是在历史当中你能够了解到几千年当中，千万人的生命历程，人性在各种不同的历史压力下，有种种扭曲和种种表现。

比较早的一本书《大明王朝的七张面孔》，其中一篇写吴三桂在明清历史剧变之下的心理历程。因为我对什么都感兴趣，对历史感兴趣，对心理学感兴趣，对文学也感兴趣，所以我写的东西实际上是大杂烩的东西。我还写过一篇文章叫《对朱元璋做心理咨询》，我虚拟了一个美国心理学家，还有朱元璋，我们三个坐着对谈，当然完全是虚构的东西，但是应该说这些东西背后所依托的历史资料我还是有基本考辨的。我曾经打过一个比方，专业历史研究者他们的目的可能是给我们提供食材，他们是种地的或者是养牛的，给我们提供优质的牛肉，我们通俗历史写作者是厨师，把食材加工得色香味俱全。现在很多厨师为了竞争或者为了收入不择手段，往里面加入大量的添加剂，大量的味精，搞各种标题党，让历史类读物很没有营养。所以我所追求的是我生产的东西，尽量让它真材实料，这就要经过史料考辨的阶段。

我大概是 1996 年的时候开始写东西，到现在差不多 25 年了，那时候看书是很困难的。因为在葫芦岛也没有图书馆，没地方看书，没有一个图书馆可以依托，所以我就跑到北京，一个月或者半个月来一次北京，到北京图书馆，那时候叫“北图”，现在叫“国图”。那时候“北图”规定必须北京市户口才能办借书证，你要查古籍库藏书还得有副高级以上职称的工作证，我就托人找了这么一个人，把他的证件复印了，把脸印得很模糊，用他的借书证来北图借资料，一次只能拿五本书，只能在北图里复印，复印还非常贵，那时候复印一张四五毛钱。我写一个人会把能查到的所有书和资料看一遍，挑重点写。现在我在人大工作，推荐我进人大工作的是戴逸老师，他说我看了你的东西，包括《大明王朝的七张面孔》，虽然是通俗类的，但是看得出来史料是可靠的，我认为你有历史研究的能力，所以我推荐你。

当然一开始我发表的这些东西文学性比较强，后来慢慢写的东西更贴近历史本身，因为我对历史背后的规律性越来越感兴趣了，后来我就转而写了《简读中国史》，昨天刚刚从印刷厂出来的《简读日本史》，接下来可能会写一个世界史的系列。我的整个写作完全是信马由缰的状态，对什么感兴趣就写一本书，背后也有我自己的逻辑，我要完善自己的知识拼图，所以我的东西生于兴趣、死于兴趣，水平不高、境界不高，但是能自得其乐，这是我历史写作的一点心得，谢谢大家！

姜萌：

谢谢宏杰兄！我们俩是一个单位的，常有互动。宏杰兄老说自己是打酱油的，但是酱油打到这个水平也是令人钦佩的。我们在人大还合作上公共史学的课，他讲自己创作的方法，对我有很大的触动。下面有请郑小悠老师。如此年轻就有如此成就，非常了得。

郑小悠：

我在高中和本科前两年，还是一个类似于张宏杰老师这样的历史学爱好者，当时在网上还小有名气，因为我和几个朋友一起做了一个清史、清代人物的论坛。2010 年前后有一个清宫戏、清宫小说、穿越小说的高潮，那些小说作者的资料，好多都是来自我们论坛。在读研究生以前，我是晋江网上的一个写手，写历史题材的小说。

我的本科就读于北大元培学院，不是历史系的学生。但我也选了历史学的课，每次听课都是从后门进去，坐在后面听，所以赵老师可能印象也不是太深。我是大三才确定文科毕业的时候拿一个历史学的学位，前两年选课比较平均。到大三之后，因为学校的学制要求毕业时要有一个学位，我下定决心去学历史学，跟着郭润涛教授，做了一个本科的学位论文，拿到了历史学学士学位，后来就正式跟郭老师读硕士和博士。

我主要是做清代制度史和法制史，最后拿到博士学位。

因为自己很喜欢历史，也写过小说、做过论坛，当时发了很多材料，还有很多超星的电子书。自己当版主，把那些史料贴在论坛上很有成就感。然后我就试图往专业这方面发展。当时郭老师还有其他老师都非常严肃地跟我说，你一定要搞清楚历史和虚构的区别，别把你自己那一套带到历史学的研究中去，如果你想做研究，必须按照正统的学术规范和学术思路去做。

当时我也很认可他们的说法，既然走上这条路，就要用这条路上的标准去要求自己。从本科论文开始，我就是写清朝跟法律相关的制度，跟导师的方向比较一致。我的博士论文做的是清代刑部的研究，包括刑部的制度运作、司法审判、官员的法律专业化问题——这是非常专门的历史学制度史的研究。每次答辩、中期考试等流程上，都会有导师介绍学生的环节，郭老师每次都会提到，她原来写小说。他说了好几次，参加过这些活动的张帆老师、刘浦江老师都知道了。我毕业答辩之后，张帆老师就跟我说，小悠，我们系出历史学家已经很多了，你如果能往历史文学这个方向发展一下，变成这方面的人才，我们也很高兴。

当时我觉得，张老师这是在开玩笑吗？没想到后来他真的特别支持我在这方面发展。后来我进入国图工作，国图的学术考核没有高校那么严格，不会说你每年不发几篇论文就怎么地。但是它有一个特点，就是需要面向大众、面向读者做一些活动，需要写一些文案，等等，这种事情比高校多。

在国图工作之后，我就需要把我读硕士博士之前，面向公众、和公众交流的能力重新找回来。之前因为郭老师跟我说，你如果走上这条学术的正轨，可能就回不去了，可能那方面的思维就被抑制了，你只会写学术论文，再想捡起来都很困难，所以你要想好。当时我很笃定说没有问题。但是这时候我需要再捡回来，我就试着重新写公号，发现这种能力可以捡回来，如果你本身有，它不会因为你要从事专业的学术写作就被压制。我就把原来感兴趣的话题拿出来写，《年羹尧之死》和《九王夺嫡》都是我原来感兴趣的话题，在我工作以后拿出来重新发在公号上，然后出版。

写《隳三都》的周思成是做元史的，是张帆老师的博士，我跟他聊天的时候发现我们俩的困惑不一样。他写元或者是辽金这一段的时候，困惑是没材料，或者材料很细很琐碎，找出来也不能凑成一个很完整的叙事，他要通过一些自己的想象去把它串起来。但是清代的问题是材料太多，而且一个事情会有很多同质性的材料，你要通过你的知识背景、通过你对这个时代的了解、通过你的审美取向去裁剪它，怎么裁剪得合适，裁剪得精到——这是跟他写元史不一样的功夫。

我在写博士论文的时候，读了大量的案例，除了北京地区，全国的案子，能上到刑部的都是大案，不是杀人就是放火，性质非常恶劣，情节又很复杂。这些材料特别丰富，一层一层的档案都保存着，各个视角的叙述都不一样，口径也不一样，你觉得你就像一个律师或者法官在了解这个事情。但是，当我写博士论文的时候，我是不能把长篇大论的叙述写到论文里面去的，那就不是一个以问题为导向的学位论文了，而是一个案例汇编——描述性的东西。最后，我的博士论文当然是按照学术规范的要求，一板一眼，中规中矩。但是我经常觉得很遗憾，我看了这么多故事，这些案例从不同角度的叙述，它们背后的时代背景、困境我也很清楚，我就把这些东西扔掉，这太可惜了。我需要把这些更接近今人生活的实例展现给更多的人来看，这肯定比看我博士论文的人多。所以，我就把它拿出来，重新组织，加上背景的分析，加上社会运行机制的分析，加上当时和现在的对比，这就是《清代的案与刑》。这个书相对有点学术性，因为前半部分是案例，后半部分其实是一些制度性的东西，可能阅读的面还是有点受限。但是出版方跟我说其实卖得还可以，因为有一些律师、法官或者检察官很感兴趣，网上有好多篇发到报纸上的书评，不是我约的也不是出版方约的，就是读者自发写的，署名最后都是某法院、某检察院的人，之后有很多不认识的朋友关注我的微博，一些人是律师。

对正在从事这方面工作的人有帮助，让我感到很高兴，觉得自己的工作有价值。这极大地鼓舞了我以后在这方面努力。我还得写论文评职称，还得兼顾学术写作和普及读物写作，但是我觉得这两者之间完全不矛盾，而是互相促进的。原来我写东西比较浮夸，喜欢大词儿，喜欢排比，尤其是高中——这样得分高。后来我非常认真地做了一段时间专业研究，写了一段时间学术论文之后，我的文风确实有很大的改变，变得平实、逻辑清晰，这对我后面再来面向大众写作也有很大的帮助。

姜萌：

谢谢郑老师！郑老师对我们现在正在读硕、博士的朋友可能有启发。读硕、博士接受学术规训，必须按照学术规范来写硕、博士论文。但是工作中还可以产生影响不错的副产品，把那些不能纳入硕、博士论文里的材料，有心存起来，等到硕、博士毕业以后，再写出来，向大众传播历史知识。

郑老师也谈到了一个特别有意思的问题，也是我最近在思考的问题。在教学过程中，我感到有一个非常明显的悖论：很多同学本科选择学历史学，很重要的原因是对历史学感兴趣，但是他们上了北大、人大历史学系之后，因为这些机构的目标主要是培养历史学家，因此对他们进行较为严格的学术规训。有一些同学表示，学了历史学专业，才发现这个专业不是他们想的那样。我一直在困惑，就是我们在培养历史学专业学生时，对学术规范的强调会不会扼杀掉这种创作或者写作表达的能力？刚才郑老师用她自己的实践经验告诉我们不会，这两者不仅不会矛盾，反而可能相得益彰，让我感到了鱼与熊掌可以兼得。

想问一下赵老师，您教学这么多年了，您觉得两者兼得可能吗？或者以您的教学经验和实践经验，觉得郑老师的经验有普遍性吗？

赵冬梅：

当然可能！小悠是我们教出来的，还有周思成写《大汗之怒》，我觉得那个很像大散文，因为他材料不够，所以得“跳”。但是小悠刚才还说了一点，就是你们高中写的“作文”是有问题的。高中认为的美文教育，在很大程度上华而不实，而且不重视内容的表达。文以载道，这个道我说的是内容，不一定是儒家的那个道。文字应该是对内容的表达。但是中学“作文”，文字是文字，内容是内容，文字并不是很能贴合内容，而且有时候内容是空的，而且逻辑感特别差。

当老师这么多年，我改学生的文章，包括博士的，有时候要问他/她“主语在哪里”“主语谓语是怎么搭配的”，在写下这些质问的时候，我是“恶狠狠的”，我当时面部表情是很“狰狞”的。这是高中的训练不够。而历史学的写作训练，就是摁着你，把浮华都去掉，让你表达内容。写作本身是围绕着内容走的。我常常会逗我的学生，我问他们“你们认为历史学的论文是一种什么文体”。我的答案是“说明文”，你要说明你的观点，你要论证。不是议论文，也不是记叙文，实际上是一种说明文，最核心的是观点、对象、内容。

经过历史学“去浮华”训练之后，一个人的才华是不会丢的，刚才小悠说高中就搞一个论坛，你让我现在我也搞不出来。还有刚才宏杰说的，人家都是在一流的文学刊物发文章，我到今天都还没在那个地儿发过文章。《大宋之变》曾经上过一个月度的文学好书榜，我乐得嘴都快歪了。

那个东西不会丢，而且那个东西，你如果认真阅读——比如说学宋史——多么优美的古典散文，你读多了就是有感觉。好的历史学的论文也是美的。当然好的文字一定是有性格的，小悠的是小悠的，我的是我的，我觉得不一样，那个东西也不会丢，就是跟你的性格走，跟你的品位走，跟你的阅读的经验走的那个东西不会丢。你又经过历史学严格的训练，被“摁着”把那些高中的习气丢掉，会变成特别朴实的写作者，然后出来的东西，一定是好的。我来之前正在读小悠的《九王夺嫡》，非常有意思。

姜萌：

人的才华是天生的，是源自内心深处的，不会因为外在的规训把源自天性的才华磨掉，我也倾向于这一点。而且我们的写作有时候是需要训练的，但是在训练的时候需要在接受学术规训的同时，保持对文字天然的感觉和自如的掌控。

这一点宏杰兄的感受应该跟我们不一样，他读了历史学硕、博士，你硕、博士论文也是要符合起码的规训的，你感受怎么样？

张宏杰：

我要解释一下我没有读过硕士，我是本科，有一个本科的学士学位，有一个博士学位，没有硕士学位。可能很多人不知道，前些年你本科毕业满6年，博士生导师认为你有硕士的同等学力他就可以招你。2000年的时候我曾经想读戴逸老师的博士，最早是刘凤云老师介绍的，刘凤云老师说你已经出了历史类的书，我建议你读个历史学博士，对你是有帮助的，我问问戴老想不想招你，他拿我的一本书给戴老，戴老看了之后说行，你让他来报吧。我就跑到人大边上考博的考试书店，买了考博的政治和英语，我一看，我说不考了，这得花我好长时间死记硬背，也很对不起戴老和刘老师，所以我是没有硕士阶段的经历的。

我读博是在复旦大学，博后是在清华大学。虽然我是野路子，但是我的老师很有名，我博士生导师是葛剑雄老师，博士后导师是秦晖老师。葛老师是历史地理专业的老师，我读的也是历史地理专业。但是我写博士论文的时候，我跟葛老师说，我挑了很多题目和想法，但是感到写起来很勉强，写的过程自己感到不太舒服。如果是写我自己想写的，我保证这个论文写得很好看，很有意思。葛老师说你自己想写什么？我说我想写曾国藩的收入与支出，因为我在台湾出的一套影印版的书里发现了曾国藩的收支账本，清朝的官很穷，他每天都记账，记得非常清楚。混杂在曾氏文献中，没有人注意，我就把它梳理出来，决定复原一个清代京官的经济状况。葛老师说也可以这样做，但是你最后拿的是历史学博士，我感觉也是能说得通的，如果中间有什么问题，我到研究生院代你沟通，所以我遇到了一个很好的老师。

我的博士论文写作过程非常愉快，对这个话题我特别感兴趣。论文写到最后，已不限于曾国藩京官时期，扩展为他的一生。传统时代曾国藩这样的官员这辈子挣了多少钱，哪些是工资收入，哪些是奖金，哪些是灰色收入，这些钱又是怎么花出去的，他的衣食住行水平怎么样，他这么大的官员住多大面积的房子，出门坐什么样的车，给不给人家行贿，送不送礼，我研究的是这个问题，还是挺有意思的。我在写的时候确认以前这个方向没有人写过。以前没有人正儿八经地分析过中国古代官员经济收支，他们是怎么挣钱、花钱的。只有一个香港学者写过关于李慈铭的书，但是也不是很深入。博士论文的语言就不是文学语言了，但是我也尽量把它写得好看一点，让普通读者能读懂，所以这个博士论文出来之后开始是在中华书局出的，中华书局出书我们都知道发行能力一般，起印四万册卖光了。后来找了个出版公司，起印八万册，也可以。在我的书里卖得不算太好，但是对于有点学术含量的书来讲这就算卖得不错了。

就像赵老师说的，内容可以是学术的内容，但是你的表达可以很亲民。我们看民国时代那些大家的作品，像胡适的东西，他考证《水浒》《红楼》，他们的语言都平实如水，特别好接受。

姜萌：

几位老师都谈到了，学术最核心的在于内容，而不在于形式。我也特别认同这一点。我主业是做清末民国学术史的，刚才宏杰兄也谈到了，民国大学者的文章大多阅读起来非常流畅、亲切，最典型的例子就是顾颉刚。顾颉刚《古史辨》第一册《自序》是叙述体，讲他的学术发展历程和学术认识。这个《自序》放在今天算不算学术专著都成一个问题，但是它的学术价值是近现代学术史无论如何都绕不开的，里面提到了非常重要的学术认识论、学术方法论。

我个人认为当代中国史学需要在保持学术水准的同时，提升可读性。我们在培养学生的时候，特别担心在加强学术规训、提升学术规范的同时，损伤了学生叙述的能力、表达的能力。

我还有一个问题，要请教三位老师。在写作的时候，宏杰兄重视对心理的分析，《大明王朝的七张面孔》里很多都是心理分析，赵老师的《法度与人心》，小悠老师的《年羹尧之死》也有很多分析。在写作实践中，我们要把文字写得吸引人，就需要层层分析，但是分析很难像叙述那样引经据典，因为分析大多是推测，是一家之言。没有引经据典，可能会让人觉得不够规范，没有依据。三位老师有时候会不会感到这种困难？

赵冬梅：

其实我觉得重要的是理解。我们要分析古人的时候，可能要跨越一道鸿沟，这道鸿沟是观念的鸿沟。我们不能拿今天的框框来衡量古人，衡量古人、判断古人要尽量回到历史情境。这个历史情境既是具体的，也是抽象的。

比如像赵至，魏晋时期的一个士家子，他父亲是个士兵，他属于曹魏的士家，按照士家制度的规定，他16岁就得当兵，这辈子他就是兵，他的人生基本是规定好的。但他不停逃跑，终于成功了，改名换姓，在辽东那个地方混得风生水起，还代表辽东那个郡到京城来上计，成为一个很成功的人。但是他三十多岁呕血而死了。很重要的原因是，在他所处的环境之中，除了士家制度是个约束，其实还有一个更大的、属于观念制度的约束，就是孝道。他如果成功，就应该恪守儒家规范。可是儒家规范之内的成功非常重要的就是，他得是一个孝子。但是赵至所有在现实世界的成功，都必须以不能承认他是他父母的儿子为前提，所以他的成功无法分享，这就是一个巨大的割裂。

刚才这个分析不全是我的，其实这个故事是唐长孺先生最早揭示出来的，唐先生这篇《〈晋书·赵至传〉中所见的曹魏士家制度》差不多是我这么多年读书以来读过的最有人文关怀的一篇历史学论文。我觉得，你把这些都理清楚了，事实上你也就理解这个人了。我们再往后退一步，把观察的尺度再放大一点，你能看到什么？你能看到制度、制度规范中或者制度规训中的人、人在制度中的处境。当一个人要跟他所在时代的制度、观念对抗的时候，其下场基本上是悲剧。在那样一个不自由的时代，真是很悲惨的。

所以我觉得，分析这个东西还是要贴着你的对象走。关于心理的，我在《法度与人心》里面“安利”了姚念慈先生大段的心理分析。有一些在“常规”情况下被当作边角料，正常写论文用不上的东西，他都能用上。康熙为了证明满洲学问也是好的，整了个题目考满学士和汉学士，满官的东西出来了之后，汤斌笑得鼻涕都出来了。当然汤斌就凉了。这背后透露出来的康熙褊狭的满人心态非常清晰，这就是细节的力量。

类似这样的细节，原来的史学都会扔掉。因为没法用，不知道放在哪儿。但是皇帝的心理不重要吗？皇帝的心理太重要了，可是传统的“主流”史学里这个东西是不要的。

我顺便吐槽一下，我们常常会赞美，比如说江苏人民出版社出的“海外中国研究丛书”那套丛书，来一本就赞美一本，每本都卖得非常好。好在哪里？第一是完整，真正把题目规定的东西做完了。第二，我觉得是思想上、方法上的多元。我们在赞美外来的多元的用时，在处理自己学生的发展的时候，还是需要像张帆老师这样开放。顺便赞美一下我们的前系主任，他对小悠、周思成，对我，都有很多鼓励。其实北大历史系这一点还好，比较宽容，我们的前辈即使不这样做，但是他还会鼓励、宽容这样做，这样才是多元的，才是美的。学术不可能是一个模样出来的，没有自由，其他都是瞎掰。

姜萌：

赵老师、罗新老师改变了我对北大历史学的认识，以前老是觉得北大历史学传承了民国以来史料派的精神，非史料不说话。但是北大历史系其实是非常开放、非常多元的。

赵冬梅：

我觉得我们系的特点还是包容跟自由，我的《法度与人心》基本上是制度史的研究心得，《人间烟火》是社会生活史课的一些研究心得。社会生活史我上了 N 多年的课了，但是从来没写过一篇论文，我写不出来像孙机老师那样的论文，那是非常困难的，但是我在课上可以跟学生分享，可以写成一篇一篇的小文章，这是成立的。

我们系像郭老师做的是社会史，也不是社会生活史。社会生活史专题是我授课的名称，“社会生活”比较学术，我当时就是这么报课的。我翻译我的英文课名都是用 everyday life，就是“日常生活”。2000 年我刚毕业没多久，我说要开一个新课，我们系没有人说不行，只是我妈妈特别担心没有人选课我该怎么办。

姜萌：

我自己对教学相长也有体会。你认真准备课程的时候，不断思考，不仅能教得好，还能出成果，有些东西不适合写论文，可以写成随笔，将这些思想性的东西与大众分享，也是非常值得提倡的方向。北大很开放包容，这是学术界应有的良好状态。人大的历史学也是很开明的，我们号称是新史学大本营，环境史、文化史、公共史学在人大都能找到。只不过现在中国历史学界存在着一点问题，就是我们如何把历史知识更好地向大众传播。我感觉目前遇到的问题主要是在学术评价体系：不符合学术规范形式的成果不被认为是学术成果，所以写学术随笔在评价体系里会吃亏。

还是回到历史分析的问题。三位的作品里都有大量的分析，在我们学术写作的过程中也有很多分析。但是学术研究的分析和历史写作的分析有点不一样。论文论著的分析一定言必有据。写非虚构作品或者通俗读物，很多时候可能不一定要言必有据。这里面其实最有争议的问题，就是心理分析。

中国传统的史学是以人叙事，写人的传记总是在写故事，但是很少写心理。尤其是写帝王，更不写他的心理。帝王的起居注，每天两个官员就写皇帝干嘛了，多一句不写。我们在做心理分析的时候怎么把握一个度？这对于我们今天这个主题，对于想从事这方面实践的朋友来讲，是个值得追问的技术难题。刚才赵老师讲了要回到那个时代，对那个时代有更多的了解，然后再去解读，宏杰兄觉得呢？

张宏杰：

我是一个心理学爱好者，也是一个史学爱好者。我在我的《简读日本史》后记中说我这本书就是大号的历史爱好者写给普通爱好者的书，我既不是历史学家也不是历史学者，甚至也不是历史作家，我真实的身份是历史爱好者。

我之所以喜欢历史，感觉研究历史一定程度上就像侦探破案一样。有句话说历史没有真相，历史是任人涂脂抹粉的小姑娘，说这句话是胡适说的。现在有很好的文章出来，胡适说过类似的话，但是完全不是这个意思。我原来读历史的时候最大的困惑是历史上很多人，包括一些帝王，似乎一生下来全身上下没有一点好处，做的全是坏事，典型代表隋炀帝，谋兄、弑父、淫母，没有一件好事。另外一些人一生下来做的全是好事，非常光明、非常伟大。我很困惑，我觉得这是不合理、不可能的，为什么会这样呢？这是我后来写历史、读历史一个重要的推动力。

这个东西跟我的工作也有关系，我在银行工作的时候曾经在办公室负责写人物的材料，比如说年底要向上级银行报送先进员工材料。我发现写作是个很值得琢磨的事儿。比如说你从人群中随便抓一个人都可以把他塑造成一个令人感动的人，也可以把他写得罪该入狱。你把他1%的好事集中起来，无限渲染夸大，他就很高大；把他做的坏事集中起来，他就成了一个坏人。可能这就是过去中国历史上有些人或者是神或者是鬼的原因。

后来我写过隋炀帝的传记，写过王莽的传记，我就想去理解这些人为什么会做这样一些事情，我找了很多资料分析，实际上他们不是那么坏的人，特别像隋炀帝。过去的历史写作者给他身上很多定义都应该推翻的，包括王莽身上也有很多真诚的因素、很多书呆子的因素。我很同意赵老师说的，就是你想了解一个历史人物要尽量回到历史现场，要设身处地替他考虑。把自己放到历史场景中，比如说《大明王朝的七张面孔》中，魏忠贤、吴三桂、海瑞这些人物，他们做的事，如果你回到他们的时代，回到他们所处的历史压力之下你可能会明白他们的选择，你可能也会承认，如果你在那样的历史情境下，你可能也会做出同样的选择。

吴三桂正在从山海关回北京投奔李自成的路上，听说自己的爱妾陈圆圆被大顺的将领抢走了，自己的家人被抓起来了，严刑拷打，要他们拿出家里的财宝。在这种情况下，如果是你的话，你还会乖乖地前去北京投顺李自成吗？我想有些人可能会选择做出跟吴三桂一样的决定。如果我们设身处地回到古人的具体情景下，他的很多选择和动机就很容易理解了。

我也推荐赵老师刚才推荐的《康熙盛世与帝王心术》，那本书写得确实特别好，得出的很多结论跟传统历史叙事是不一样的。很多传统观点认为康熙平三藩是英明决策，他说是康熙年轻气盛操之过急，实际上可以很平稳地解决，不至于酿成那么大的社会动荡、那么大的社会破坏，这本书值得向大家推荐。

姜萌：

这里面有个问题，我们想把自己置入那个历史场景中，可是我们没有史料的依托怎么办？

张宏杰：

还是要在穷尽史料的前提之下，再把自己置入当中，不能先入为主，说我先认定康熙是个好人我再读这些史料，赞同我观点的我就看，反对的就抛到一边。其实很多做历史研究或者做其他研究的，都会发现他的观点应该是随着材料变的，而不是专门找迎合自己观点的材料来看。

赵冬梅：

我觉得不管最后的成品是什么，以何种形式表达，如果你准备追求真知的话，做法都是一样的。首先你是一个今天的人，你的经历、阅读会让你产生一些问题，你带着你的问题去阅读，先做综述——这其实是“学年论文”的做法，必须要先读前人研究成果。如果你从前人研究成果中读到了你想要的答案，并且你满意，这事就到这儿了。如果你不满意，觉得有遗留问题，觉得前人的回答有问题，这时候你就要在前人研究成果的指引之下回到史料。前人已经把史料摸过一遍了，你大概知道要回到哪里去。

你要回溯的东西，不仅仅是别人引用过的——他们引用的是一个一个的“点”，那些“点”是他们自己挑出来的，你现在要做的工作就是回到那些“点”存在于其中的“面”，回到那些“点”存在于其中的史料海洋，然后不带任何先入的判断——你有问题可以，不要事先做结论——跟史料进行贴身的亲切“交谈”，你要反复读史料，只有这样才能读出信息来。你的那个东西得是“自家体贴”得来的，不管是做综述，还是读史料，都要“自家体贴”，不能有预设。

最不好的一种写作是先有结论了，然后去找材料，找到顺的就用，找到不顺的就丢开一边，或者想想怎么把它反驳掉。在这儿我还要说一句老话，我觉得历史学是有很高门槛的一门学问，不要认为历史学是你识字，你能读古文你就能做的。历史学是需要扎扎实实地下功夫。历史学者跟爱好者有一个区别。爱好者觉得什么都有答案，历史学者常常被人问得一愣一愣的，第一反应是“不会”，或者“我不知道”，或者“我要去查一查”，这才是一个“正经的”历史学者的反应。他查完了很可能没答案，说不清楚，这才是靠谱的历史学者。什么都会的，什么都能回答的历史学者一定不是靠谱的。怎么可能？当然有一些是他知识面不够，但是他也承认他不够。

姜萌：

历史非虚构写作，除了真实没有其他非得坚持的，形式是多元的。对真实性的坚持，是万变不离其宗的。第二点也是张老师、赵老师讲的，面对大众写作的时候，写的过程中要尊重历史学基本原则，对史料要尽可能占有，而且对史料进行批判性分析。郑老师《年羹尧之死》里对雍正有很多分析，包括其文字表演型性格，你对人物分析怎么看？

郑小悠：

关于人物分析，特别是心理分析赵老师强调的核心是，要多贴近这个时代，对这个时代的政治、文化、制度有足够多的了解，然后再具体到写作的点，然后用这种大的知识轮廓去体贴一个具体的事情来写。张老师说的是要设身处地地把自己代入你写的这个人物当中。

在我写作的过程当中，我是把这两点都结合在一起。我用清朝的制度背景、文化背景、社会背景去看我写的这些人。比如说，清朝是北方民族的八旗军政集团，占领了中国广大的地区。所以，爱新觉罗家族有合法性焦虑。不管是康熙、雍正还是乾隆，都如此。所以，这个王朝有比较好的一面，比如说赋税相对轻微，注重民生，它的司法相对公正……这都是因为它在合法性上有缺陷，就在跟老百姓切身相关的地方做一点补偿，显得自己民众的根基比较稳固。对于最基层的老百姓来讲，可能谁作皇帝并不是特别重要，重要的是国家不要给那么多负担，打官司的时候稍微公平一点。所以，清朝在这方面做得相对好一点。

但是，它对能挑战它合法性的读书人群体、对士大夫阶层、对江南地主阶层非常严苛，包括大兴文字狱等。这些情况，都跟统治者的合法性焦虑密切相关，这是研究清史一个大的制度、文化、政治上的背景——我写这些东西时，脑子里时刻有这样一个罩子在上面。

另外，我又要设身处地地考虑——如果我处于笔下人物的位置，我会不会像他这样做，我不做是出于什么考虑？我如果像他那样做，是不是我的最优解？当然，一个人不可能做任何事情都是理性的，他可能受各种因素的影响。现在非常流行所谓原生家庭说，即人要一辈子去治愈原生家庭带给他的痛苦。比如说，雍正有大的合法性焦虑，他还有小的合法性焦虑——大家都认为他得位不正，所以他有双重合法性焦虑。所以，雍正这13年战战兢兢，有一点风吹草动，他的反应就很大。再加上之前四十多年蛰伏——他不是太子，不是根正苗红的继承人，突然一下子坐到了皇位上，他的压抑的情绪突然得到了释放。他的能力非常强，他要施展自己的政治抱负……虽然我完全没有类似的经历，但是我还是尽量设身处地地站在他的人生状态下来考虑问题。

至于心理分析和史实的关系，因为《年羹尧之死》和《九王夺嫡》都是宫廷政治作品，宫廷政治有一个特点，就是它所有放在光面上的材料，都和实际情况有距离。我们能看到的实录、起居注等材料都是冠冕堂皇的。我们不能完全相信这些东西，否则写出来的作品离题万里。

但是，我怎么把冠冕堂皇的官方记载，变成我认为有可能发生的、实际上阴暗复杂的政治斗争？这中间的距离就需要我用分析来弥合。首先，我要把各种各样的史料摆出来，然后进行对比，进行辨析。在对比、辨析、翻来覆去的考察过程之后，得出一个我认为最有可能的结论。我会告诉读者，这是经过一系列的逻辑论证、对比、辨析之后，我认为最有可能的结果。是不是真的如此，我不知道——因为没有一个明确的资料告诉我它是这样的。我的书里有很多这样的表述，我不会说得很死，但是我会把逻辑分析过程尽可能展示清楚。

姜萌：

这让我想到了马伯庸说他写的是可能性历史小说。因为时间关系，我们最后谈论一个问题，就是关于非虚构界定的问题，还有发展可能性的问题。昨天王笛老师最后谈到一个现象，说如果要了解中国的1950

年代、1960年代，从历史学家那里得不出材料，只能从文学家那里找，对当下历史记载的缺失是我们历史学家的失职。我自己做史学理论研究时，对当代历史学发展进行观察，也是感觉到历史学自改革开放以来，随着学术规范的不断加强，与当下离得越来越远了。但是这几年有一点点变化，包括罗新老师的《从大都到上都》、李开元老师的《秦崩》《楚亡》、吴铮强的《寻宋》等，里面有很多历史考察和现实观察。他们对现实观察的这一部分，很多年以后很可能会成为史料，成为人们认识当下历史的史料。想问一下三位老师，你们对历史学书写当下有什么认识和想法？

赵冬梅：

我们是在大学、研究所等专业研究机构里面以研究历史为业的人，而历史其实在任何一个国家的定义里都不包括现在，而且最起码是50年以前的人和事才是我们的研究对象。

你刚才举的那个例子，罗新、李老师、吴铮强，我觉得他们全部都是重视历史现场的，试图重建空间。

罗新做的是一个非常伟大的创举。我羡慕他很多年，我不会开车，又是个女的，所以我其实不敢像他那样，我没有能力。他以前开车去新疆考察，那时候我就羡慕地在背后不知道流了多少口水。他的《从大都到上都》更了不起，是走去的，是用当时的速度来体验距离，这是很了不起的。我有一个比照他的想法，等我写南宋的时候，我会在杭州住上整个四季，我会走和骑自行车，去了解杭州这个地方。罗老师所开创的这个东西，是努力在“过去的速度”中体验“过去的”空间和时间。其实我们对空间、时间的感知，对距离的感知都跟速度有关。所以罗老师写的是过去的，不是现在，吴铮强也是访古。

李老师是前辈学者了，他提出了很多本来应该提，但没人提的问题，比如说秦始皇有没有皇后，秦始皇的皇后到哪里去了？他在没有人问问题的地方问了该问的问题，又用了非常大胆的方式来解决这个问题：这边一个已知，那边一个已知，中间是巨大的未知空白，似乎看不出联系，而他密密匝匝地把桥给修起来了。这样的事情田余庆先生做过，《东晋门阀政治》里面有不少论述是“做了辅助线”的。田先生用“辅助线”，我觉得李老师走得有些远。我们历史学通常的原则是“有一分材料说一分话”，没有材料不说话。李老师是有一分材料可以说十分话，没有材料的地方也可以说上一堆话。

我觉得，李老师可以这样做，李老师这样做，我乐见。原因是李老师是受过中日两国最严格史学训练的成熟的历史学者。小孩子不要学，就是你们在成为一个历史学者的路上绝对不能走这样的路。现在就走，你没有东西，那就真的成了“凿空”了，但你又不是张骞。

他们三个我觉得是这么一个关系，包括李老师之前的著作也是对历史现场的访古，他也是行动能力很强的人。在中国人还比较穷的时候，他在日本上班，比较有钱，所以他可以旅行、拍照。这三位历史学者靠谱、可学的部分，是对历史现场的感知，是空间感、时间感的建立，我觉得这一点非常重要，值得我们学习。不一定是跟正在发生的现实社会生活直接建立联系，但是通过空间加深对时间的认识、通过时间开拓空间，会触动历史学具有文化属性的那个部分。赖瑞和好像写过，坐着火车游唐朝。这种写作我觉得是很可贵的，它属于文化，让历史学散发出审美的那一面，而且也跟现实生活中的人的心灵发生关系。我觉得三位所做的是这样的一个努力，但是他们仍然没有和正在发生的社会发生直接的关系。

可是历史学者无论如何毕竟是这个时代中的人，我们所有的问题，我们所有的关怀其实来自我们的时代，我们每个人都是时代之子，尽管大部分人通常不会被人叫作时代之子，但是我们也不要妄自菲薄，每个人都是时代之子。

我们的关怀、我们的训练，包括历史学的训练都是有着“当下性”的，所以在这个意义上讲，我觉得所有历史学的研究都在某种程度上是跟现实有关联的，只不过这种关联绝不能庸俗化，我们不能直接服务于现实，我们携着现在所产生的问题叩问历史，我们代表我们的族群甚至代表人类，去叩问过去，把我们的光投射过去，把一部分东西照亮，指示给现在看。立足现在问的问题，现在的人在阅读历史的过程中是可以得到滋养的，这是我的理解。

姜萌：

谢谢赵老师！我们穷尽史料，尽可能进行历史场景复原。访问历史遗址是走进历史现场、复原历史场景比较靠谱的路径。所有历史事实都是发生在具体时空之下，我们走进具体的历史遗址中，就是要走到具体的历史时空之中，只有在这个时空中才会有切身的感受，写出来的东西才可能更有分寸。如果有朋友想要做历史写作方面实践的话，还是要尽可能走向历史现场，去到具体的时空中，带着典籍记载的史料去实地感受、想象一下。

时间的关系，三位嘉宾的聊天发言就到此为止，最后给观众开放一个问题。

互动环节

听众：

各位老师好，我想问的问题是，我最近在从事自媒体的非虚构写作，我们主要是以写现实故事为主。我有一个关于历史方面的选题，其实是一个人找回他们家失去的家谱，研究他祖先的一个故事。编辑一直在问我一个问题：你写的故事和现在的读者有什么连接点。我想问的是，当我们在写这些历史故事的时候，自媒体比较强调你要给读者读这篇文章、转发这篇文章的理由，我想问一下历史和现实的连接点在哪儿？是什么样的东西比较能打动现在的读者？

郑小悠：

我写完《年羹尧之死》后，会参加各种活动。活动会提前给我一个提纲，最后一个问题大多会问这本书对我们现在的职场竞争或者办公室斗争有什么帮助，或者能给什么教训。我说我没什么教训，我们现在的生活和工作都到不了这个份上，打败了就得杀头，没这么严重。但是看完这个书就提出这样的问题让我回答，他一定是希望从这个角度找到历史书籍跟现代读者最关心的话题之间的桥梁。我写的时候当然没往这方面想，没有以古讽今的意思。

我写《清代的案与刑》的时候对现实关怀最深，因为书主要写平民的故事，冤案、司法流程这些，其实古今的差距并没有像政治史那么大，但是读者好像对政治史中大人物的你死我活更感兴趣，对贴近现实生活的题材的兴趣反而没有那么大。

姜萌：

一千个读者有一千个哈姆雷特。郑老师写《年羹尧之死》没有映射现实的考量，但是我看完之后还是有一些受益的。

郑小悠：

今人不见古人月，今月也曾照古人。人心人性大的层面的东西完全是一以贯之的。技术上有变化，生活的便捷程度有变化，但是作为人，读者可能会找到和书中人沟通的共同点，所以我觉得不用特别焦虑这个问题。只要你是认认真真地把一段历史写出来，自然大家会去寻找，但是寻找的点可能因人而异，作者不一定把握得了。

姜萌：

我补充一下，你刚才说族谱的问题，族谱是中国民间独有的一个历史文化现象，能够一直追溯到很久远的祖宗。如果没有族谱，到祖父，最多到曾祖父，一个人的血缘意识其实就比较淡薄了。祖先崇拜或者追溯祖先行迹是人性本能，人类希望有这样的精神上的穿越时空的情感交流。

中国公共史学集刊　第四集
第 58 ~81 页

走向公共空间：历史非虚构写作的多元解读

罗　新　止　庵　包丽敏　董风云　徐鹏远

时　间：2021 年 7 月 25 日晚上

地　点：北京红楼公共藏书楼

嘉　宾：

罗　新（北京大学中国古代史研究中心暨历史学系教授）

止　庵（作家、学者）

包丽敏（前资深媒体人，曾为知名特稿记者）

董风云（甲骨文书系创始人、社会科学文献出版社甲骨文分社社长）

主持人：

徐鹏远（燕京书评编辑）

徐鹏远：

各位读者朋友大家好，其实我不是今天晚上的主持人，我只是一个“前台保安”，保证我们这场活动安稳地进行下去。我为大家简单介绍一下今天的四位嘉宾老师。

大家应该听说过差不多二十年前中国新闻界特稿先行《冰点周刊》，包丽敏老师就是从《冰点周刊》记者一路做到了副主编，是国内资深的特稿非虚构写作者。

北京大学中国古代史研究中心暨历史学系教授罗新老师，近两年他将写作转向了公众，近年新作《从大都到上都》《有所不为的反叛者》登上了各大媒体榜单、书店好书榜单，在历史专业和公众之间建立起了一种联系。

著名作家、学者止庵老师研究张爱玲、周作人，今年出版了他自己的首部长篇小说《受命》。止庵老师对非虚构也有自己的阅读体验，并有写作尝试，他最新的作品《受命》就有非虚构的色彩，止庵老师将1980年代的北京的社会生活做了细致的考证，在此基础上的写作是非常扎实的。包括止庵老师之前写过的《神拳考》也是建立在考据基础上的，止庵老师也是阅读广博的读书人，他也致力于把阅读推向更多公众，前两个月，六一儿童节前后止庵老师以读书人的身份登上了一档综艺节目《向往的生活》。

最后一位是出版界的风云人物——甲骨文书系创始人、社会科学文献出版社甲骨文分社社长董风云老师。了解甲骨文的读者都知道，甲骨文是历史非虚构写作一个重要的媒介。

前两场活动分别从理论角度和写作实践角度对历史非虚构展开了讨论，今天我们的讨论聚焦于传播领域，我们今天的主题叫作“走向公共空间”，这里的“走向”是双向的，既是历史非虚构走向公共空间，也是公众走向历史非虚构。

我们今天和四位老师的聊天会围绕这样一个双重走向来展开。这些年，大家对“非虚构”变得越来越不陌生了，但是对于“历史非虚构”大家可能还没有那么明确的认知：我们阅读到的许多优秀的非虚构作品，作者并不是专业的历史学界的人士，可能是作家，可能是记者；在历史学界或许也存在着对非虚构的某种偏见——认为这种面向公众的通俗史学，不能算是严肃的历史研究。

罗新老师这两年也尝试了面向公众的写作，您是如何看待历史非虚构的？

罗新：

很惭愧，我不是回答这个问题的适当人选，因为“历史非虚构”

这个词对我来说是崭新的词，“非虚构”在国外的书店里经常看到，但是非虚构跟历史联系起来，我过去没见过。就我此刻浅薄的理解，历史非虚构跟历史学的论著之间还是有一点交叉的，虽然这个词我们刚刚开始提，但是可能过去这一类的著作我们接触得也不是很少了，比如说《万历十五年》，比如说史景迁的著作，都可以归为历史非虚构作品。这些的确是历史学的著作，但是不太学院化，不那么象牙塔，没有大量的注释和考证，但专业人员读起来也还是受教益的——我过去接触主要是这一类的。近年也接触了一些，特别是我不太熟悉的领域，比如说某些外国史作品——最理想的是直接读人家最经典的专业著作，但是读起来有难度、门槛高，而读那些通俗一点的历史非虚构类作品，难度就小多了。在这一点上，历史学专业人士跟一般读者其实门槛差不多，大家这方面读书的经验、体验都差不多。

有一些重叠的部分，当然也有不重叠的部分。近年随着历史非虚构这个词热起来，我们看到了一些明显是专业著作、不能用以评职称、学界也不认为是科研产品的历史非虚构类作品。像我最近读过的有在北大历史系获得博士学位的周思成先生写的《隳三都》《大汗之怒》。这两本书当然不被认为是金元史专著，不过，因为我对蒙元史了解很少，读起来就觉得很有趣，很喜欢。我想这就属于和历史学专著不相重叠的部分。

相对而言，我读从国外译介过来的作品稍多些，这些书的作者有历史专业研究者，也有非专业人员，比如记者、历史爱好者、作家，尽管不是职业历史学家，但他们写得也挺好，也有非常精彩的内容，我读起来也很受教益。当然，我们能够读到的都是成功的作品，一定还有很多不成功的，能够畅销、进入榜单、翻译引介的，自然都是成功的。国外不成功的那些我们不大容易看到。国内原创性作品的情况复杂些。经常有人向我推荐，说我们这儿有这样一本书是写历史的，请你看一看。这些书中，有的真是不错，但更多是不太符合我的阅读标准的。我猜这种情况在国外大概差不多。

有没有一个歧视链呢？从专业眼光来看，当然有某种程度的歧视链。比如说我近年做的某些事，我常常想，如果我的老师田余庆先生还在世的话，他会不会不赞成？我当然希望我做的事情他都赞成，但不会那么容易。比如，他会不会觉得放下专业研究，去走金莲川之路是浪费时间，有点不务正业？其实我自己都觉得多少有一点，何况他呢。在专业研究者内部歧视链是存在的：作为专业人员理应集中精力做自己的专业研究。不过社会是复杂的，复杂是美好的；读者的需求是丰富的，这种丰富的需求也是美好的。在这个意义上，歧视是小圈子的事情，在更大范围内，歧视反映的是歧视者的狭隘。

徐鹏远：

我们刚刚说历史非虚构和公众之间的关系是互相走近，这样一个判定可能需要一些具体的证据来证明，而出版是一个直观的反映。因为读者对某一种题材、某一种写作方式的认可会通过他对阅读的选择表现出来。想问一下董老师，以您从事出版的经验国内大家对历史非虚构的需求是怎样的？

甲骨文出版的大部分是国外引进作品，国外的历史非虚构写作要远远强于国内？

董风云：

首先，我觉得国内的现状是，有越来越多的人进入所谓的非虚构写作领域。但确实如罗老师所说，界限非常不清晰，从出版的角度，我们会经常关注国外很多媒体、网站，它们会把每年的好书做个盘点。很多时候会看到两个大的分类，虚构（fiction）和非虚构（non - fiction）。虚构，顾名思义是大量以小说为主的体裁。从字面上来说，除了小说其他都可以归为非虚构。但“历史非虚构”这个词我之前听得也不是很多，我们做历史书或者社会学的书，或者调查类、纪实文学类作品，就是简单把它们归到“非虚构”里面。

有时候你会看到国外书业做盘点的时候，“非虚构”和“历史”榜上会出现同一本书，这说明“历史”和“非虚构”是并列的概念，国外没有“历史非虚构”这么一个类别。

说到读者，我前段时间提到罗老师提了这么一个概念——“历史的焦虑”，我觉得这可能是对我们读者状态的一种概括。虽然我们这些年做了很多书——有200多本。国内也有很多出版公司、出版社都在做所谓的大社科类的、更容易为读者所接受的，而不是象牙塔式、学院式的作品。越来越多的读者愿意读这些东西，它们又是专业的，又是面向大众的。

我们有14亿人，但出版界一直处在很挣扎的状态，我们看到卖得很好的书其实很少，中国一年出几十万种书，真正我们注意到的，像止庵老师的《神拳考》《周作人传》，罗新老师的《从大都到上都》这样的书，其实很少，10万册销量的书就已经是金字塔的塔尖了，而其他的海量的书是我们完全看不到的。但考虑到人口基数销量10万册的书，辐射也是非常有限的。我认为，无论是虚构还是非虚构的作品，有机会被人认真阅读，哪怕有拿起来看一下的机会，放在我们整个国家的人口基数里来看，比例还是非常小的。

总的来说，我们的阅读是非常薄弱的，但是有没有这么一个市场？我觉得有。这个市场是不是现在才出来的呢？我觉得跟我们高等教育越来越普及，经济实力和国力提升有关，跟消费能力的提升，更多人愿意走出去，愿意睁眼看世界有关，他们跟出版会有互动，促使我们做更多这样的作品，但这仍然是一个很小的群体。

我认为以前这个群体就存在，比如说“三联”早期出了很多这样的书，也很受欢迎。还有“商务”的“汉译世界名著”这样的书——比如说格鲁塞的《草原帝国》，布罗代尔的代表作《法兰西的特征》《地中海与菲利普二世时代的地中海世界》，《剑桥中国史》这样的书很早就出来了，也有大量人在读，我们现在有更多机会接触到类似的著作，有更多的机会把类似的书引进过来，并不能说我们的严肃阅读有非常大的变化，我认为或许有一些变化，但是没有我们想象的那么大。

我个人经常跟国外优秀的历史学者，以及其他社科领域的学者，或者是写作者，包括记者和自由职业者接触，相对来说他们的作品是比较容易实现商业化的。我们拿英国来举例，尤其是英国的历史作品，非常注重文本的可读性，这跟他们受的教育和写作传统有关系。我们能明显地感觉到，出版方、经纪人、作者之间有非常好的互动关系——说白了就是非常好的商业模式，好的作者会比较轻易冒出来。

中国目前已经好一些了，但我觉得中国还有很大的空间，我们在多样化上是远远不够的——有很多原因，不能一概而论，让我们多元化的东西没法很好地呈现。我觉得最重要的一点，多元化的东西需要有一个很好的商业模式来保障，有一个很好的发行模式。这些年来我们也注意到，像周思成、郭建龙、张宏杰这样的作者涌现出来，我相信将来会有更多，但这是需要时间慢慢培养的。

从整体上来说，我感觉目前国内非虚构写作和出版发达的国家相比还是有一些差距的。

徐鹏远：

董老师认为，“历史非虚构”并不是一个周延的概念，相关出版物也不是最近才出现的，而且国内的历史非虚构类作品还存在作者和商业模式上的不足。说起“非虚构”，这个概念最早是从新闻界诞生的。今天我们大量的阅读应该说是媒体提供的，尤其是最近几天河南的灾情，大家可能在这一阶段又集中看到了多篇相关的新闻特稿。

新闻某种程度上是和公众接触、关联最为紧密的写作样式，这样一个流量时代，反过来又会对新闻写作、非虚构写作带来一些挑战。大家知道最近有一篇《一个出身寒门的状元之死》，以非虚构的面貌刷屏，最后被证明是赚取流量的一篇假的“非虚构”，是彻头彻尾的虚构。

我想就这个问题问一下包老师：您是如何看待非虚构的写作和公众之间的关系的？如何看待公众的关注和流量的压力？我们在从事非虚构写作的时候需要警惕什么、注意什么？如何在遵循真实原则的情况下写出一篇好的东西来？

包丽敏：

作为曾经从事新闻业的工作者，来到今天这个场合，我感到很荣幸。我们在新闻圈里会讲“非虚构写作”这个概念，今天大家是从历史学的角度来看“非虚构写作”，据我所知，文学界也在从文学的角度探索“非虚构写作”，比如《人民文学》杂志，就设有年度的非虚构写作奖。

刚才董老师讲到非虚构写作概念非常宽泛，按照国外的分法就是虚构（fiction）和非虚构（non－fiction），除了小说、故事等虚构类文学，其他都算非虚构写作。从广义的角度来说，其实所有体例的新闻写作也都可以算是非虚构写作。那为什么我们新闻同行还要再讲“非虚构写作”呢？新闻界在讲“非虚构写作”这个概念的时候到底在讲什么？按照我的理解，我们在引用“非虚构写作”这个概念的时候，其实是在强调新闻文本的创造性，以区别于那些相对简单的、刻板的新闻报道。美国普利策新闻奖从1979年开始设立“特稿奖”，它的评选标准就是要有高度的文学性和创造性。

那为什么在追求新闻的真实性以外，还要追求文学性和创造性呢？正如历史非虚构写作是想让历史更生动，新闻界也是如此，想要探索一种新型的文本，让新闻更生动。新闻工作者一直在想办法让新闻更好地到达公众，因为新闻这个行业从诞生以来就跟公众紧密联系，不是学院派的，是要追求最大的传播量的（现在叫流量），新闻想要能寻找到最大公约数的读者，所以新闻一直在想办法向公众靠近。

非虚构写作在今天新闻界的含义，可以说就是借用小说、电影等叙事技巧来写一个新闻现象、新闻人物、新闻事件。这样的探索其实早就开始了。在座各位不知有没有在教科书上读过一篇课文叫《为了六十一个阶级兄弟》？讲的是山西一个县有61个农民食物中毒，各方紧急救援的故事。那时候新闻界把这种文体叫作“通讯”。写这个报道的就是《中国青年报》的前辈王石和房树民，写于1960年代。王石前辈自己说，当时他写那篇报道的时候就借鉴了电影的蒙太奇手法，这让整个救援过程显得非常惊心动魄、非常吸引人。

1980年代又有报告文学的出现。那时候的报告文学里面可能会揉一些想象性的、虚构性的东西进去，不太符合我们现在严格的新闻专业主义标准。但是它其实也是用更文学化的手法来写社会现象、社会事件，某种程度上也是对非虚构写作的探索。

后来新闻界又开始使用“特稿”这个概念。《冰点周刊》是1995年创刊的，随后成为国内媒体中比较知名的特稿采写的实践基地。而“非虚构写作”也就是最近几年开始用得越来越多。

对于公众来说，很多人其实并不清楚非虚构写作跟虚构写作的界限和差别在哪里。就新闻业对这个概念的理解来说，我们在写特稿、写非虚构作品的时候，有一项专业标准：每一句话都要有出处。这个出处可能来自某个史料、某个档案，或者来自采访对象。来自采访对象的信息你还要推敲一下，还要找另外的采访对象核实，如果两方说法有不同，还要找第三位采访对象。也就是说，你要尽可能地保证你写出的事实是准确的。非虚构写作反映的是真实的新闻事件、新闻人物，是不可以有演绎和想象的。比如说，你可以写人物的心理活动，但这一定是人物告诉你的，而不是你想象他可能在那样的情形下会有那样的心理活动。这就是我们的专业标准。

除了记者，编辑也会对信息的真实性把关，而有些专业媒体会做得更好。比如美国的《纽约客》杂志会刊登大量非虚构作品，写得像小说一样生动，有情节、有戏剧冲突。他们就设有专门的事实核查员，会对记者交来的报道进行一一核实，核查员会去找被采访对象，问他们当时是不是这样跟记者说的、心里是这么想的吗？由此可以看出，所谓非虚构写作，是不能有一点点编造的。

我这里说不可以编造，并不意味着作品里就没有事实错误。因为人是有局限性的，哪怕核查员对一篇稿子核查了很久，也并不能保证它就完全没有事实的错误，但这些错误不是人故意造成的。出现事实错误和存在编造，是两种性质的问题。

在自媒体时代，人人都有麦克风，这就对公众的媒体素养提出了挑战：你要学会辨别什么样的文本是真的“非虚构”，是可信任的，而什么样的是像《一个出身寒门的状元之死》那样看上去像非虚构，却是捏造的文本。

据我所知现在在微信公号上有很多可靠的媒体机构，像“谷雨实验室”、《人物》杂志等，他们都在尝试做非虚构写作。靠谱的媒体还是能遵循新闻业的相对严苛的非虚构写作标准的，其他的不好说。

徐鹏远：

刚刚包老师提到了文学领域的非虚构写作。非虚构概念近十年在中国的普及，确实得益于《人民文学》在2010年设立非虚构写作奖和此后一系列的写作实践——像梁鸿的《中国在梁庄》，何伟的《寻路中国》《江城》，袁凌的《寂静的孩子》《青苔不会消失》，等等。

止庵老师既是阅读非常广博的阅读者，同时他自己也是一位编辑和写作者。想问止庵老师，您觉得您在写作类似《神拳考》这样的作品时，会面临哪些在您平时比较熟练的文学写作之外的一些困难？您认为文学写作和史学写作之间可结合的点以及边界在哪里？

止庵：

说句狂妄的话，最大的困难其实还不在于自己的写作，而在对于别人写作的阅读。为什么这么说呢？刚才包老师说得非常好，非虚构这个概念非常清楚，也很简单，就是不能虚构。"no－fiction"这个词翻译过来未免就改了意思了，本来是"虚构以外"，现在是"不能虚构"，也就是反对虚构，这么一个基本概念很对。刚才包老师提了文学性的问题，其实所有问题都发生在这个地方：到底"文学"是个什么东西？它在什么地方可以被非虚构作品所利用？什么地方不能利用？就是因为这个界限不清楚，就导致了我们把非虚构作品写成虚构作品了，或者是相反的一个方向，有些写作者，特别是学院系统教育下的作者写的非虚构作品太不好看。

也就是说，一种人文学用得太多了，另一种人文学用得太少了。我觉得，前一方面在中国是自古以来的问题，我们的历史写作、传记写作其实缺乏好的传统，与虚构作品向来没有严格的、非常清楚的区别。咱们现在谈的"非虚构"都是现代出版物分类的产物，在那之前大家不知道什么叫虚构，什么叫非虚构。我们的古代作者没有受过这个教育，欠缺就在这个地方。

刚才董老师说得特别好，我们读到的外国的非虚构作品是经过筛选的，原著出版时筛选一遍，我们引进版权时又筛选一遍，不好的就不出了。现在我读到的，像甲骨文的书都是严格的非虚构作品。但是我们自己写的东西就未必是这么回事了。

我举两个例子，一个是古代的例子，在《左传》里记载过这么一件事情：晋国有一个大臣，他老向国王进谏，国王烦了，派刺客去杀他。刺客去了大臣家，一看大臣穿着准备上朝的衣服在那儿坐着等，睡着了。刺客就有一段自言自语，就说这人对于上朝这么恭敬，那是“民之主”——就是好官员。如果我把他杀了，我是对国家不忠，如果不杀，我是对国王不信，我不忠不信，不如死了，他就撞树自杀了。对此很早就有人质疑，说杀人的人自杀了，被杀的人不知道，又没有别人在场，刺客自言自语，《左传》的作者怎么知道的呢，又怎么会有这番记录呢？钱锺书写《管锥编》也提到了这个例子。这就是想象，作者替历史人物想象，居然还被称为“合理”。

我觉得传记、历史里面作者所有的想象都是不合理的，即使只在一定范围之内，即使只是细节。为什么？我们知道想象就不止一个方向。《左传》里这个刺客自杀的理由我们也可以替他有别种想象，而且他是不是自杀也不一定，也许脚底一滑，撞树死了。作者写出来的只是若干想象中的一种，你要说这个合理，那么别的想象就是不合理的了，凭什么呢？所以传记写作、历史写作，乃至整个非虚构写作，必须去掉这个东西，一点也不能容忍。只要想象，就是虚构，就不能说是合理。

再举一个现代的例子，有一本写周作人的书，说周作人被捕的时候，经过一番搜查之后被军警押走了，出门的时候听见他的妻子掏心裂肺的喊叫。我曾说，除非作者是在场的人，譬如周家家属，或者军警之一，或者趴在墙头上的贼，否则就是胡编的。但我们没看见上述人等中有一位记载这个事。这就是所谓“合理想象”，其实就是写小说一般，把读者给骗了。

从古代到现在，我们的作者往往缺乏严格的非虚构写作的训练，才胡编乱造，搞什么“合理想象”。有的作者明明手里捏着一大堆资料不好好写，非得另外编造想。我说本来足够你写非虚构作品的了，为什么要虚构呢？好比你开着一家药铺，却要造假药，真药都卖不完，为什么要造假呢？

所以刚才包老师讲得非常有意思，其实只有一种情况，我们实在没有法子，就是虽然经过核实了，但被采访者本身就在那里编造。举个例子，现在我们一共有五个人坐在这儿，我回去写日记，非写有六个人，还有一个某某某也来了，而且说了什么。隔了一百年以后，如果在座的几位都不曾记载的话，那我这个瞎编的就成了真的了。所以说“孤证不立”。如果在座几位也写日记，都说是五个人，就我这六个人的说法就不对，后人叙述此事时就要把这个去掉。所以人记录什么应该对自己负责，对历史负责，如果一开始就编瞎话，那往往会给历史和传记作者添很多麻烦。

对于我自己这方面的写作，我真的没觉得有什么困难，只要把这条线严格把握住就行了。除了所谓“合理想象”之外，还有没有什么文学性呢？当然有，譬如叙述角度、剪裁方法、结构方式、语言水平，都是。比如说有人用蒙太奇的写法，这也不是虚构，而是技法。所以我们得把文学分成两部分，有一部分文学是能用的，有一部分是不能用的。我觉得从事非虚构写作，还是应该读一点文学书，读完之后就知道，哪些文学是不能用的，哪些是能用的，我们用那些能用的，排斥那些不能用的。

当然这也要在读者那儿取得共识，为什么我们的作者喜欢编造，喜欢所谓“合理想象”呢？是因为我们的读者需要看热闹。刚才举的例子，如果只写刺客不下手就死了，只写周作人被抓走了，读者也许觉得没意思，没有戏剧性。所以要谈非虚构写作，读者也得多少受到这方面的训练，作者与读者要有一种共识，这就跟我们买卖东西打假，是一个道理。

我自己读传记或者读历史，凡是有对话，有心理描写，又没有注明出处的，我就根本不买，也不看，因为一定是假的，这是小说。但我读小说也不会读这路名为“传记”，其实是小说笔法的玩意儿，因为在小说里这种东西根本排不上号，不是什么高级的东西。

如果要说有什么困难的话，就是材料的搜集。我们很多作者，在这方面都不肯下功夫。举个例子，《雷蒙德·卡佛：一位作家的一生》的作者卡萝尔·斯克莱尼卡说：“在这部传记的写作过程中，我被授予从成百上千位卡佛的亲戚、朋友和同事那里捕捉故事的特权。”又说：

“从最初的一九九四年开始，直到本书完稿的二〇〇九年，十几年间，我当面或打电话进行了大量采访。”书中不少信息得自作者一九九八年对时年九十二岁的卡佛岳母艾丽丝·里奇·里德的访问，而她在两年之后就去世了。不能不佩服作者功夫下得深入，而且及时。

咱们的材料确实也不好找。我曾经写过一篇《为什么写不成张爱玲传》的文章，因为老是有人动员我写《张爱玲传》，现在存世的张爱玲生平材料我算是看得很全的了，但是光凭这些材料根本不够写一本《张爱玲传》的。

比如说张爱玲和胡兰成的关系，现有的只是胡兰成一面之词。孤证不立，必须有旁证。但是当时的知情人——比如说张爱玲的姑姑、炎樱、苏青，没有人采访过他们，现在都去世了，你再写，只能用胡兰成的《今生今世》这一个材料，都是用胡兰成的材料反过来骂胡兰成，这个不太对，所以没法写了。

鲁迅的传记，严格说也没有一本合格的，至少没有达到像“甲骨文”出的传记那种水平的。有两方面原因：一个是公共资料的利用不太容易；二是过去的研究者只注重死材料，不注重活材料。比如在 1949 年以后成立了好几处鲁迅博物馆、纪念馆，当时不少认识鲁迅的人都活着，应该做一系列详细的口述采访，但是好像没有怎么做这个事。当然做起来不容易，比搜集死材料难得多。现在认识鲁迅的人基本都死光了，认识张爱玲的人也没有几个活着的了，就做不了这个事了，两人人生的很多部分就完全隐没在黑暗之中了。

还有我们那些回忆文章，受到时代的限制非常严重。人在不同的时候说不同的话，需要说什么话就说什么话，什么有利就说什么话，留下的材料很多都不能用。比如鲁迅生前和死后，回忆材料说的不一样，态度也不一样，越往后说的越不一样。周作人的材料更是如此，都是根据时代需要，不同时期说不同的话。本来材料就少，还得甄别，有的材料明显不能用。

包老师他们好歹是写的活人，相对好写一些，历史、传记往往写死人，没法对证。举个例子，俞芳在 1976 年以后写的那些涉及周作人的文章，全都没有旁证，她说的鲁迅母亲所说"'老二，以后我全要靠你了。'老二说：'我苦哉，我苦哉……'"被传记作家一再引用，但此时俞芳本人不在场（她在南方），据她说是听妹妹俞藻说的，但据称的说者鲁迅的母亲和听者俞藻都不在了，这些话死无对证，怎么能采信呢？《论语》里子贡说，"纣之不善，不如是之甚也。是以君子恶居下流，天下之恶皆归焉"。一个人成了"坏人"，在人们嘴里坏事都归他了。可是这就给我们的非虚构写作添了大麻烦了。

徐鹏远：

止庵老师谈到材料很重要。以往我们的历史叙事要么宏观而缺失细节，要么充斥着不可靠的细节。

以往我们常说以史为鉴，但人们对当下的关注总比对历史的关注更直接。

想问罗老师，史学界如何回应这个时代大家的情绪和思考？

罗新：

就我自己体会，最重要的是解决自己的问题。虽然每个研究者都是现实生活中的人，但我们研究的问题和时代、我们处理的材料，都是跟我们八竿子打不着的。然而研究者是生活在当下的。一个研究者每天在图书馆、档案馆读过去的材料，面对不相干的过去，但是回到家刷个微信一看，这儿淹死人了，那儿烧死人了，他要面对的是此刻自己身边的事。

我过去没有想过公众历史焦虑的问题，我主要考虑的是我们作为专业工作者有时代的责任——就是作为个体，我研究的是遥远的过去，可是我个人是现实生活中的一个人，我有现实焦虑。我和现实之间是什么关系，如何处理这个关系？我称之为历史学家的现实焦虑。我倒不是那么关心大众的需要，我关心的是我自己有什么需要，这个需要对我个人来说是非常要紧的。在这个意义上，这种现实焦虑一定程度上会影响我们阅读那些跟现实无关的、遥远过去的材料，会影响到我们如何解读这些材料，以及从这些解读当中发现什么问题。对于过去，我应该提什么问题？这些问题和我的时代焦虑有什么关联？

我近些年提出一个问题：怎么研究古代那些边缘人、那些弱者，那些在书里找不着或不容易找着的人。为什么？因为我意外地发现我身边的人们都在议论这样的话题，这样的话题会影响到我自己的史学关怀。这是现实关怀，这么多人关心弱者，比如说读袁凌的书对我刺激很大。我相信他写的这些，在今天的中国是如此这般，在过去只有更加严重。但是在我们的史书里看不到，我们看到的都是抽象描述，什么民脂民膏、水深火热，不容易看到实际的、具体的信息。我们学历史有什么意义？我们怎么在研究中体现自己的关怀、理想呢？现实应该改变、必须改变。历史学家如何参与对现实的改造？历史学家以改变过去的方式参与改变现实。我们的书斋工作也许不能直接改变现实，不过没关系，我们有自己的办法。我们能改变过去，改变人们对历史的了解，让人们知道历史不是教科书讲的那么简单、单线条，那么机械、僵硬，历史本来具有多种可能性，正如今天也具有多种可能性。今天这个样子，并不是必然的、唯一的、不可避免的。改变历史，就是改变对历史的理解，让我们同时代的人和下一代读到的历史不再只是帝王将相、丰功伟绩，还有一些别的，有各种抵抗、各种竞争，还有一些普通人，普通人也参与了历史的塑造，普通人的各种努力都是有意义的。回答这些问题，不是因为我感受到了公众的需要，而是我自己的需要。如果不能在这个意义上做一些工作的话，我很怀疑职业生涯的意义。

当然提出问题比较容易，回答起来难度就大多了。对历史学来说，难在要提出有学科意义的问题，不是抽象的口号。具体难在哪里呢？我的体会，不仅是材料的问题，还有被规训的史学思维的问题，我们解读材料的思维惯性改起来很难。史料有所谓潜藏的“密码”，破解这些密码需要训练，需要很长时间的磨砺，不容易做到。我做得很不好，远远没有达到自己的期望。

因此，我觉得这不是一个如何和公众联系的问题，是如何和自己联系的问题。

包丽敏：

听了罗老师的话，我突然冒出一个想法：是不是可以说，当我们讲历史非虚构写作的时候，某种意义上有点像是给公众做历史学领域的科普？它既是科学的，同时也是普及的。可能很多领域都有这样的分工存在，就比如科学领域，有些科学家的职责是研究公众不知道的东西；另一些专业人士从事面向公众的普及活动。那历史学领域是不是也可以这样？

互动环节

徐鹏远：

我们今天的主题是谈走向公共空间，我想提前开放一下读者的提问环节。

听众：

能不能请四位老师根据自己对历史非虚构写作概念的理解，提出一个跟这个概念相对应的概念；我想与“历史非虚构”对应的并不是“历史虚构写作”。

止庵：

我觉得与“历史非虚构”对应的是演义、报告文学、网文、历史片、历史电视剧之类。我写过《神拳考》，其中有一个当事人叫吴永，是怀来县的县令，他写过一本《庚子西狩丛谈》，说：“义和拳之乱，所以酿成此大戾者，原因固甚复杂，而根本症结，实不外于二端：一则民智之过陋也。北方人民简单朴质，向乏普通教育，耳目濡染，只有小说与戏剧之两种观感。戏剧仍本于小说，括而言之，即谓之小说教育可也……”今人借助看电视剧、看电影之类了解历史，与此大同小异。分辨历史之虚构与非虚构的区别，其意义正在于此。我们为什么要谈历史非虚构呢？我觉得最重要的就是把可供娱乐的东西与可供教育的东西分开，我可以被娱乐，但不能被娱乐所教育，我可以被教育，也可能在教育中获得娱乐。可以看历史片、历史剧，但是不能相信历史就是这样的，不能拿这个当成依据，说跟这个不一样的就不对。

听众：

我想问包老师：在您以往采访的经历里，怎么能一方面对这个材料有更创新、更生动的表述，另一方面也可以承担起对被采访对象的伦理责任。

包丽敏：

《纽约客》杂志为什么要有事实核查员？除了有对事实的尊重，对采访对象的尊重，还有对历史的尊重。新闻界经常会讲“新闻是历史的草稿”。《纽约客》有特别强烈的这种意识：我现在写下的所有的字，将来在几十上百年后是会有人来看的。当那个时候的人想要了解我们这个时代的一切，我们有责任给他们提供真实、扎实的材料，避免出现像止庵老师刚才说的那种情况，想写《张爱玲传》找不到史料，找到了也不可靠。新闻业其实就应该有这样的历史责任感。

就我个人的从业经历来说，我会觉得非虚构写作就像是戴着锁链跳舞，你要尽可能跳出一支动人的舞，可同时又要受到真实性这个“锁链”的限制和约束。

但是文本的生动性和创造性表达，并不会影响到真实性；真实性也未必会影响到生动性和创造性。在新闻界的非虚构写作探索中，已经有一整套的技法，可以让写作同时兼顾创造性和真实性。这个说来话长，一时半会儿说不清楚。

我个人的采写经历中，很重要的一个经验是，要拿到足够的“料”。比如止庵老师刚刚举的例子，写周作人被带走了。这时候如果能写他老婆惨叫一声这样一个细节，就能把这场景写得更抓人。于是这就要求你在采访中尽可能地去得到这么一个细节。你需要尽其所能采访到各个相关人士，变着法地问各种问题，比如“跟我讲讲当时是什么样的”“当时你的感觉是什么”“你听到了什么”，诸如此类，想方设法让他们给你说出各种生动的细节来。

但有时采访对象真的讲不出来更多的细节，怎么办？那么通常也可以借助一些文学性技巧，尽量把你拿到的“料”通过不同的组合、排列，让它变得尽可能吸引人。

徐鹏远：

刚才两位读者其实表明了大家对于历史非虚构的困惑：一个是来自

概念，另一个来自方法。我还是想问罗老师能否在历史非虚构中实现历史研究？历史研究有时要经过非常复杂的论证过程，但是历史非虚构要写得足够精彩，论证会不会对叙事造成阻碍？

罗新：

这个问题不好回答，我们看出版物，中文学术出版物里面历史学的书你拿出来翻一翻，你熟悉了这个样子。你再去翻一翻国外那些比较严肃的史学著作，你会发现有一些差别，特别是美国的学术著作哪怕非常严肃、非常学院化的作品，注释都打到尾注。为什么？因为不想让读者的阅读被干扰。但是我作为专业工作者就非常烦这个，因为我看注释老要翻后面，很不方便，我就希望是脚注。为什么美国出版机构要这样做呢？显然很多读者是不想看注释的。而我作为专业工作者最感兴趣的是注释，因为注释在一定程度上显示了材料来源、逻辑论证过程。

国内现在也出很多面向公众的史学作品，可以看到注释不多，而且都是放在脚注，方便你能迅速地看到。我认为这两种选项都可行，但是反映了不太一样的倾向。我不知道哪一个更好，因为每个读者的立场是不一样的，我作为一个读者当然希望注释都在脚注里。

比如说最近我读《奶酪与蛆虫》就特别恼火，英文书注释搁在后面，中文译本当然也在后面。对我这样的读者来说，希望看脚注而不是尾注。不过，我相对来说是在学院体系中的人，也许另外体系中的人想法跟我不一样。这种差别是很明显的。说到历史非虚构，我不敢说我是一个作者，我只敢说我是一个热心读者。我不能写成一个好的历史学著作，但应该反映现一线研究者的成果。作者不必是一个学者，不必是一个历史学家，但是你的书应该反映前沿水平。你应该有能力消化那些一线研究者的成果。如果你写的都是四十年前的研究成果，那么，即使你的写作能力很高超，可能意思都不会很大。

当然最理想的是用非虚构写作的方式做研究性的工作，对专业和学科产生推动作用。我相信，国外那些优秀的非虚构作品里有些做到了这一点。当然，如果作者不是一个职业的历史学家，怎么可能把历史学科往前推进呢？这是当然非常难的。在此，我觉得非职业历史学家能取得的成就，也许最重要的不是寻找材料和处理材料，这一点没受过职业训练的人往往会有各种破绽，这是难免的。但是，他/她在哪一方面可能超越现在职业的历史学家呢？就是在思想上，就是在问题意识和精神关怀上。提出具有时代关怀的问题，关注时代性话题，反映时代的思想水平。

一般来说，历史学家不足以代表时代的思想水平，因为历史学科是一个天然滞后的学科。我自己并不以此为耻，这是正常现象。不过，我希望我们学科里也能产生足以反映时代思想水平的作品，比如说我们这个时代的进步主义思想，在反种族主义，追求种族正义，追求男女平等、性别平等、社会公正，反对和对抗形形色色的不平等方面。在这方面提出问题的，往往不是象牙塔里面的人，后者即使关怀到了这样的问题，通常也不知道怎么找题目，不知道怎么找材料，不知道怎么讨论相关话题。很可能，一个非职业的学者，又受过一定的训练，跟这个时代关联更紧密，能提出这样的问题，并且能找到一定的材料回答这个问题。如果是这样，这本书就具有了历史学的学科价值。已有的例子中，成为经典的也很多。比如《奶酪与蛆虫》，作者是学院派学者，但写这本书时才三十多岁。历史学家三十多岁一般才刚刚做完博士论文。这本书最大的成就不是搜集材料和处理材料，而是居然能提出这样的问题来。这样的问题，绝对不是年纪大的人看得到的。

我对年轻的写作者们还是寄予厚望，也许他能提出我们这些老朽们提不出来的问题，那样的话，我觉得他的作品不仅是对公众有意义，而且对历史学学科也有意义。

徐鹏远：

我们在阅读国内著作的时候，相对容易判断它是虚构的还是非虚构的，是学术的研究还是通俗写作，对译著来讲这方面的判断会困难很多。我们对国外历史了解可能没有自身历史这么多，对于国外的写作者的了解也没有这么多，请做出版的董老师和作为读者的止庵老师给大家一个建议：我们挑选国外历史非虚构著作的时候，如何做判断？

董风云：

我觉得没有必要挑太多，随便拿起一本都有值得看的东西。就目前国内引进的作品而言，我认为太差的是没有机会被引进的。甚至都不用在意是不是历史书，哪怕是一本其他的畅销书，拿起来看就是好事情。

就我个人的感觉，其实没有必要推荐哪一类型的书。我们做的这些书出发点，是觉得作为一个个体，应该关心一些问题，而不是说这本书就有多高学问。我们挑书的过程中，完全不会想这本书有什么学科上的建树，这是我们视野之外的事情，我们想要中国读者，作为世界的一分子，去了解作者展现的世界。至于它能带给大家什么样的东西，那完全不是我们能控制的，那完全是在于读者个人。书被作者写出来，出版出来，流向世界各地，流向读者。我们出版过一本书叫《非凡抄本寻访录》，作者说："书籍自有其命运。"这本书跟我们相遇，我们赋予它意义。

止庵：

董老师说不挑，我们读者得挑，因为出的多，买的少，读的更少，不能不挑。个人的经验：历史、传记除了那些经典作品，最好不要太旧，得利用上最新的材料。再一个是更个人化的偏好，就是挑写得厚的读，内容充分。

为什么这么说呢？很多事情写简单了就说不清楚了，而且没有什么意思。我喜欢读历史类、传记类作品，目的就是了解多一些，然后争取在一本书里把一段历史、一个人物了解清楚。

我觉得我们这类著作有一个毛病——刚才咱们说的编造，或者所谓"合理想象"，这是一个毛病。但也有特别规矩的学者，但写得太宏观，不注意细节。你看外国好的历史、传记都是很好看的，不光是写得好看，而是内容本身好看，有很多细节在里面，他是从各种各样的地方找到的：口述、日记、札记、报纸等。如果把这些东西都去掉，可能就是一本薄的书，但书就不好看了，读了之后没什么印象。我觉得这么写虽然没有什么错，但也未必一定对。

罗新：

我完全同意止庵老师这个说法，我自己写《从大都到上都》的时候就特别发愁，找不着细节，找到一两条就欣喜若狂。过去的材料里，好玩的又有点意思的，可以表达点什么（的材料），不容易找着。我很想写长城，将来也想继续写长城，有朋友把我拉到国内几个重要的长城群里了，里面人很多，每天都有很多发言。他们发言有一个共同的特点，就是都为长城的美所迷醉，歌颂长城的伟大。可是这绝不是我要写的方向。长城是不是伟大？也许，但是跟我的关怀无关，我要写另外一面：我想写那些建长城、守长城的人。从大都到上都，主要走在长城地带。说起来，长城是保卫国家的，是分开蒙汉两个社会的。我就要找例子来说明情况不是如此简单，长城两边，那边有汉人，这边有蒙古人。

有些汉人跑出长城为蒙古人服务，这边问你是汉人为什么不回来？说那是因为我在里面过不好，过不下去，我在蒙古这边过得更舒服。我喜欢这样的例子，可惜不够多，我还在寻找。那些歌颂长城的伟大、壮美的人，他们就没这个概念，或者他们选择不知道这些事情，我偏偏就想知道这些事情。

所以就要找细节，你要只是说个抽象的道理，道理谁不会说啊？这种庸俗道理，说起来不难，谁都能说，而读起来就比较枯燥无味。“一方面这样”，“一方面那样”——我们从小就熟悉这样的庸俗辩证法，习惯了这样思考和表达，甚至只会这样思考和表达，只会这样认识世界。实际上世界不只两面，有很多面，不知道有多少面。找材料、找细节非常难，只有细节能告诉我们世界更多的面相，揭示更多的意义和价值，我觉得最难的是这一部分。

虽然我们受职业训练的，整天读书读的都是细节，似乎难点只在从细节里提炼出认识来。其实，哪怕书里有很多细节，我们未必读得出来，因为可能我们不掌握破解的密码。另外，我们读的材料也是受训练跟我们差不多的人写的，他们的思想能力往往把意义丰富的细节过滤成了简单的道理。

写出细节是必需的，但是寻找细节其实挺难，材料本身很少，同时我们可能缺乏那种眼光。

徐鹏远：

我们之前在网上也征集了一些读者的问题，每位老师一人一个。先问包老师，读者问面对大的历史事件，记录者在心理层面上要做好什么样的准备？

包丽敏：

要是这位读者在现场我就可以跟他交流一下，因为他具体问的是什么问题，我有点 get 不到。他所说的“大的历史事件”是指什么？我感觉可以用两种方式理解，一种是发生在过去的历史事件，还有一种是现在正在发生着的、具有历史性意义的事件。

如果是指后一种的话，那么记录者可能首先需要的是有一双好的眼睛，能辨识出那个事情的历史意义。过去的历史事件不用你辨识，大家都知道这是大事件，你只是需要有看待这个事件的独特角度、眼光。而当下正在发生的事情，却并不是每个人都能看出它的历史意义。

我也不太清楚“心理上的准备”是指什么。要我说，其实更需要的是学识上的准备。你还是得通过自己的学习、个人的积累，才能解读出某个事件的意义来。

我们讲非虚构写作，其实就涉及对新闻事件和人物的解读，因为一篇非虚构作品，不可能只是简单地告诉读者五个 W——When（何时）、Where（何地）、What（何事）、Why（何因）、Who（何人），而需要有深入的解读和判断，更复杂深邃的呈现。

徐鹏远：

我个人理解这位读者的问题可能包含着这样一个面相：如何让今天的新闻成为未来的人书写历史的可靠材料。

包丽敏：

那就是要对历史负责，要有这样自觉的意识，你要知道你写下的每件事，若干年以后会给史学家提供佐证。你不能给别人挖坑，你要尽量避免成为挖坑的人。我在《中国青年报》的前辈就曾经教导我：你可以有不说的事实——如果不允许你说出来，你可以不说；但是你不要主动选择说假话，这是你从业的底线。

徐鹏远：

这个读者有一个问题想问罗新老师：最近有没有行走计划？

罗新：

没有。我目前在写一本小书，利用一个墓志材料。一个南朝官太太被俘虏到了北朝，成了宫女。她在宫廷里生活了56年，是个长寿的人，经历了很多皇帝，其中有两代皇帝是她参与抚养的，所以她就有了特殊地位，跟别的宫女不一样，她有机会被记录下来，别的宫女当然很难被记录下来，除非熬到很高层。通过考证，可以知道她做了哪些事，她经历了什么。我想通过她描述北魏国家所经历的急剧转变，把她的人生镶嵌其中，通过她的人生来反映那个时代。我虽然会写到帝王将相，但不是歌颂赞美他们，而是想真正理解他们，看到他们作为人的一面。我希望这个暑假做完。这个事早几年前就说要做完的。

徐鹏远：

我们也希望这个暑假能做完，这样我们今年或者明年能看到，接下来您也有时间写新的行走文学。下一个问题给止庵老师，这位朋友说拜读过您的《喜剧作家》《神拳考》，觉得《神拳考》有小说的味道，您是有意识地把小说笔法代入其中吗？您怎么看历史非虚构中的小说笔法？

止庵：

谢谢这位读者，不过冒昧地说，他/她好像看的不是我那本书吧。《神拳考》写于2000年，当时有个出版社约稿，开头我不太愿意写，因为对这个事不是很喜欢，但是后来还是写了。我收集到的关于义和团的材料其实都是出版过的，一共有700多万字，包括正史、野史、笔记、奏折、通讯报道，回忆录等。我第一个兴趣是读书，看了别人写的几本历史书，发现历史学家采用的都是实事，虚事他们不用，我就觉得可以写一本书了。这方面的专家荣孟源说：“资料不是伪造的，但所记事迹未必完全真实。在义和团自己的文献中就有假话、空话、大话和我们不能懂的话。……‘神助拳、义和团，只因鬼子闹中原。’前半句是空话，后半句却说明了义和团反帝运动兴起的真情。”我觉得从一种角度看是当年人物的“假话、空话、大话和我们不能懂的话”，从另一种角度看也许并非如此，可能正是值得重视的原始材料。因为“假话、空话、大话和我们不能懂的话”正体现了团民的某种愿望和信念，而这些愿望和信念在酿成这一事件，或者说造就了这段历史，这些话其实不可低估。这也就是我曾经提出过的问题：如果没有“神助拳”，还有没有“义和团”？义和团要是事先知道自己法术不灵，他们是否还会那么自信和勇猛；朝廷和民众要是事先知道义和团法术不灵，是否还会把希望——至少是一部分希望——寄托在他们身上。正是从这一想法出发，我写出了《神拳考》。这完全是一本非虚构的作品，但是这个读者假如真读出小说的感觉，我也很感谢，因为占这本书大部分篇幅的引文的内容，本身确实很像拉丁美洲那路魔幻现实主义小说。历史自己就像一出戏，而不是作者戏剧化地书写历史。

补充一句，我没受过正规的历史学写作教育，但我是学医出身，受过科学教育，我觉得方法是一样的，医生见到一个病人，先得给人家做各项检查，包括化验、影像检查，这和历史学家找资料是一样的，不能说什么也不查或查得不完全就做诊断，那多半得误诊。一定要把所有材料搜集齐备，我觉得这和我们写历史、写传记没什么差别，取的都是一种科学态度，然后是写作的能力了，那是另外一回事。到现在为止，我觉得我还是能够非常清楚地区分什么是虚构，什么是非虚构，写非虚构作品，无论面对的是周作人，还是义和团，态度其实是一样的。

徐鹏远：

最后一个问题给董老师，历史非虚构写作对于社会、受众的价值是什么？它的流行会不会让公众产生对历史的误读？

董风云：

这是特别大的说法，我肯定不知道它如何影响社会和受众，我没法回答。但是我想说流行也不会那么流行，读书这个事情本来就不会特别流行，读书永远是有心人在做的事情。

非虚构会不会有误读？我觉得经过一段时间，好的作品是会留下来的，不好的作品肯定留不下来。无论是学术共同体还是读者群体，经过时间的沉淀，一定会把好的作品留下来，不好的作品自然会被人淘汰、遗忘。我举个简单的例子，比如说我们出版过的《地中海史诗三部曲》，很多材料被之前的学者反复用过，被无数人研究过，但这个作品依然受欢迎。因为它换了一个角度讲历史，有细节、有实地考察，但没有虚构的东西。

再举一个例子，我们去年出的一本书叫作《圣殿骑士团》，书里很多材料都是学者以前用过的，因为确实也没有多少新的材料，作者就只能用手头这些东西，虽然写出了不一样的作品，但你能看出他材料有限，这也反证非虚构作品的作者能写多少完全基于手头掌握的真材实料，因为这是要经过时间考验的。作者无法保证自己所写的完全正确，但他要对真实性负责。

徐鹏远：

谢谢董老师，我们再给现场一个提问的机会。

听众：

四位老师好，非常感谢今天四位老师的分享。我一直有个疑惑，对于我们这种非历史专业的读者，我们需要按照历史学的知识体系吗？还是我们随机读某一段历史就可以了？

止庵：

我觉得有一个大概的通史的概念才能读某一段历史吧，要不然你都不知道秦朝是在汉朝前面，读完也没有用吧，起码得有一个基本的知识，你对哪个感兴趣再读哪个，我自己是这么读的，有些我特别感兴趣的人和事。我们是普通读者，我们真的不对任何人负责，普通读者只对自己负责，我想读什么就读什么，想知道什么就知道什么。

罗新：

其实我跟你一样有这个困惑，我知道的东西也特别少。那怎么办呢？瞎读呗。我想不知道也没有关系，所谓开卷有益，我同意止庵老师刚才的话，有兴趣地读，没兴趣的别为了建立一个知识框架读，好玩就读，不好玩就别读，这是最重要的。最重要的东西不是知识，有想法、有触动的就好。

中国公共史学集刊　第四集
第 82 ~ 104 页

大国崛起时代的元叙事重构*

——历史类非虚构写作的本土化误区及其超越

滕　乐**

摘　要　非虚构写作诞生于20世纪60年代的美国，这一写作理念不论在传统的文学、历史学，还是在新闻报道领域都带来了革命性的变化。21世纪初，当该理念进入中国之后，伴随着传统媒体的新媒体转型、商业资本对互联网平台的介入，以及新时代政治议程边界的刚性强化，非虚构写作也从传媒行业小众精英的旨趣一跃而成为新媒体写作的行业主流。然而，随着非虚构写作理念的广泛传播，该类型的内容产品也因其屡屡突破传统的行业规范而备受质疑。导致这些问题的核心原因在于，“非虚构写作”这一概念在本土化的过程中，出现了跨文化传播中的理解误区。当这一理解误区被应用于历史类非虚构写作时，则出现了跨越专业的解释谬误、同一类型的低水平重复性建设，以及互联网“饭圈”语言对于历史写作的话语侵蚀。解决这些问题的方法是实现微观层面

* 本文为“拟态人际传播环境下的研究生线上教学研究——专业学位课程《传播心理学》网络课程建设”（WLKC2113）项目阶段性成果。

** 滕乐，中国政法大学光明新闻传播学院助理教授，新闻学研究所副所长。

的非虚构写作技巧、中观层面的社会科学方法与宏观层面的主流意识形态把控这三者的完美结合。本文认为，新时代、新媒体、新受众环境下的历史类非虚构写作，需要通过挖掘中国文化的独特性来对历史进行重新阐释，通过该阐释实现在逆全球化时代弘扬优秀传统文化、构建民族身份认同、增强民族自尊心和社会凝聚力的传播效果。

关键词　非虚构；历史写作；元叙事

一　导论：问题的提出

“非虚构”作为一个活跃于当代中国文化产业的创作类型，却并非一个本土概念，而是诞生于20世纪60年代的美国，是当时文学界和新闻界对于风起云涌的社会运动的一种响应。在20世纪60年代的美国，各种社会运动和社会思潮激烈碰撞，理应反映现实的文学界和新闻界却似乎无动于衷。作为对这种现象的一种反拨，由杜鲁门·卡波特的“非虚构小说”和汤姆·沃尔夫的“新新闻报道”开一代风气之先，成为“非虚构”叙事的历史起点。[①] 半个多世纪以来，非虚构写作在西方的发展历程经历了两个节点：一是1979年《巴尔的摩太阳报》记者约翰·富兰克林的《凯利太太的妖怪》获得首届普利策特稿奖，这标志着新闻行业对于非虚构写作的行业认可；二是2015年白俄罗斯女作家、记者斯维特兰娜·阿列克谢耶维奇凭借非虚构作品获得诺贝尔文学奖，当这一世界范围内文学创作的最高奖项颁给非虚构写作时，标志着这一写作

① 陆文岳：《新新闻报道与非虚构小说——兴盛于美国六、七十年代的一种文学新样式》，《外国文学研究》1990年第4期。

类型已经得到文学界的权威认可。[①] 至此，非虚构写作在内容创作领域完成了从新锐思潮到经典范式的转变，更在内容产品的商业化创作中，实现了与传统的虚构类作品平分秋色的行业景观。[②]

虽然“非虚构”这一创作理念是一个源自西方的“舶来品”，但是在中国的新闻传播行业，类似非虚构写作的行业实践却并非始于该概念诞生之后。在前互联网时代，传统媒体所生产的现实主义文学和主流意识形态主导下的报告文学、纪实性散文、口述史、传记文学等体裁基本都可以归入早期本土的“非虚构”创作之中。[③] 而文学创作领域的“国刊”《人民文学》杂志在2010年开设“非虚构”专栏，并在次年发起“人民大地·行动者”非虚构写作计划，标志着我国正统话语体系对于非虚构写作的认可。[④] 与西方相比，“非虚构写作”这一概念在中国的文学创作与新闻报道领域，实际上是实践先于理念。然而在21世纪传媒行业进行轰轰烈烈的新媒体转型之际，非虚构写作却引发了诸多备受争议的问题。最典型的案例，莫过于由“咪蒙”团队旗下公众号矩阵炮制的《一个出身寒门的状元之死》。由于该文全部内容纯系编造，直接导致咪蒙公众号矩阵被彻底关停。由于该文中编造的内容大量使用了类似“非虚构写作”的手法，也导致了新闻传播行业内外对于“非虚构”这一类型文体本身的质疑，这种质疑甚至超越了行业本身，变成了整个社会甚至互联网监管部门对于“非虚构”概念的怀疑。

那么，“非虚构写作”这一概念是如何从西方文学界的经典范式变为中国传媒业的争议体裁的？这其中存在怎样的跨文化传播误区？这一误区的背后，又与新媒体环境下的媒介技术变革、平台盈利模式的转型

① 黄典林：《话语范式转型：非虚构新闻叙事兴起的中国语境》，《新闻记者》2018年第5期。

② 黄典林：《话语范式转型：非虚构新闻叙事兴起的中国语境》，《新闻记者》2018年第5期。

③ 周逵、顾小雨：《非虚构写作的新闻实践与叙事特点》，《新闻与写作》2016年第12期。

④ 黄典林：《话语范式转型：非虚构新闻叙事兴起的中国语境》，《新闻记者》2018年第5期。

以及监管部门的政治话语边界有何关系？这一系列关系是如何影响历史叙事对于非虚构写作的理解的？这些理解导致了历史类非虚构写作出现了什么样的问题？在新时代、新媒体和新受众的语境下，历史类非虚构写作应当怎样寻求突破？最关键的问题是历史类非虚构写作的核心到底是什么？以上这些问题将是本文所期待深入研究、探讨，并试图给出答案的。

二 “非虚构写作”概念在跨文化传播中的本土化误读及其社会背景

（一）实践先于理念：非虚构写作的本土化路径

改革开放以来，中国新闻报道的话语变迁，最早可以追溯到20世纪80年代之初对于“新华体”的反思。20世纪90年代以来，中国报业改革驶入快车道，以广州日报报业集团的成立为标志，都市报风靡全国的大潮在世纪之交构成了都市生活一道独特的风景线。① 随着都市报尤其是“周末版”的兴起，在传统的主流媒体内部，诞生了一批专门从事深度报道、调查报道和人物特稿写作的记者群体，这些记者的新闻实践，在传统媒体的黄金岁月，最大规模地通过媒体话语拓展了当时公民社会的公共空间，成为政治话语和商业逻辑之外，现代公民社会开辟公共领域政治实践的一块实验田。②

这一“黄金时代”是伴随着新媒体的强势崛起和传统媒体的迅速衰落而逐渐销声匿迹的，其原因主要是互联网对于传统媒体的冲击、商业资本对于媒介话语的影响，以及传媒行业与政治语态博弈空间的窄化。这三大影响因素看似在同一时间出现，互为并列关系，但事实上，如果深入挖掘则会发现，三大因素之间其实是因果关系。在前互联网时

① 喻国明等：《传媒经济学教程》，中国人民大学出版社2009年版，第384—391页。

② 陆晔、潘忠党：《成名的想象：社会转型过程中新闻从业者的专业主义话语建构》，《新闻学研究》2007年第71期。

代，由于中国的传统媒体全部为事业单位，因此，多数门户型网站建立之初，并不具备新闻采访与报道的资质，只能以平台合作的方式，转载传统媒体生产的内容。如果说，在门户网站占据主导地位的 Web1.0 时代，互联网和传统媒体尚能进行版权合作，那么，从 Web2.0 到社交媒体时代，资本的逻辑则促使互联网平台实现了信息传播的全面垄断。与此同时，社交媒体主流化以来，传统媒体大量“关停并转”，过去曾经叱咤风云的特稿记者们也纷纷投奔新媒体平台。于是我们看到在 2015 年 10 月，腾讯《谷雨》、网易《人间》、民间非虚构写作者同人平台“地平线”、界面《正午》、《时尚先生》、《南方人物周刊》、《单读》、《智族 GQ》八家媒体联合发起“中国非虚构作品创作联盟”之时，传统媒体的特稿部门在资本的加持之下完成了新媒体转型。这时出身传统媒体的特稿记者们启用了一个更加时尚的名称来包装自己的工作，即我们现在所熟悉的“非虚构写作”。[①] 同时，互联网平台民营企业的属性要求他们在内容把控的层面更加注重传播安全，因此，传统媒体时代，在各种调查报道和深度报道中常见的社会批判视角，在非虚构写作中则被处理为一种更加宏观和虚化的社会背景，[②] 前台凸显的则是虚构写作中常用的细节、场景、情节、对话，甚至心理活动描写等文学叙事的常见技巧。

（二） 真实信息加反讽话语： 非虚构写作的本土化误区

资本的逻辑要求出身于传统媒体平台的特稿记者们在进行“非虚构写作”的过程中严格把控传播安全，尽量避免触及内容审核的“雷区”；而职业新闻工作者希望践行的“新闻专业主义”的理念，又促使特稿记者频频试图通过内容创作重拾昔日的职业荣光。这种矛盾体现在新媒体平台的“非虚构写作”实践中，就出现了该领域一种备受争议的写

---

① 《中国非虚构写作再次迎来春天?》，《第一财经日报》2015 年 10 月 16 日，https://www.yicai.com/news/4698038.html。

② 黄典林：《话语范式转型：非虚构新闻叙事兴起的中国语境》，《新闻记者》2018 年第 5 期。

作手法。有研究者将其总结为“表面的客观写作”与“实质的讽刺修辞”的一种合谋,[①] 并指出使用这种写作手法完成的“非虚构写作”是造成再现人物的过程中出现合法性危机的主要原因。

这种写作方法的具体操作手段为：记者在写作人物的过程中表面上引用被采访者的原话，实际上，令被采访者对自己的描述与外界客观实际相抵牾，或者与记者的主观判断截然不同，以达到实现反讽目的的传播效果。在避免失实的底线逻辑之下，实际上让被采访者用自己的话解构了他们自己所描述的现实。而比反讽叙事更容易引起争议的是，采用这一写作方式的记者所讽刺的对象经常是被主流意识形态认可的某种“典型”人物或事件，如《智族 GQ》杂志于2016年刊载的《耶鲁村官秦玥飞：权力的局外人》（以下简称《耶鲁村官》）就是这样一篇典型文章。该文的主人公是“感动中国2016年度人物”，然而，在《耶鲁村官》一文的描述中，秦玥飞被塑造成了“说一套，做一套”的负面典型,[②] 并且引用秦玥飞的原话“中国太复杂，我们玩不起”来佐证这一叙事逻辑。当然，我们并不否认，不论是传统媒体还是新媒体平台，都有进行合法舆论监督的权利。但是，以这样一种话语逻辑行使舆论监督职责，反而更加容易让受众对于记者和平台的写作动机产生怀疑。

（三）从宣传主流意识形态到反讽主流意识形态：非虚构写作在跨文化传播中的异化

在非虚构写作的新媒体实践中，这种“表面的客观写作”与“实质的讽刺修辞”构成的合谋，成为非虚构写作平台经常性的操作手段，以至于给外界一种印象，即“无反讽不非虚构”或“有非虚构必有反讽”的媒介语态。然而，这样一种媒介话语果真是“非虚构写作”在西方的操作规范吗？笔者认为，答案是否定的。在美国的非虚构写作领

① 邓力：《塑造人物与再现偏差——人物类非虚构写作中讽刺修辞的效果及争议》，《新闻记者》2018年第5期。

② 邓力：《塑造人物与再现偏差——人物类非虚构写作中讽刺修辞的效果及争议》，《新闻记者》2018年第5期。

域，彼得·海斯勒（Peter Hessler）可谓集大成者，当然，中国读者更熟悉的是他的中文名“何伟”。不论是他的“中国三部曲”（《江城》《寻路中国》《奇石》），还是他在新冠肺炎疫情期间为《纽约客》写作的关于中美关系的报道，都令中国读者印象深刻。细读何伟的作品，人们常常折服于其看似平淡幽默的叙事背后，对于中国文化的深刻反思，这种反思之中夹杂着的对于中国普通人的“理解之同情”，往往流露出一种模棱两可的暧昧情绪。然而，当我们研读何伟对于美国的报道时，却会发现他在写作过程中对于其政治态度有更加明确的表达。

在这一领域最典型的作品莫过于他于2011年发表在《纽约客》杂志上的《多恩医生》，[①] 文章后被收录于《奇石》一书。[②] 该文一经刊登，便立即被热播剧《豪斯医生》的制片人买下来改编版权。这篇报道讲述了一个美国小镇“破碎的乌托邦之梦”的故事。主人公多恩医生在小镇上是一个“活雷锋”式的人物，他是小镇上一个药店老板，也是唯一一位职业的药剂师。为了帮助镇上的人，多恩医生经常以低于进价的价格卖药，甚至允许大家常年赊账，多年以来，多恩医生的坏账加起来大约有三十多万美元。他还坚持无偿照顾镇上一个独居老人长达二十年之久，一直持续到老人离世。在采访过程中，何伟发现多恩医生在努力当好小镇“活雷锋”的同时，也有令他自己懊悔不已的人生悲剧。多恩曾经有一个比他大三岁的哥哥，因为哥哥是同性恋，父亲无法接受，于是哥哥很早就离开了家乡。哥哥生前曾经邀请多恩去探望自己，但是，他一直拖着不去，直到有一天，哥哥终于因为艾滋病去世。多恩医生直到哥哥临终前，也没来得及跟他见上最后一面。这是他内心的隐痛，多年以来，他为此后悔不已。后来，多恩医生告诉何伟，事实上，自己一直坚持照顾的独居老人也是一个同性恋，自己是通过帮助这位老人来弥补对于哥哥的亏欠，完成内心的救赎。故事最终的结局是皆

---

① https://www.newyorker.com/magazine/2011/09/26/dr-don。

② 〔美〕彼得·海斯勒：《奇石：来自东西方的报道》，李雪顺译，上海译文出版社2014年版，第361—383页。

大欢喜的，独居老人过世之后，留给多恩医生一笔五十多万美元的遗产，这笔遗产帮他偿清了几十年来药店因为赊账而欠下的所有债务，使故事终于有了一个“好人有好报”的结局。

何伟曾经在课堂上跟学生讨论该文的叙事结构，最后得出的结论是，最好的叙事顺序是：首先，先说赊账，让大家知道多恩医生是个慷慨大方的人；然后，说多恩与哥哥的恩怨，让大家知道原来这个通常意义上的好人也有缺点；最后，说多恩继承了一笔不小的遗产，抵消他多年以来由于赊账造成的亏空。[①] 这是一个非常典型的好莱坞电影式的商业化叙事模式，只不过作者记录的是一个真实故事。《多恩医生》文章最后有一段克制却又深情的结语：“多恩仰望着星空说：‘星星们好像离得很近，很难相信，它们彼此相距数万公里。’”通读全文我们不难发现，这则非虚构故事不但是一个典型的好莱坞式的电影叙事，更重要的是，它涉及西方传统的基督教伦理和现代社会性取向自由的冲突，乌托邦式的社会主义运动和自由资本主义理念的冲突，并且将这一系列涉及政治、经济和文化方面的复杂冲突，通过一个“积德行善”式的好人好事进行消解，用“好人有好报”叙事逻辑完成了西方文学艺术中经常叩问的“救赎”母题。何伟在文中写下这样一句话：“在我看来，很有必要用道德的微积分不断累加出一个在前乌托邦社区的关于救赎和回报的美好故事。”[②]“救赎”才是这个故事的核心母题，也是故事一经发表立即被买下版权的原因。

从这个意义上讲，在涉及关于美国本土的写作时，何伟是一个非常符合传统基督教伦理的白人保守主义精英。从这个视角出发，也能帮助我们更深入地理解何伟对于中国报道中充满理解之同情的原因。由于何伟曾经长期是《纽约客》杂志的记者，我们不难理解，他对于中国的观察与描摹，是提醒西方社会精英，即便是在中美关系最好的时期，也

① 雨珈：《一堂3个小时的非虚构写作课》，微信公众号“叕子的世界”，2020年12月4日，https://mp. weixin. qq. com/s/nHZERIPBJfyi1RM－d1oPvQ。

② 〔美〕彼得·海斯勒：《奇石：来自东西方的报道》，第318页。

不要对这个“亦敌亦友”的国家掉以轻心。何伟的作品就是将这种深刻反思进行通俗化表达的“盛世危言”，因此，何伟被《华尔街日报》赞誉为“关注现代中国的最具思想性的西方作家之一”。也就是说，何伟是通过深描中国的非虚构写作，实现了通过大众传媒向上层精英喊话的目的，其非虚构写作实践，是典型的针对美国本土受众，尤其是中产阶级和上层精英的保守主义主流意识形态宣传。何伟的作品旨在影响的受众，从一开始就并非中国人，而是美国的精英阶层。非虚构写作的经典叙事逻辑，就是通过反讽政治、经济或文化上的“他者”，达到宣传西方主流意识形态，为西方主流价值观树立正面形象的目的。“非虚构写作”的目的从来都不是反讽西方的主流意识形态，而是强化西方的主流意识形态。从这个意义上讲，在西方旨在弘扬主流意识形态，促进积极社会参与的“非虚构写作”，在进入中国之后，被异化成了旨在质疑中国主流意识形态，面对社会冷眼旁观的反讽叙事。这种跨文化传播的误读，是造成“非虚构写作”在中国的传媒语境中屡屡出现偏差、引起质疑、造成争议的原因。

三 “非虚构写作”的本土化误读及其对新媒体环境下历史叙事的影响

将“非虚构写作”狭隘地理解为“客观事实”加“主观反讽”的结合不但误导了新闻传播行业的非虚构写作的实践，这样一种错误的理解，也蔓延到历史类非虚构写作的实践中，进而造成了一系列表达的误区。这一系列误区既与新媒体环境下，技术对于每一个个体的加持有关，也与商业逻辑对知识生产的无孔不入有关，当然，某种意义上，也与历史学专业学者相对保守主义的知识生产和过于追求学术化的表达倾向密不可分。毕竟，当职业的历史学者坚持不“胡说历史”之时，[①] 在

① 《孟宪实：专家不会胡说历史》，《南方人物周刊》2007年12月18日，http://www.infzm.com/contents/7183。

商业逻辑无孔不入的传媒和出版领域，“胡说历史”的内容已经铺天盖地地席卷了媒介场域。笔者认为，这样一种“胡说历史”的内容产品主要有三大类，分别为学术界跨越专业的混淆视听、出版界追求短期利益的低水平重复性建设以及“饭圈”话语体系对于历史传播的不断侵袭。

（一）学术界跨越专业的混淆视听

人们常常会有一种错觉，认为“胡说历史”的风潮缘起于商业或者民间，事实上，这种对于历史的不严肃表达更多地起源于学术界内部。究其原因，这大约与20世纪之初“国学热”风潮的带动有关。以中央电视台《百家讲坛》为代表的电视说史类节目和以当年明月所著的《明朝那些事儿》为代表的通俗说史类读物，在整个社会上掀起了“历史热”、“国学热”与“传统文化热”，这样一种热潮往往给受众一种“人人皆可讲历史”的错觉。事实上，不论是作为官方主流媒体的央视平台，还是以“磨铁文化”为代表的民营出版机构，在内容生产上均有严格的“把关人”制度。正如葛剑雄教授所警示的那样，确实每一个人都有讲述历史的权利，但是，并非每一个人都有讲述历史的能力。[①] 普通人胡说历史大约只是一种文化快消品，如果学术界内部胡说历史，则往往会产生混淆视听的传播效果。但吊诡的是，偏偏是学术界内部，最爱生产这些似是而非的历史叙事。

例如，发表在2021年第5期《新闻大学》上的一篇名为《司马迁的“迷局”》[②] 的文章就颇具代表性。该文章的基本观点是，由于司马迁不懂军事，因此在《史记》中对于汉匈战争的描述颇多失误，不但过度抬高了李广，还有意贬低了卫、霍，因此，我们在做研究时，要避免这种由于不了解情况而带来的误区。文中有这样一段表述颇为耐人寻味：

---

① 葛剑雄：《警惕“历史热”背后的史学民粹化倾向》，《探索与争鸣》2020年第9期。

② 朱春阳：《司马迁的“迷局”》，《新闻大学》2021年第5期。

> 司马迁甚至把李广与程不识、卫青和霍去病等治军进行比较，但他只看到了李广善待军卒，其他人治军刻薄，而没有看到他们在战术创新中的不同表现……正是司马迁在关于军事史研究方面的知识欠缺，才导致他发出了“李广难封”的悲愤质问，而且，在对李广家族后续悲剧的讨论中，司马迁依然没有意识到问题的根源所在。例如，李广的孙子李陵在对匈作战中，不知为何竟然完全放弃了骑兵技术，率领五千步兵射手出居延海以北千里以拒匈奴，结果可想而知，李陵战败投降匈奴，“自是之后，李氏名败，而陇西之士居门下者皆用为耻焉”；司马迁本人也因为李陵仗义执言而被处以宫刑。

这样短短的一段不足三百字的表述中就至少犯了三类错误。第一，史实错误。司马迁并非由于“为李陵仗义执言而被处以宫刑”，在“李陵案”中司马迁是因为“诬罔”而被判处死刑，后经自己要求改为宫刑。而且，李陵在对匈奴的作战中并非不想使用骑兵技术，而是汉武帝明确表示，朝廷没有更多的战马分给他，只能依靠自己训练的步兵。第二，框架错误。司马迁之所以在《史记》中对于以李广为代表的“六郡良家子”进行正面歌颂，而对于卫、霍等外戚将军颇多微词，是因为他旨在通过这种行文安排对于汉武帝在对外用兵策略上的人事安排不当进行反讽，这是一种典型的“寓论断于叙事之中”的表达，这个问题台湾学者逯耀东至少在十几年前就进行过非常详细的论述。[①] 第三，认知错误。如果单纯从内容的角度讲，《史记》中有大量内容本身就是记载关于军事战略的，基本可以被视为一部上古军事史，不知道作者从什么角度能够得出“司马迁在关于军事史研究方面的知识欠缺”的结论。以上这些问题，有些可以通过检索经典的研究文献发现，即便不阅读相关研究成果，只要简单地翻阅一下《史记》《汉书》《昭明文选》等典

① 逯耀东：《抑郁与超越：司马迁与汉武帝时代》，生活·读书·新知三联书店 2007 年版，第 16 页。

籍，都可以避免类似错误。显然作者是在没有阅读原始文献的基础上，匆匆得出这些似是而非的结论的。更重要的是，如果类似观点仅仅是发表在作者自己的自媒体或随笔集上，倒也无伤大雅，问题在于，该观点是发表在新闻传播学的核心期刊上，这就不能不令人感到有些遗憾。互联网江湖野狐禅式的胡说历史也许并不会造成误导公众的影响，但是，以核心期刊的权威地位发表充斥着各种低级错误的文章，才会贻笑大方。

（二）出版界追求短期利益的低水平重复性建设

著名出版人、北京磨铁图书有限公司的创始人沈浩波曾经谈道，当互联网上一种特定的话语体系开始流行时，就意味着整个社会上对于该类型的表达开始出现一种集体无意识的追慕，这个时候，作为出版人不能抱着一种守株待兔的观望态度，而应该起身行动引领风潮，主动策划受众热切期待的作品，唯有如此，才能通过制造内容爆款，创造商业奇迹。① 于是，我们看到当2006年随着“馒头血案”和“芙蓉姐姐”等“微内容”的崛起，一种由互联网所孕育的反讽类文体正悄然改变着传媒业的生态格局。② 也就是在同一年，天涯网站“煮酒论史”板块出现了一篇名为《明札记》的帖子，当天涯网站上关于这篇帖子的争议仍旧在持续不断地发酵之时，沈浩波当即决定邀请作者将整部明史以同一种手法撰写完成，于是我们见到了一部畅销十几年不衰的经典通俗说史读物《明朝那些事儿》。

从某种意义上说，2006年出版的《明朝那些事儿》（以下简称《明朝》）的成功，可谓“天时、地利、人和”三者可遇而不可求的结果。当时，由《百家讲坛》掀起的“国学热”给了通俗说史以蓬勃发展的契机，传媒业界号称“四十年来第一剧”的《大明王朝1566》的热播，

① 杨帆：《磨铁图书创始人沈浩波：资本是个好老师》，《出版人》2017年第8期。

② 喻国明等：《传媒经济学教程》，第387页。

激发了普通人对于明史的浓厚兴趣。[①] 但是，自从磨铁将《明朝》系列运作成功之后，各大出版机构纷纷群起而效仿，炮制了《春秋那些事儿》《战国那些事儿》《秦朝那些事儿》《汉朝那些事儿》《三国那些事儿》《晋朝那些事儿》《南北朝那些事儿》《唐朝那些事儿》《宋朝那些事儿》《元朝那些事儿》《清朝太有意思了》《民国那些事儿》等“那些事儿”系列，几乎可以涵盖整部中华文明史。然而，不论是磨铁自身还是其他群起效仿者，几乎再也未能在“那些事儿”系列中再现《明朝》曾经的辉煌。

究其原因，还在于《明朝》的成功，从根本上来说，是人才的成功，而不是题材的成功。作者当年明月在写作该著作时是广东佛山海关驻顺德办事处的缉私警，其政府公职人员的身份让他在解读历史的过程中，始终保持着对于当代社会的观察与警觉。这就让当年明月的历史解读，在轻松幽默的背后，总是默默透露出对当代政治的反思。而对于一个拥有丰富一线从政经历的政府公职人员来说，这样一种深入思考的根基是对于社会现实的密切关注和现行体制的高度认同。多数读者对于《明朝》系列最深的印象是作者风趣幽默的历史书写，然而，当年明月曾经明确表示“历史并不幽默，是我幽默”，在轻松诙谐的表象下，鉴古知今的深入思考，才是《明朝》系列的成功之道。2021 年 7 月，当年明月任职上海市人民政府研究室副主任的消息让这位曾经名噪一时的网络作家再次备受关注。我们不难发现，当年明月实际上是将自己的工作经验凝练在历史著作之中，那些无处不在的幽默只是表象，其著作之所以能影响几代读者，本质上还是背后强烈的现实主义关怀和对于中华文明的高度认同使然。

（三）“饭圈”话语体系对于历史传播的不断侵袭

内娱粉丝文化的成长史，基本上可以说就是一部互联网变迁史。当互联网监管机构已经开始重拳出击打击“饭圈”的各种违背社会公序

① 李星文：《戏精：当代观剧指南》，中国工人出版社 2019 年版，第 3—33 页。

良俗的行径时，从某种意义上讲，“历史粉”可谓粉丝文化中的一股清流。[①] 作为内娱粉丝中完全不涉及资本运作的“饭圈”，“历史粉”日常的活动范围大多云集在类似于虎扑之类的网络平台上，所争议的内容无非是哪个时代、帝王、名士更强而已。偶尔情绪激动之时，会向广电总局举报那些令他们不满意的网络小说 IP 改编，因为“历史粉”认为原著小说污蔑了他们的偶像，或抬高了他们偶像的敌人等。理论上，这样一种与其他“饭圈”无异的粉丝文化，只要不妨碍社会公序良俗，不失为一种无伤大雅的小众文化，但是，随着互联网平台对于信息传播，尤其是历史类知识付费内容的推广，一些明显带有“饭圈”表达的话语体系，便开始侵蚀知识生产和知识传播的公共空间。

例如，在某知识付费的平台上，某大学一位文科教授称“汉武帝和司马迁这两个人像 gay 一样”，另一些旨在进行历史通俗叙事的出版物直接称呼古代帝王为“人渣”“王八蛋”“猪”等，这样一些表达，就是典型的互联网“饭圈”话语。当然，我们应当承认“学术研究无禁区”，每一个研究者都有自由表达自己研究成果的权利，但是，当这些研究成果经过大众传播的平台面向普通受众进行普及时，则更应当注意“新闻报道有纪律”。实际上，不论是知识付费课程还是历史学家面向大众撰写的历史类通俗读物，都应当遵守历史叙事的话语底线，上述类似的表达，应当在历史叙事中尽量避免。从根本上讲，“饭圈”语汇对于历史叙事的入侵，本质上是无孔不入的资本逻辑对于象牙塔内知识生产的利益收买。在传统媒体占据主导地位的时代，层层审核的监管体系和具备专业素养的把关人，往往可以有效避免信息传播的失范，但是，互联网平台对于流量的追逐，以及传播者无底线迎合粉丝群体的话语逻辑，则是在追逐流量的逻辑下，由资本驱动的恶果。这样一种现象，应当在历史知识的大众化传播中尽量杜绝。

① 《历史粉，才是饭圈真·顶流》，微信公众号“网易上流”，2020 年 1 月 3 日，https://mp.weixin.qq.com/s/sQzojRc_eduBE9P0fMks5Q。

四 再造元叙事：面向新时代、新媒体、新受众的历史非虚构写作

通过以上分析，我们不难看出，不论是新闻类非虚构还是历史类非虚构，取材于现实素材的非虚构写作，在跨文化传播之中出现了误读。这导致中国传媒场域内的非虚构叙事，出现了大面积的异化现象。其背后的成因，既有资本加持之下，互联网传播对于流量的无底线追逐，也有传播者自身专业素养的欠缺，更有公共空间与政治空间博弈的缠斗。重重压力之下，历史类非虚构叙事被各方因素窄化为了一种基于“真实素材”加“非主流话语”的反讽叙事，从而大大限制了历史叙事在新媒体时代拓展叙事空间的可能性。更进一步说，对于历史叙事核心要件深入探讨的缺失才是制约当下历史类非虚构发展的瓶颈。

我们并不排斥“客观事实”加“反讽叙事”这一经典的非虚构写作的话语逻辑，问题在于，在非虚构写作的具体实践中，需要反讽的到底是什么？在反讽之后，需要树立的又是什么？似乎这是整个“非虚构写作”圈子始终未曾真正深入思考的问题。笔者认为，历史叙事如果真的希望套用“非虚构写作”的经典叙事逻辑，那么，内容生产者真正需要反讽的既不是传统史学的经典著作，也不是 20 世纪以来学院派的研究成果，更不应该是新中国成立以后树立的经典马克思主义唯物史观。作者应当反讽的是整个帝国时代在儒家正统话语框架之下，被歪曲、建构，甚至编造出的“层累的历史”，而在反讽的叙事背后，真正应当树立的是新时代“文明的冲突与世界秩序的重建”的历史背景下，有中国特色的全新的中华民族历史观。而这一全新史观的树立，不但需要建立在对经典历史文献的深入解读、对出土文献文物的全新研究之上，更应当结合跨学科、跨文化的背景，探索全新的叙事逻辑。笔者认为，这是一种“元叙事”，即关于叙事的叙事。元叙事的重构，需要从微观、中观和宏观三个层面入手进行分析。

（一）微观层面：历史叙事的具身认知

从微观层面讲，历史的非虚构叙事，应当摆脱传统的“有一分材料说一分话”的刻板教条的束缚，从历史发生的具身性（Embodiment）经验出发重构微观叙事。以具身性经验进行人文社会科学研究是近十年来西方学术界新兴的范式革命，该研究范式宏观上可细分为两个研究取向，即外向型具身（Outward Facing）和内向型具身（Inward Facing）。所谓的“外向型具身”是指人的思维模式可以直接由人所处的外界环境决定，并不需要各种抽象性符号的灌输。所谓的“内向型具身”是指决定个体认知输出的主导因素是生物属性的人体器官，信息输入只起到简单刺激的作用。一言以蔽之，具身性范式是针对二战以来在西方人文社会科学界占统治地位的“社会建构理论”（Social Constructionism）的范式革命。

从写作实践的角度看，外向型具身的历史写作一度占据了历史类非虚构的主流。这一写作范式的起点，可以追溯到20世纪90年代中后期余秋雨创作的“历史文化散文”，典型代表如《文化苦旅》《山居笔记》等。这些成功的作品将一种历史文化还原到其具体发生的历史语境中，作者更结合自己进行戏剧理论研究的成果，为历史叙事的故事化尝试提供了宝贵的经验。21世纪以来，祝勇的“故宫系列”文化随笔就很好地继承了这一传统。而风靡一时的电视综艺节目，如《国家宝藏》等为历史的外向型具身化叙事进行了进一步创新。相对于外向型具身的创作尝试，在内向型具身的创作成果中，历史非虚构领域显然具备值得开发的空间。张宏杰的经典作品《大明王朝的七张面孔》运用了心理分析的视角，对于大明王朝的诸多历史人物进行了入木三分的历史分析，在该领域的创作中开一代风气之先。这一成功的实践提醒我们内向型具身认知的历史叙事在可以预见的将来，一定会出现“广阔天地，大有可为”的场面。

（二）中观层面：发现历史“隐秘的角落”

从中观层面讲，历史类非虚构写作需要主动留意历史深处那些不为人注意的“隐秘的角落”。司马迁在《报任少卿书》中曾经谈到他对于传主的一个选取原则，即“古者富贵而名摩灭，不可胜记，唯俶傥非常之人称焉”。[①] 然而，实际上，当我们仔细考察大量的出土文献、文物和历史遗迹时却会发现，在真实的历史中，关键时刻左右历史进程的人，往往是这些所谓的“富贵而名磨灭”之人。也就是说，大历史的进程，往往在不经意间是被某些不为世人所熟知的“小人物”所决定的。李开元的《秦谜：重新发现秦始皇》就是在该领域进行尝试成功的典型案例。李开元通过对相关出土文物的考察，在《秦谜》之中为读者完整再现了“秦始皇的表叔”昌平君跌宕起伏的一生。透过昌平君人生的起落沉浮，读者也会感知到，在春秋战国几百年间，秦楚两个大国经历无数恩怨情仇，最终铸就大汉帝国的波澜壮阔的史诗。

历史上那些“隐秘的角落”也不限于帝王将相，很多普通百姓也可以成为历史类非虚构所关注的对象。早期史景迁（Jonathan D. Spence）的经典作品《王氏之死》就是通过考察明末清初山东郯城一位农妇王氏的人生悲剧，折射出明亡清兴60年间，中华大地上各色人等的起落沉浮。这类通过关注小人物把握大历史脉动的作品在近年来也呈现出蓬勃发展之势。如著名作家马伯庸的《显微镜下的大明》就是通过针对晚明发生在徽州的“人丁丝绢案”进行工笔细描，照见了轰轰烈烈的“嘉隆万改革”在晚明社会的复杂性，让读者对于“一条鞭法”的推行，有了类似于主人公一般五味杂陈的感受。类似的作品还有很多有待开发的空间，将历史上那些不为人知的“隐秘的角落”与重大历史事件或历史进程相联系，应当成为历史类非虚构写作的发展方向。毕竟，新闻类非虚构写作虚化社会政治语境是媒介场域的刚性要求，而这样一种要求在进行历史叙事时将不复存在，这也为作者进行“以小见大”的历史观照提供了施展才能的舞台。

---

① 《汉书》卷62《司马迁传》，中华书局1962年版，第2735页。

（三）宏观层面：重述历史 凝聚人心

所谓“见盛观衰，原始察终”“鉴于往事，有资于治道”，传统史学在中国社会不但起到类似于判例法的作用，更拥有着类似国家宗教的地位。大众传播学效果研究中“使用与满足”理论认为，受众消费任何一种内容产品，无外乎三大动机，即“愿望的想象”、“情感的满足”和“获取知识”。职业历史学家在进行历史知识传播的过程中，往往会更重视达到让受众理性层面“获取知识”的传播效果，而忽略了感性层面“愿望的想象”与“情感的满足”。实际上，这一被学院派历史研究所忽略的传播效果，往往在传统史学中有更好的表达。那么，历史的非虚构叙事，应当通过怎样的叙事手段，达到凝聚共识、抚慰人心的效果呢？

笔者曾经通过对得到 App《中国史纲五十讲》这一栏目的定量考察发现，在一段时间内（一年），受众对于特定内容关注度最高的节目，往往是与时政新闻关系最为紧密的内容。如图 1、表 1 所示。

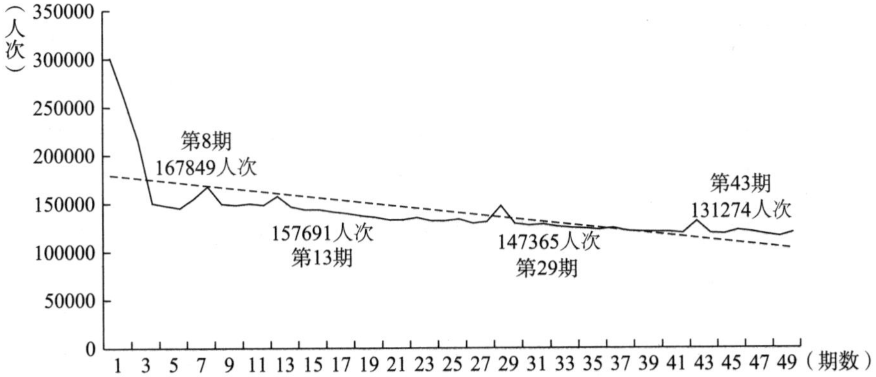

图 1 收听人数随节目进行而产生的变化走势

表 1 四期收听率最高的节目概况

期数	节目名称	上线时间	收听人次
第 8 期	草原征服型王朝为何能统一天下	2017 年 12 月 23 日	167849
第 13 期	司马家族事业的断崖式下跌	2017 年 12 月 28 日	157691

续表

期数	节目名称	上线时间	收听人次
第 29 期	大清的高级政治智慧	2017 年 12 月 31 日	147365
第 43 期	中国经济崛起的奥秘	2017 年 12 月 31 日	131274

通过数据解读我们会发现，除却第 13 期节目与当年的一部热播剧《军师联盟》有关，其他三期关注度最高的节目，即“草原征服型王朝为何能统一天下”“大清的高级政治智慧”“中国经济崛起的奥秘”都与国家统一、大国崛起等热点话题有关。因此，当代的历史叙事应当切实回应现实社会中受众所关注的议题，通过历史叙事实现解读现实政治的“替代性满足”，这才是历史类非虚构写作亟待发展的方向。

那么，为何历史叙事应当担负起解读现实、指导现实，甚至引领现实的作用？我们仍然可以从“非虚构写作”的缘起中得到答案。追溯非虚构写作的历史渊源我们会发现，“非虚构写作”的重要流派“新新闻主义”诞生之时，正是新闻行业对于传统的“新闻专业主义”充满怀疑之时。传统的“新闻专业主义”在对记者的职业规范中要求新闻工作者做到完全的理性、公正、客观，让媒体作为所有理性声音平等发声的渠道。然而，这样一种“专业主义”在本土化过程中，却并未真正得到我国新闻传播学界和业界的普遍认同。笔者曾经进行过针对西方“新闻专业主义”的调查研究，发现国内的青年新闻从业者及本专业学子，对于西方“新闻专业主义”过度置身事外的态度，同样抱有一定程度的质疑（如图 2 所示）。

图 2 是笔者针对“新闻的十大基本原则”发放的调查问卷所做的聚类分析。我们可以清晰地看到，被试对于第六、第七和第九条原则普遍认同度较低。这三条原则分别为“新闻必须成为公众批评和妥协的论坛”“新闻必须努力使重要的信息有趣并且和公众息息相关”“新闻从业人员有义务根据个人良心行事”。通过深度访谈，笔者发现，被试对于这三条原则的不认同，其背后的心理是受访们普遍希望影响、引领并统一受众的思想。而这样一种旨在“有所作为”的新闻从业意愿，正

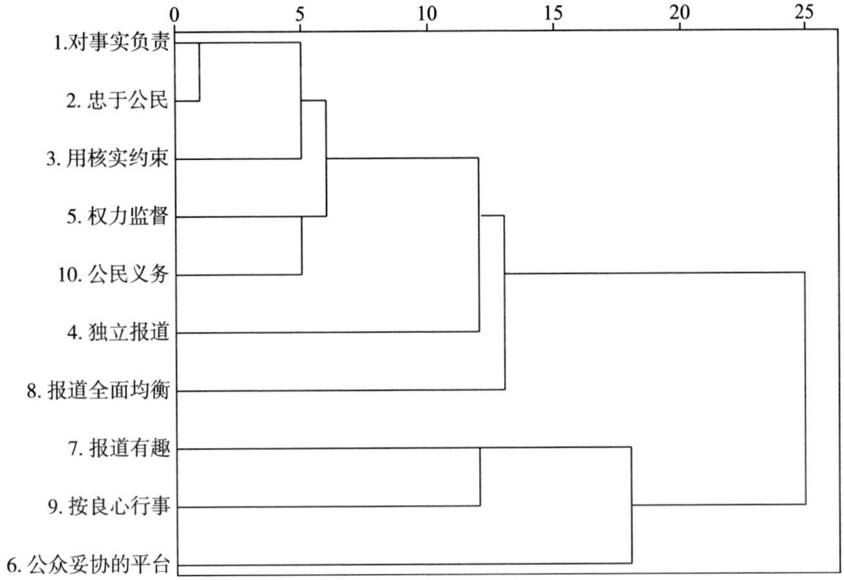

图 2　被试对于“新闻的十大基本原则”同意程度的聚类分析

是通过非虚构写作的理念最终得以实现的。

“铁肩担道义，妙手著文章”是许多新闻工作者的职业理想，当传媒行业的政治议程边界逐渐出现刚性强化时，对于新闻工作者而言，这一职业理想只能虚化为一种隐秘的表达，受众也只能转而寻求其他途径来实现某种程度上的“替代性满足”。作为上下五千年传承从未间断的文明，作为一个“以史立国”“以史立身”的国家，历史叙事责无旁贷地成为满足这一心理需求的不二选择。当今时代也许是自新航路开辟以来“五百年未遇之大变局”，互联网传播在虚拟世界实现了前所未有的信息过载，疫情之下在现实世界又出现了前所未有的相互隔绝。在这样一个人声鼎沸众声喧哗却又集体迷茫无所适从的年代，中国作为拥有悠久历史的大国，应当为逆全球化的世界，拿出一套属于自己的解决方案。而中华文明丰富的文化遗产中，最为取之不尽用之不竭的思想资源当属千年不断的历史记录与历史传承体系。因此，当今时代的历史叙事，不能仅仅满足于知识传递，而是应当在叙事背后，为现实社会中大家所共同关心的问题提供一套具有可行性的解决方案，这才是我们这个时代对于历史非虚构写作的宏观社会心理诉求。

结 语

“非虚构写作”作为一种起源于美国，发源于20世纪60年代各种风起云涌的社会运动的文学潮流，在经历了几十年的发展、变迁、迭代之后，在21世纪初，终于凭借互联网技术的加持，成为一种横跨文学创作、新闻传播和历史叙事的主流文体。在非虚构写作跨越重洋传入中国，在传媒行业进行本土化的过程中，出现了一些备受争议的现象。在西方旨在推动社会发展，宣传主流意识形态的“非虚构写作”，在入华过程中，被简单理解为“真实素材”加“反讽话语”的叙事逻辑。而这一异化现象，与技术、资本和政治语境在21世纪的变迁相互纠缠不清。这样一种对于非虚构写作的曲解，也对21世纪以来的历史写作产生了或大或小的影响，使历史类非虚构叙事呈现出跨越专业的解读谬误、追逐短期经济利益的低水平重复性建设和“饭圈”语言对于历史叙事话语空间的侵袭。这些现象从根本上讲，都是对于“非虚构写作”背后的意识形态和传播目的产生了跨文化误读的结果。

本文认为，当代的历史类非虚构写作，应当从微观、中观和宏观三个层面入手，重塑受众的精神世界，通过这样一种重塑，为21世纪中华民族大国崛起的愿景提供精神动力和理论支持。面向新时代、新媒体、新受众的历史类非虚构写作，应当在复杂的传播环境下，主动承担起重塑民族自尊心、自信心的责任，以达到凝聚社会共识，建构人类命运共同体的传播效果。当现实走进历史，历史被言说为故事，故事演变成神话传说之时，民族，这样一个想象的共同体，就在叙事中被建构完成。而历史类非虚构写作，在当下的传媒语境中，应当责无旁贷地承担起这样的重任。我们已知的全球化已经结束，未知的新世界即将开启。站在时代的分水岭上，历史不但是过去的智慧与经验的总结，更应当是启迪未来的探照灯和瞭望塔。重塑历史，再造共识，是逆全球化时代为历史类非虚构写作提供的机遇与挑战，更是大国崛起时代赋予每一个故事讲述者的神圣使命。面对艰难险阻，我们应当一如既往。面对非难质疑，我们必须当仁不让。

Reconstruction of Meta-narrative Discourse in the Era of Super Power Transmission: The Cross Cultural Misunderstanding of Historical Non-fiction and It's Regeneration

Teng Le

Abstract: Non-fiction as a form of creative writing had a dramatic impact in domains of journalism, literature, as well as historical storytelling. This concept was introduced in China in the dawn of 21st century followed by the dominance of new media, the control of internet communication of capital invasion as well as the reinforcement internet censorship. As a result of these tendencies, non-fiction transformed from a subculture into popular storytelling approach. Not surprisingly, this transformation causes controversies. The reason for those controversies were mainly located in the misunderstandings of the concept of non-fiction. Such misunderstandings also give rise to misleading produced by the academia, competitive duplication in the commercial press, as well as the fandom culture's impact of knowledge production in historical non-fictions. To resolve these problems the communicators need to employ embodiment storytelling approach in micro-level, the social-scientific approach in medium-level, and socio-political approach in macro-level. This research seeks to explore those research questions by rediscovering Chinese history. By doing so, the researcher sought to argue that historical non-fiction should reform the cognition of the general public.

To establish the imagined communities and reconstruction the social self and cultural identity were the target of this practice. The social construction of the cultural identity tends to be the best aim of historical non-fiction in the era of the shift of great power.

Keywords: Non-fiction; Historical Storytelling; Meta-narration

中国公共史学集刊　第四集
第 105 ~ 133 页

中国史学遗产的继承、发展与创新*

——从非虚构写作谈起

戚裴诺**

摘　要　史学长久以来与社会的发展紧密相关。一方面，它凭借着精彩的语句吸引着众多读者；另一方面，它起到了通鉴资政的作用。来自西方的非虚构写作，在 20 世纪 60 年代逐渐走向成熟并席卷全世界。它的文体形式，与中国传统史学实则有着异曲同工之处。就传统史学而言，史学有求真向善、治国安邦和礼乐教化的作用。史学家在书写历史时不可避免地会运用文学手法。它有时能够深化阅读者对过往历史事件的理解，是对客观历史的另一种解读方式。近代以来，中国史学受到西方史学理论的影响，开始了从义理到实用的转变。伴随着时代的发展，历史学与社会科学融合程度愈深，史学研究也开始涉及不少新的领域。

关键词　历史；文学；非虚构写作；史学遗产

* 本文系中央级公益性科研院所基本科研业务费专项资金项目“马克思主义史学与中华优秀传统文化相结合经验”（GY202126）阶段性成果。

** 戚裴诺，教育部高等学校科学研究发展中心助理研究员，《中国高校社会科学》编辑。

作为一门以人类历史为研究对象的学科，史学已经走过千百年的发展历程。讨论史学价值与意义的论著汗牛充栋。不能否认的是，中国传统史学始终起着“通古今而笃名教”的作用。但受到民国以来“科学主义”方法的影响，历史学愈加学科化、范式化，渐渐脱离了此前注重叙事、讲求义理、观照实证的样貌。特别是在“西学东渐”风气的冲击下，史学被塑造出可以明确感知的壁垒，从此以谋求独立。也是在这个时候，唯事实，而社会、个人情感以及表达其内容的词藻文华，被自然而然地置之一旁。如今，回顾史学的过往，它理应有着更加丰富的内涵。未来，史学既不会被其他学科取代，亦不应该从人民大众的生活中消失。

事实上，史学长久以来与社会的发展紧密相关。一方面，由历史真实而生成的文字，凭借着精彩的语句吸引着众多读者如痴如醉，又刻画了事件发生前后的种种细节。另一方面，它起到了通鉴资政的作用，还能够钩沉出散落在历史长河许久的残章断简，并给予后来者以警示和借鉴作用。故而，丰富的中国史学遗产值得我们去梳理并予以展望。

一 非虚构写作：一个文学的概念

作为一个新颖的提法，将“非虚构”运用在历史写作上，涉及叙事角度的选取和创作逻辑的把握。当传世文献、出土文献、各种笔记等史料，都无法完整地叙述一件事时，它可以弥补材料缺失造成的遗憾，刻画出现场难以捕捉的人物心理活动和对话效果。同时，它还可以将历史场景放到更宽广的时空里去演绎。谈到非虚构写作，在很多人看来这是一个较为陌生的概念。其实，非虚构写作又可以称作“非虚构文学”，是介于新闻与文学之间的写作模式。如若换个说法，非虚构写作指向具体的文体，则是大家较为熟知的报告文学、深度调查、回忆录等写作类别。不同于稀松平常的报道，富有时代特点的非虚构写作，则在

“使用场景表达、引用丰富对话、描写人物细节以及选取独特视角”[①]等方面展现了非凡魅力。它能够将写作者从固有的写作模式和思维定式中拯救出来，继而“更多强调个体逻辑和个人声音的真实和独立、历史细节的客观以及生活本身的张力与戏剧性”。[②] 其背后，蕴含的是写作者将自身置于某个事件的发展全过程，并对细微之处的点滴变化予以重点关注。

这就意味着，“非虚构写作”看待家国大事的视角，既可能是传统意义上的“大情怀”，也可以是琐碎生活的“小格调”。当它与客观的历史发生碰撞时，受到写作者的立场、境遇等方面制约，甚至会形成迥然不同的表达形式和处理结果。换言之，将这种手法运用到历史情景的书写，会带给读者更多的解读视角。而非虚构写作在不同时间段、不同地点的侧重角度，体现了它与生俱来的多样性。一些过往研究，或许能够帮助我们更好地理解相关概念。

首先，非虚构写作需要我们重新审视创造性与权威性。在剑桥麻省理工学院教授写作项目课程的 Rebecca Blevins Faery 提到要“将自己融入文章的行文结构之中”。[③] 她认为，“一个你有过足够经历，收集到足够信息，并且进行了足够深入的思考，因而有权威就此发表观点的话题，而用不着放弃鲜明的个人立场以及我们在非虚构作品中期待看到语言游戏”。[④] 所谓的权威，是通过每一次使人信从的力量和威望而奠定的。相关作品的创作，不单要借鉴前辈、大家的成果，还要立足当下，从实践出发，用自己的切身经历来证明过往认识正确与否。

其次，非虚构写作需要关注事件的各方面来增添文本的直观体验。在著名专栏作家吉列尔莫普列托看来，“尽可能关注细节、细节、细节，

① 〔美〕克雷默、〔美〕考尔编《哈佛非虚构写作课》，王宇光等译，中国文史出版社2015 年版，“中文版序”第 2 页。

② 李亚祺：《非虚构写作与写作的公共性》，《创作评谭》2020 年第 5 期。

③ 〔美〕雪莉·艾利斯编《开始写吧！非虚构文学创作》，刁克利译注，中国人民大学出版社 2011 年版，第 77 页。

④ 〔美〕雪莉·艾利斯编《开始写吧！非虚构文学创作》，第 76 页。

故事就可能会得以延伸”。[①] 有时候，一件事情的原本记述，可能是只言片语。然而，通过深入考察，关注每个细微环节，会使文字承载的信息更加翔实，内容更加丰满。材料来源的多样性、各种观点的汇聚，也会补充叙述故事的广度与宽度，进而影响到认知深度。

再次，非虚构写作需要用动人的情节直击阅读者的心灵深处，引导读者认同作者的写作观点，在不经意的行文间流露出思辨性。“叙事是通向我们心灵深处的隐蔽之门。”[②] 非虚构写作在善于叙事的基础上，还会用扣人心弦的情节、感人肺腑的文句吸引读者，甚至倾向于把自我放置其中，表现出强烈的介入感和对哲理的思考。换言之，它可能会通过近期发生的热点事件，从一个小角度切入，继而讨论看似远离人类命运，但关乎大众生存抑或社会发展的大问题。

事实上，这种来自西方，至20世纪60年代逐渐走向成熟并席卷世界的文体形式，与中国传统史学某些方面有着异曲同工之用。民国时期，鲁迅曾在《中国小说史略》中评价《史记》是“史家之绝唱，无韵之离骚”，体现了早期史书将撰写之人自身的境况际遇，融入时代大背景的特点。当下，又有学者指出，“自《史记》以来在纪实性文学中所显示的‘以天下为己任’‘兼济天下’的传统文人的社会责任感和良知——这些宝贵的精神品质有力保证了非虚构文学对社会现实所作的顺应民心的描述与分析”。[③] 正是在类似思想的召唤下，一部部文史著作中才会涌现出不少寓情于理的语句。

司马迁在《报任安书》中回顾了他写作今称《史记》的《太史公书》的初衷，即“网罗天下放失旧闻，略考其行事，综其终始，稽其成败兴坏之纪”。[④] 作为史官的后代，他理应有着较为程式化的写作模板可以效仿。但是，司马迁汲取百家之长、博览众闻，最终撰写成一部

---

① 〔美〕克雷默、〔美〕考尔编《哈佛非虚构写作课》，第204页。

② 〔美〕哈特：《故事技巧：叙事性非虚构文学写作指南》，叶青、曾轶峰译，中国人民大学出版社2012年版，第139页。

③ 王晖：《激变时期的中美非虚构文学》，《外国文学研究》1995年第2期。

④ 王友怀、魏全瑞主编《昭明文选注析》，三秦出版社2000年版，第539页。

旷世之作。仅从编纂体例方面，就可以管窥他在个性中体现权威性的用意。

《史记·太史公自序》是这样描述全书选择如下五种体例展开文章编排的：

> 略推三代，录秦汉，上记轩辕，下至于兹，著十二本纪，既科条之矣。并时异世，年差不明，作十表。礼乐损益，律历改易，兵权山川鬼神，天人之际，承敝通变，作八书。二十八宿环北辰，三十辐共一毂，运行无穷，辅拂股肱之臣配焉，忠信行道，以奉主上，作三十世家。扶义俶傥，不令已失时，立功名于天下，作七十列传。凡百三十篇，五十二万六千五百字，为太史公书。①

其实，上述体例大多在西汉中期以前就已经成形。依照萧梁时期刘勰的观点，“子长继志，甄序帝绩，比尧称典，则位杂中贤。法孔题经，则文非元圣。故取式《吕览》，通号曰纪。纪纲之号，亦宏称也。故本纪以述皇王”。②“本纪”是施法《吕氏春秋·十二纪》，一方面意在“所以纪治乱存亡也，所以知寿夭吉凶也”，③另一方面有“取自一年十二个月，以象征天地运行之道”④的含义。接下来，“表”被桓谭撰写的《新论》认为是“太史《三代世表》旁行邪上，并效《周谱》”，⑤起到了补充本纪和列传的作用，有存疑、褒贬等功效，也为先秦时期许多失载详情的事件存下可以按图索骥的途径。这一点在近些年出土的“历谱”中也可以窥见一二。而“世家”，应本是上古专记显贵之家的文

① 《史记》卷130《太史公自序》，中华书局1982年版，第3319页。

② 周振甫注《文心雕龙注释》，人民文学出版社1981年版，第171页。

③ （秦）吕不韦编，许维遹集释《吕氏春秋集释》卷12《季冬纪·序意》，中华书局2009年版，第274页。

④ 向燕南：《〈史记〉编纂体例之数的意义》，《南开学报》（哲学社会科学版）2007年第3期。

⑤ （汉）桓谭撰，朱谦之校辑《新辑本桓谭新论》卷9《正经篇》，中华书局2009年版，第40页。

献，模仿着《世本》的体例。[①]《汉书·艺文志》载：“《世本》十五篇。古史官记黄帝以来讫春秋时诸侯大夫。”[②] 特别是三十“世家”的第一篇《吴太伯世家》，意在体现“周之子孙”的传承，体现了尊崇“正统”的《春秋》学的风格特征。另外，“书”是“政事之纪也”，[③]即“旨在记载典章制度的具体内容及其沿革轨迹”。[④] 不管是《礼书》《乐书》还是《河渠书》《平准书》等，都涉及国家各项重大制度。至于“列传”，西汉时的《高祖传》和《孝文传》[⑤] 以及汲冢出土的《穆天子传》，让我们能够回想这类文本形成的大致过程。当然，清人赵翼论断说：“古书凡记事立论及解经者，皆谓之传，非专记一人事迹也。其专记一人为一传者，则自迁始。”[⑥] 无论“传”的体例从何而来，它在日后却成为历代正史中所占篇幅最大的内容。“司马迁参酌古今，发凡起例，创为全史。”[⑦] 将上述五种体例融于一体，当属司马迁首创。唐代的刘知几在《史通》一书中，评价《史记》是“鸠集国史，采访家人，上起黄帝，下穷汉武；纪传以统君臣，书表以谱年爵，合百三十卷”。[⑧] 虽然，它也曾被指摘“语饶重出”，但不可否认深入市井乡野的走访，贯通千载史实的写作，从侧面体现出司马迁以个体的实践精神为后世史书开创撰写范式的用意以及史籍包罗万象的特点。

汉魏两晋时期，华丽的文赋在堆砌辞藻之外，也为我们存留有宝贵的史学资料。清人陆次云在回顾“赋”这种文体时，给出了如下断语：“汉当秦火之余，典坟残缺，故博雅之儒，辑其山川名物，著而为赋，

---

① 司马迁在《史记·卫康叔世家》中有“余读世家言”的表述，应是印证了文章的推断。另可以参见程金造《史记管窥》，陕西人民出版社 1985 年版，第 22 页。

② 《汉书》卷 30《艺文志》，中华书局 1982 年版，第 1714 页。

③ 王先谦：《荀子集解》，中华书局 1988 年版，第 11 页。

④ 胡家骥：《从西汉文献类型看〈史记〉体例之来源》，《理论界》2016 年第 2 期。

⑤ 参见《汉书》卷 30《艺文志》，第 1726 页。

⑥ （清）赵翼著，王树民校证《廿二史札记校证》卷 1《各史例目异同》，中华书局 2013 年版，第 5 页。

⑦ （清）赵翼著，王树民校证《廿二史札记校证》卷 1《各史例目异同》，第 3 页。

⑧ （唐）刘知几撰，（清）浦起龙通释《史通通释》卷 1《六家》，上海古籍出版社 1978 年版，第 18 页。

以代乘志。"① 意思是，建立在秦火焚书基础上的汉朝，典籍散佚缺失，所以鸿儒之士，为了记载山川河流典章万物，只得以赋的形式著录，代替地志本该担负的职责。事实上，许多文赋的作者，在著史和勘查实地方面都有很高的造诣。如《两都赋》中的"华实之毛，则九州之上腴焉"②，另见于《汉书·地理志》的"秦地，九州膏腴"③；"滥瀛洲与方壶，蓬莱起乎中央"④，既是古人熟知的三座仙山，又写作于《汉书·郊祀志》之中；"立号高邑，建都河洛"⑤，记载的是汉光武帝改年号"建武"并于当年十月定都洛阳的事实。此后张衡《二京赋》和左思《三都赋》，均有仿照前述史籍的影子。如前者使用了《史记·秦始皇本纪》化用"始皇收天下兵，销以为金人十二，各重千斤，致于宫中"的意境，⑥ 后者改写了《史记·封禅书》的"作柏梁、铜柱，承露仙人掌之属矣"⑦ 之句。无论目的如何，诗词文赋将自然山川的写实、作者的情感交织融合，不仅带给读者感官上的愉悦，也记录下来历史的真实。

二　史学的功用："述往事，思来者"

史学研究的对象是人类社会发展的过程。故而，史学能够一定程度上还原人们过去生活的状态、行动的原则和思维的方式。在追溯史学萌芽之时，写作者通过对历史事件的论述，去探寻事物发展的规律，起到"述往事，思来者"的作用。

首先，就传统史学而言，史学具有求真向善、启迪心智的作用。作

① （清）陆次云：《北墅绪言》卷4《与友论作赋书》，《四库全书存目丛书》集部第237册，齐鲁书社1997年版，第364页。

② 《后汉书》卷40上《班彪列传下附班固传》，中华书局1965年版，第1335—1336页。

③ 《汉书》卷28下《地理志下》，第1642页。

④ 《后汉书》卷40上《班彪列传下附班固传》，第1342页。

⑤ 《后汉书》卷40下《班彪列传下附班固传》，第1360页。

⑥ 《史记》卷6《秦始皇本纪》，第239页。

⑦ 《史记》卷28《封禅书》，第1388页。

为一门追求真实性和客观性的学问，它代表了历史学的本质属性。《春秋》襄公二十五年的经文载有：

春，齐崔杼帅师伐我北鄙。夏五月乙亥，齐崔杼弑其君光。[①]

左氏传文称：

乙亥，公问崔子，遂从姜氏。姜入于室，与崔子自侧户出。公拊楹而歌。侍人贾举止众从者而入，闭门。甲兴，公登台而请，弗许；请盟，弗许；请自刃于庙，勿许。皆曰：君之臣杼疾病，不能听命。近于公宫，陪臣干掫有淫者，不知二命。公逾墙，又射之，中股，反队（坠），遂弑之。……大史书曰："崔杼弑其君。"崔子杀之。其弟嗣书而死者，二人。其弟又书，乃舍之。南史氏闻大史尽死，执简以往。闻既书矣，乃还。[②]

面对崔杼杀死齐庄公的情况，齐国太史秉笔直书，在国史上记载"崔杼弑其君"。随后，崔杼杀死了太史。未曾料想太史之弟继任后，仍然记载上述弑君的五个字，又被崔杼杀害。再次继任的太史氏，仍然记载"崔杼弑其君"。崔杼无计可施，只得让史书留下了这些内容。对此，司马迁评价称"约其辞文，去其烦重，以制义法，王道备，人事浃"。[③] 类似地，继承《春秋》"上明三王之道，下辨人事之纪，别嫌疑，明是非，定犹豫"[④] 治学立场的《史记》，在各篇目大多秉持了史学求真向善的传统，并被后世史籍传承下去以启迪阅读者的心智。因

① （清）阮元校刻《十三经注疏》清嘉庆刊本《春秋左传正义》卷36《襄公二十五年》，中华书局2009年版，第4305页。

② （清）阮元校刻《十三经注疏》清嘉庆刊本《春秋左传正义》卷36《襄公二十五年》，第4306—4307页。

③ 《史记》卷14《十二诸侯年表》，第509页。

④ 《史记》卷130《太史公自序》，第3297页。

而，纵然作者司马迁谋篇布局的初衷之一是“古者富贵而名摩灭，不可胜记，唯俶傥非常之人称焉”[①]，如将具有信义和勇气品质的刺客搬上史书，用以展示“士为知己者和英勇无畏”[②] 的精神，但当他面对“世言荆轲，其称太子丹之命，‘天雨粟，马生角’也”[③] 的传闻时，也会称其为“太过”，而舍弃不录。但当面对治国的官吏时，《史记·循吏列传》选取标准是“奉法循理之吏，不伐功矜能，百姓无称，亦无过行”[④]，而《酷吏列传》是“民倍本多巧，奸轨弄法，善人不能化，唯一切严削为能齐之”[⑤]。但不可否认，前者不载本朝人，记载对象均为春秋战国时期人物；后者尽是汉初人物，且十二人之十者任职于汉武帝朝。所以后世评价说：“循吏独举五人，伤汉事也。……史公盖欲传酷吏，而先列古循吏以为标准。……然酷吏恣睢，实由武帝侈心不能自克，而倚以集事。”[⑥] 史家取一隅，而窥一代，并非忽视了“真”，而是要启迪一颗向善的心。可见，两传并存的目的意在论说“治国与用人之关系的重要，使时人与后人懂得做人之常理”。[⑦]

其次，史学有治国安邦、经世致用的作用。春秋时期就有“殷鉴不远，在夏后之世”[⑧] 的说法，编纂史书的目的如先贤所言“使乱臣贼子惧”。在此番语境下，历代史家以共同但有差异的笔法追求这个目的。作为第一部纪传体断代史，《汉书》虽有不少内容取材于《史记》，但增添了不少奏议等文献资料，丰富了对当时施政之策的描述。对汉初制度产生一定影响的贾谊，其本传《汉书·贾谊传》利用不少文书档案，

① 《汉书》卷62《司马迁传》，第2735页。

② 于雪芳：《说刺客——读〈史记·刺客列传〉》，《司马迁与史记论集》第7辑，陕西人民出版社2006年版，第477页。

③ 《史记》卷86《刺客列传》，第2538页。

④ 《史记》卷130《太史公自序》，第3317页。

⑤ 《史记》卷130《太史公自序》，第3318页。

⑥ （清）方苞：《方苞集》下册，上海古籍出版社2008年版，第860页。

⑦ 瞿林东：《评价历史人物的社会意义——论中国古代史学的一个重要历史理论问题》，《学习与探索》2010年第2期。

⑧ （清）阮元校刻《十三经注疏》清嘉庆刊本《毛诗正义》卷18《荡》，第1194页。

体现了当时的为政思路。对此，班固概括称："凡所著述五十八篇，掇其切于世事者著于传云。"① 面对北部边境的纷扰，贾谊提出的对策是："陛下何不试以臣为属国之官以主匈奴？行臣之计，请必系单于之颈而制其命，伏中行说而笞其背，举匈奴之众唯上之令。"② 至于如何处理日益强大的诸侯势力，应是"欲天下之治安，莫若众建诸侯而少其力。力少则易使以义，国小则亡邪心"。③ 这些政论的具体实施举措，在《匈奴传》《淮南衡山济北王传》等传记中，有着较为详细的描述。而唐宋时期，不少史家或独立撰写成书，或寓论断于史实之中，向统治者阐述如何进行国家治理。编写于唐太宗年间的《贞观政要》，收录了众多皇帝与重臣魏徵、房玄龄、杜如晦等人之间的争辩以及劝谏和奏议，提出了"为君之道，必须先存百姓"④ 的观点。其中，魏徵利用上疏的机会，阐释了德行和国家的关系，即"求木之长者，必固其根本；欲流之远者，必浚其泉源；思国之安者，必积其德义"。⑤ 面对内外关系，房玄龄奏称"今陛下抚养苍生，将士勇锐，力有余而不取之，所谓止戈为武者也"。⑥ 而杜如晦答复唐太宗什么是明主忠臣及天下之治的问题时，谈及"天子有诤臣，虽无道不失其天下"⑦，论证了包容谏臣的重要性。故而，《贞观政要》的撰写者吴兢提到他的写作背景是"早居史职，莫不成诵在心"⑧，编纂过程和目的在于"缀集所闻，参详旧史，撮其指要，举其宏纲，词兼质文，义在惩劝，人伦之纪备矣，军国之政存焉"。⑨ 事实上，它也影响到后代史家，创新了写作体裁，至唐中后

① 《汉书》卷 48《贾谊传》，第 2265 页。
② 《汉书》卷 48《贾谊传》，第 2242 页。
③ 《汉书》卷 48《贾谊传》，第 2237 页。
④ （唐）吴兢撰，谢保成集校《贞观政要集校》卷 1《君道》，中华书局 2009 年版，第 11 页。
⑤ （唐）吴兢撰，谢保成集校《贞观政要集校》卷 1《君道》，第 17 页。
⑥ （唐）吴兢撰，谢保成集校《贞观政要集校》卷 9《议征伐》，第 85 页。
⑦ （唐）吴兢撰，谢保成集校《贞观政要集校》卷 4《求谏》，第 85 页。
⑧ （唐）吴兢撰，谢保成集校《贞观政要集校》之《上贞观政要表》，第 3 页。
⑨ （唐）吴兢撰，谢保成集校《贞观政要集校》之《卫尉少卿兼修国史弘文馆学士臣吴兢撰并序》，第 7 页。

期有《开元政要》，两宋间有《乾兴真宗政要》《咸平圣政录》等。此外，得名于“鉴于往事，有资于治道”[①] 的《资治通鉴》，上起周威烈王二十三年（前403），下讫后周世宗显德六年（959）。这种断限方式，以晋国三家大夫灭智伯分为韩赵魏为叙事之始，意在“夫事未有不生于微而成于著，圣人之虑远，故能谨其微而治之”[②]，三家分晋表明了周王室彻底走向衰微，象征着国家不宁的开端；终于本朝“大宋”建立，即“天子所以统治万国，讨其不服，抚其微弱，行其号令，壹其法度，敦明信义、以兼爱兆民者”[③]，标志着海内咸一。记隋朝历史时，《资治通鉴》叙述裴矩“于端门街盛陈百戏，戏场周围五千步，执丝竹者万八千人，声闻数十里”[④] 的场景，引得隋炀帝称赞，被评价是“矩与右翊卫大将军宇文述、内史侍郎虞世基、御史大夫裴蕴、光禄大夫郭衍皆以谄谀有宠”。[⑤] 转至唐朝，面对太宗试探“有司门令史受绢一匹”[⑥] 的情况，裴矩却据理力争，促使小吏得以释放，评价称“裴矩能当官力争，不为面从，傥每事皆然，何忧不治！”[⑦] 对此，作者司马光总结道：“裴矩佞于隋而忠于唐，非其性之有变也；君恶闻其过，则忠化为佞，君乐闻直言，则佞化为忠。”[⑧] 这种新旧对比的写法，利用君臣之道的变化，旨在阐释如何为政。所以，曾国藩评价说：“窃以先哲经世之书，莫善于司马文正公《资治通鉴》。其论古皆折衷至当，开拓心胸。”[⑨]

最后，史学具有弦歌不辍，礼乐教化的作用。在刘知几看来，“夫人之生也，有贤不肖焉。若乃其恶可以诫世，其善可以示后，而死之日

① 《新注序》，《资治通鉴》，中华书局1956年版，第4页。
② 《资治通鉴》卷1，威烈王二十三年条，第4页。
③ 《资治通鉴》卷294，周世宗显德六年条，第9600页。
④ 《资治通鉴》卷181，隋炀帝大业六年条，第5649页。
⑤ 《资治通鉴》卷181，隋炀帝大业六年条，第5649页。
⑥ 《资治通鉴》卷192，唐高祖武德九年条，第6029页。
⑦ 《资治通鉴》卷192，唐高祖武德九年条，第6029页。
⑧ 《资治通鉴》卷192，唐高祖武德九年条，第6029页。
⑨ （清）曾国藩：《曾国藩全集》，岳麓书社2012年版，第663页。

名无得而闻焉，是谁之过欤？盖史官之责也”。[①] 史学可以利用富有哲理的文字惩恶扬善，完善人们的道德修养。若无法实现这个目标，则是史家的过错。事实上，史书如何剪裁客观历史，以及文末附上诸如“太史公曰”“史臣曰”等评价语句，一定程度反映了史家乃至当时社会各层面看待礼法名教的态度。袁宏在《后汉纪》中言称：“史传之兴也，所以通古今而笃名教。”[②] 其含义就是在于此说。譬如，在反映社会人物风气方面，《史记》和《汉书》虽然均以“游侠”为名，但分歧明显。在司马迁笔下，“今游侠，其行虽不轨于正义，然其言必信，其行必果，已诺必诚，不爱其躯，赴士之厄困。既已存亡死生矣，而不矜其能，羞伐其德，盖亦有足多者焉”。[③] 虽然班固仍保留了《史记·游侠列传》的原始面貌，并在它的基础上描写了萬章、楼护、陈遵、原涉等人的侠义疏财之举，但对陈遵和其兄弟“举直察枉宣扬圣化为职，不正身自慎”[④] 的行为予以了批评。《汉书·游侠传》留下的评语是“开国承家，有法有制，家不臧甲，国不专杀。矧乃齐民，作威作惠，如台不匡，礼法是谓”。[⑤] 毋庸多言，褒贬之义自见。此后，《魏略》虽有《勇侠传》，但大多是具有高尚品格的清流党人。所以，汉魏之际“又诏史官谒者仆射刘珍及谏议大夫李尤杂作记，表，名臣、节士、儒林、外戚诸传，起自建武，讫乎永初”。[⑥] 在儒家道德伦理的影响下，“君父居在三之极，忠孝为百行之先者”。[⑦] 特别是世风变化，使得涉及忠孝结义的传记成为史书中的主流，讲求孝行卓著之人，也必然对朝廷恪守礼节。

---

① （唐）刘知几撰，（清）浦起龙通释《史通通释》卷 8《人物》，第 237 页。

② （汉）袁宏：《后汉纪·叙》，周天游校注《后汉纪校注》，天津古籍出版社 1987 年版，第 2 页。

③ 《史记》卷 124《游侠列传》，第 3181 页。

④ 《汉书》卷 92《游侠传》，第 3711 页。

⑤ 《汉书》卷 100 下《叙传下》，第 4267 页。

⑥ （唐）刘知几撰，（清）浦起龙通释《史通通释》卷 12《古今正史》，第 341 页。

⑦ 《晋书》卷 89《忠义传》，中华书局 1974 年版，第 2323 页。

三　历史与文本：史学与文学的交织

正是“非虚构”的历史写作带来的张力，使得渐行渐远的史学与文学能够再次碰面。在《中国通史·导论卷》，白寿彝提及了史学和文学的关系，即“没有文就没有史。研究历史的成果，总得表现在文字上”。[①] 换言之，史学家在书写历史时不可避免地会运用到文学手法。从唯物史观的视角出发，历史是一种客观存在，它不以人的主观意志为转移。但客观历史遗留下来的各式文献材料，则必须通过史家的主观书写、裁剪及编纂，才能实现将事件的前因后果传递给大众的结果。面对主客观之间的矛盾，新历史主义者提出“为了说明过去‘实际发生的事情’，史学家首先必须将文献中记载的整组事件，预构成一个可能的知识客体”的观点。又指出，“就其结构的构成性程度而言，它也是诗性的。这种结构以后会在史学家提供的言辞模型中，被想象成过去‘实际发生的事情’的一种表现和解释”。[②] 继而，力求把历史看成是文学的映衬对象。在此语境下，“历史研究者可以在不违反学科规范的前提下，对历史事实进行不同的联结和组合。而这些不同的联结和组合，会形成不同的人物、事件或者过程的历史面貌”。[③] 可是，它却忽视了逃脱不了主观色彩的历史文本，实则起自对人类社会产生真实影响的各个事件。更为重要的是，留下无尽遐想的过程，无论如何都不能否定历史结果的必然。事实上，各种观点碰撞带来的解释多元化、书写者或阅读者对万事万物美好的憧憬，或许是将历史事实模糊成文学内容的情节化源头。但叙事方式的变迁，当属书写者历史观的外在反映，而非任由变化解释的独立语句。历史与文学的关系，若用“朴散淳销，时移世异，

① 白寿彝：《中国通史·导论卷》，上海人民出版社 1989 年版，第 329 页。

② 〔美〕海登·怀特：《元史学：19 世纪欧洲的历史想象》，陈新译，译林出版社 2013 年版，第 41 页。

③ 张耕华：《史学与文学有别之外的思考》，《人民日报》2008 年 6 月 24 日。

文之与史，皎然异辙”① 之句，当属对二者相互之间地位较为应允的概括。

明人茅坤谈到司马迁撰写的史书具有“各得其物之情，而肆于心故也”② 的特点。论及《史记》的具体篇目，它在叙事方面有着属于自己风格的表达方式。其中，节自《项羽本纪》的《鸿门宴》片段尤为特甚。众所周知，项羽策划这场宴请本意是污蔑刘邦一行、清除心腹大患，并希冀以此取得对秦之故地的完全控制。然而，由于刘邦谋士的机警和项羽的刚愎自用，为后者接下来的惨败埋下了伏笔。其间，有几段细节描写尤为精彩，既反映了相互间的社会关系，又体现出历史和文学间紧密联系的特点。

项羽叔父项伯与沛公刘邦手下的张良素来交好。时值项伯得知项羽要攻打驻军霸上的沛公军，便“私见张良，具告以事，欲呼张良与俱去”。③ 因张良忠心耿耿，便将此事汇报给刘邦。双方商量好计策，即“旦日不可不蚤自来谢项王”。之后，项伯复命告知了项羽，一场风波暂告一段落。然而，细细品读不难发现，事件发展的脉络却颇具跳跃性。无论是此前的“私见”“具告”，还是之后的“言报项王”都像是项羽有意安排，却又在历史记载中未曾交代。故而，清人梁玉绳评价说：“项伯之招子房，非奉羽之命也，何以言报？且私良会沛，伯负漏师之重罪，尚敢告羽乎？……史果可尽信哉！”④

紧接着，待刘邦被邀请到鸿门，躬诣陈谢项羽之际，《史记·项羽本纪》这样写道：

> 项王即日因留沛公与饮。项王、项伯东向坐，亚父南向坐。亚父者，范增也。沛公北向坐，张良西向侍。范增数目项王，举所佩

---

① （唐）刘知几撰，（清）浦起龙通释《史通通释》卷9《核才》，第250页。

② （明）茅坤：《茅鹿门先生文集》卷30《评司马子长诸家文》，《茅坤集》第1册，浙江古籍出版社2012年版，第802页。

③ 《史记》卷7《项羽本纪》，第311页。

④ （清）梁玉绳：《史记志疑》卷6《项羽本纪》，中华书局1981年版，第202页。

玉玦以示之者三，项王默然不应。[①]

不到百字之文，“此数句白描得神”[②]，霎时间将陡然紧张的气氛烘托起来。实际上，前述引文可以视作两个层次。一方面，客观的座次朝向反映出了项羽和刘邦两个集团的地位尊卑；另一方面，主观的臣僚动作表达了人物内心的情感。成书年代与《史记》相近的《说苑·君道》篇，利用燕昭王和郭隗的对话暗示了战国秦汉间位次代表的贵贱观念。其言曰：“今王将东面，目指气使以求臣，则厮役之材至矣；南面听朝，不失揖让之礼以求臣，则人臣之材至矣；西面等礼相亢，下之以色，不乘势以求臣，则朋友之材至矣；北面拘指，逡巡而退以求臣，则师傅之材至矣。”[③] 即自面东—面南—面西—面北而坐，地位依次而衰，这实则与在座诸位和项羽的亲疏关系密不可分。正因如此，才有了范增敢于下定举玉玦示意的决心，以“玦如环而有缺”，去“盖欲其决意杀沛公也”。[④] 而随后，樊哙“带剑拥盾入军门”，“樊哙从良坐”、“沛公起如厕”及“乃令张良留谢”等场景的迅速转换，乃至“大行不顾细谨，大礼不辞小让”和“如今人方为刀俎，我为鱼肉，何辞为”[⑤] 的反诘，丰满地刻画了在场之人的人物性格。对此，清人郭嵩焘评价说：“鸿门一会却处处写得奇绝陡绝，读之令人心摇目眩。”[⑥] 场景画面的快速转换，亦使得读者犹如身临其境之感。

在同篇章中，《垓下之战》是与《鸿门宴》同样具有情节化画面的内容。虽然楚汉相争时，刘邦多次败于项羽，亦有自身或亲属被多次扣留的情况发生，但总能在谋臣的帮助下，涉险过关，转危为安。反之，

① 《史记》卷7《项羽本纪》，第312页。

② （清）牛运震撰，崔凡芝校释《空山堂史记评注校释》卷2《本纪》，中华书局2012年版，第70页。

③ （汉）刘向撰，向宗鲁校证《说苑校证》卷1《君道》，中华书局1987年版，第16—17页。

④ 《资治通鉴》卷9，太祖高皇帝元年条，第302页。

⑤ 《史记》卷7《项羽本纪》，第314页。

⑥ （清）郭嵩焘：《史记札记》卷1《十二本纪》，岳麓书社2012年版，第37页。

项羽在荥阳一役后，损失惨重，至“项王军壁垓下”“夜闻汉军四面皆楚歌”。[①] 接下来，则是大多数人熟知的项羽起身而饮，以及面对美人和爱马的场景。继而，“项王乃悲歌慷慨，自为诗曰：‘力拔山兮气盖世，时不利兮骓不逝。骓不逝兮可奈何，虞兮虞兮奈若何！’”[②] 诗中充满了慨叹之情，因此朱熹称：“（项）羽固楚人，而其词慷慨激烈，有千载不平之余愤。”[③] 事实上，《史记》中穿插项羽吟诵歌谣的目的在于，要将他自己的一生总结为“天亡我，非战之罪也”，[④] 并把英雄末路的凄惨场景和此前战场得意、鸿门之宴、攻入咸阳等画面形成鲜明的对比，用以表现出传主多角度的性格和他当之无愧入“本纪”的原因。不难发现，司马迁借用记言的形式，映衬出了人物复杂的内心情感变化，即“心理学上的识见确证了作品的复杂性和连贯性所具有的重要的艺术价值”。[⑤]

在纪传体史书外，其他类型的史部典籍中也有不少篇章体现了叙事过程中的文学色彩。南北朝时期，《水经注》和《洛阳伽蓝记》两部历史地理类著作，在介绍全国抑或洛阳的山川形势、名胜之迹时，不仅兼具考证之功，还对情节方面有着用心颇深的着墨。

《水经注》的作者郦道元，生活于北魏中后期。他是青州刺史郦范的儿子，以父荫入仕，袭封永宁伯。因曾随孝文帝出巡北方，又镇守过冀州镇、鲁阳郡和东荆州等地，对各地风土人情较为关注。其叙述范围之广，被近人郑德坤概括为“东北起朝鲜浿水，东临海，南极扶南西屠国，西南至印度新头河摩诃剌，西北跨安息西海，北被流沙，实因览之山渊，方舆之键辖也”。[⑥] 实际上，此时的北魏和齐梁之间沿淮河秦岭

① 《史记》卷7《项羽本纪》，第313页。

② 《史记》卷7《项羽本纪》，第333页。

③ （宋）朱熹集注《楚辞集注·楚辞后语》卷1《垓下帐中之歌》，岳麓书社2013年版，第184页。

④ 《史记》卷7《项羽本纪》，第334页。

⑤ 〔美〕韦勒克、沃伦：《文学理论》，刘象愚等译，生活·读书·新知三联书店1984年版，第90页。

⑥ 郑德坤：《〈水经注引得〉序》，《水经注引得》，上海古籍出版社1987年版，第2页。

一线，南北分治。虽然“他几乎走遍了长城以南、秦岭淮河以北各地”[①]，但对南方山水的叙述，实则采撷自六朝以来的众多地志小说。其间，描写江水东过巫县南的“三峡”文字，大部分裁剪自他作，却娓娓道来，毫不唐突。前引《山海经》、郭景纯等论说，当为“巴人讼于孟涂之所，其衣有血者执之。是请生居山上，在丹山西。……丹山西即巫山者也。……其间首尾一百六十里，谓之巫峡，盖因山为名也”。[②]至此，厘清了巫峡等处的得名由来。后抄录、改写盛弘之《荆州记》的“惟三峡七百里中，两岸连山，略无阙处，重岩叠嶂，隐天蔽日”[③]文句，将当地之景和地名之因相互对照。并且，又使用了歌谣“故渔者歌曰：‘巴东三峡巫峡长，猿鸣三声泪沾裳’”，兼及三国时期当地有着“刘备为陆逊所破”之事，更体现出当地地势险要及由此带来的苍凉感和对历史无常的慨叹。

缪钺谈道：“各种古书所记载的多是古人活动的表面事迹，至于古人内心深处的思想感情，在史书中是不易找到的，只有在文学作品中才能探寻出来。”[④] 此番断语虽稍显片面，却暗示出大多数史部文献只单纯记载了历史事实，若当中增添些诗文、对话，既会使文章的可读性增强，又能够立体化表现出人物形象。

《洛阳伽蓝记》是一部与《水经注》同时期且体裁相近的史学著作，它以清丽、动人的文字，大段的诗文，从洛阳城的城市布局入手，追忆了如烟的北魏后期历史和繁华与破败交织带给人们心灵的巨大冲击，展示了中古著作以文入史的特点。

作为洛阳城东的一座大寺，平等寺由广平武穆王元怀捐资所立，因其庙宇宏伟、树木繁茂而闻名。特别是寺外的黄金佛像，因能每每应验国运走势，而引人瞩目。为此，作者杨衒之以孝昌三年（527）至永安

---

① 谭家健：《试论〈水经注〉的文学成就》，《文学遗产》1982年第4期。

② （北魏）郦道元著，陈桥驿校证《水经注校证》卷34《江水》，中华书局2007年版，第790页。

③ （宋）李昉：《太平御览》卷53《地部十八·峡》，中华书局1960年版，第259页。

④ 缪钺：《治学补谈》，《文史哲》1983年第3期。

二年（529）的几次帝位易手为例，来证明此说不假。在这部分中，前两条以佛像“两目垂泪”“此像复汗”的形象为说，映衬尔朱荣发动河阴之变、尔朱兆生擒庄帝等事件的发生。但随后，他又抛开了佛像的灵异迹象，只录建明二年长广王元晔被废的过程，并附上了大段《禅文》，来表达政局的变化。虚幻与现实、神祇和世俗间，详略交替，体现世事变迁的无常。而临近平等寺的孝义里，虽有景宁寺，但似乎并不十分重要。接下来，笔锋一转，文字重点描写了里内坐落的车骑将军张景仁宅。张景仁和陈庆之均系南朝北奔之人，相互交好，奉陈为座上宾。然而一日宴会，陈庆之酒后言称：“魏朝甚盛，犹曰五胡，正朔相承，当在江左。”① 当场被在座北魏宗室元慎怒斥为“我魏膺箓受图，定鼎嵩洛，五山为镇，四海为家”②，前者无言以对。数日后，陈庆之又因心病难以诊治，元慎再次用文赋之法的辞令如“乍至中土，思忆本乡，急手速去，还尔丹阳”③ 等语句责骂他，竟至痊愈。此后，陈庆之离开北魏返回南方，仍倚重北人。文中虽只是描述了南北之臣争辩的场景，且未有史臣评价，却展现了北魏臣子的文化素养成就，更体现了文本书写中，文学技艺对客观历史的另一种解读方式。

四　历史学体系的转向：近代史学的发展

非虚构写作的兴起，实则是对如何看待真实历史的再思考。19 世纪后期，德国历史学家利奥波德·冯·兰克将历史学视作通过搜集、辨析原始的文献资料，并经由严谨的考证，用文字复原曾经存在的客观事实。近代以来，在民族危机和西方史学思想的共同影响下，中国史学也开启了从义理到实用的转变，一方面中国史学与现实社会的关系更加紧密，另一方面“或主动或被动地与西方历史理论、观念、学说、话语体

① （北魏）杨衒之撰，周祖谟校释《洛阳伽蓝记校释》卷 2《城东》，中华书局 2010 年版，第 89 页。

② （北魏）杨衒之撰，周祖谟校释《洛阳伽蓝记校释》卷 2《城东》，第 91 页。

③ （北魏）杨衒之撰，周祖谟校释《洛阳伽蓝记校释》卷 2《城东》，第 92 页。

系碰撞、结合、融通”。[①]

1901—1902 年，梁启超在《新民丛报》等处提出了“新史学”的概念，并由此刊发了一系列的文章，来论证史学对社会的经世致用功能。他在《中国史叙论》和《新史学》中分别就怎样划分中国史的历史阶段以及如何改变旧史学固有体系提出了自己的观点。在《中国史叙论》“时代之区分”一节，他认为中国史可视为三个阶段，分别是上世史、中世史和近世史。[②] 在《新史学》中，他陈述了“四弊二病”的观点，“四弊”，即“一曰知有朝廷而不知有国家”，“二曰知有个人而不知有群体”，“三曰知有陈迹而不知有今务”，“四曰知有事实而不知有理想”；“二病”，一是“能铺叙而不能别裁”，二是“能因袭而不能创作”。[③] 以此为开端，以梁启超为代表的“新史学”标志着中国史学实现了从重天命到重人事的过渡，更强调了历史学的社会作用。

此后，伴随着“史界革命”，中国史迎来了“由破坏的进步进展到建设的进步；由笼统的研究进展到愤懑的精密的研究”[④] 的局面。自清末至新文化运动时期，有识之士对民智的启迪以及西方历史哲学思潮的引入拓展了历史研究的方法、途径和范围。此时史学界发展面貌，被评价为“学说纷纭，莫衷一是，大有处士横议，百家争鸣之概，诚不可谓非吾国史学界复兴之朕兆也”。[⑤] 同时，在教育方面，相关章程的制定和新式教科书的出版，也推动着史学近代化进程进一步加快。1902 年，清政府颁行《钦定大学堂章程》，将史学列为修读课程。两年后实施的《奏定学堂章程》指出，“现定各学堂课程，于中国向有之经学、史学、理学及词章之学，并不偏废，且讲读研求之法，皆有定程”，[⑥] 标志着

① 张越：《论中国近代史学的开端与转变》，《史学理论研究》2017 年第 4 期。

② 梁启超：《中国史叙论》，《饮冰室合集・文集之六》，中华书局 1989 年版，第 1 页。

③ 梁启超：《新史学》，《饮冰室合集・文集之九》，第 3—5 页。

④ 顾颉刚：《当代中国史学・引论》，上海古籍出版社 2006 年版，第 3 页。

⑤ 何炳松：《通史新义・自序》，广西师范大学出版社 2005 年版，第 8 页。

⑥ 参见陈学恂主编《中国近代教育史教学参考资料》上册，人民教育出版社 1986 年版，第 527—564 页。

各级史学教育正式走向近代化。1913年，北洋政府教育部公布《大学规则》，明确了包含“中国史及东洋史学类”和“西洋史学类”在内的历史课程具体科目，不断发展和完善历史学科的内容。而曾鲲化的《中国历史》、刘师培的《中国历史教科书》、夏曾佑的《最新中学中国历史教科书》等著作，虽从不同角度出发，但对普及和宣传历史学的学科性质、学科特点，起到了十分重要的积极作用。

在时局的影响下，实证主义、实验主义、社会改良主义等西方史学理论纷纷涌入。受此影响，国内各种史学流派层出不穷。

如以王国维、陈垣和陈寅恪等人为主要代表的“新考证派”，受到西方“实证主义”学术思想的影响，倡导“吾侪当以事实决事实，而不当以后世之理论决事实”[①]，由此提出了“谓中、西二学，盛则俱盛，衰则俱衰，风气既开，互相推动”[②]，认为包含史学在内的各类学术事业发展应该走中西融会贯通的道路。在胡适等人看来，实验主义语境下的历史发展并无客观的规律性，它实则是由人们的主观观念决定的。因而，翦伯赞批判称，此番观念“是以机械的因果律代替历史发展之一般的全面性”。[③] 虽然这种研究问题的方法忽视了历史的客观性，但它为当时的学者指出了如何重新认识史料的方式方法。受到实验主义“母题”概念的启发，顾颉刚提出了著名的“层累地造成的中国古史”论说，涉及三个主要观点，即“时代愈后，传说中的古史期愈长”“时代愈后，传说中的中心人物愈放愈大”“对于上面的传说，虽不能指导某一件事的真实状况，但可以知道某一件事在传说中最早的状况”。[④] 对此，反对者称：“今人读史动辄怀疑，以为此为某某作伪，此

① 王国维：《再与林博士论洛诰书》，《王国维遗书·观堂集林》卷1，上海书店出版社1983年版，第87—88页。

② 王国维：《国学丛刊序》，《王国维全集》第14卷，浙江教育出版社2009年版，第131页。

③ 翦伯赞：《怎样研究中国历史之一：中国历史科学中的实验主义》，《读书月报》第2卷第3期，1940年。

④ 顾颉刚：《古史辨》第1册，上海古籍出版社1982年版，第67页。

为某某增窜，嚣然以求真号于众；不知古人以信为鹄，初未尝造作语言以欺后世。”① 但不能否认的是，他继承了前辈学人的辨伪和考证传统，在“忽然认识到了故事的格局，知道故事是会得变迁的”② 背景下，指出了客观历史与主观的史学文本有着差异性的道理，为后人重新审视各种文献资料提供了一种心得思路。同一时期，傅斯年在《历史语言研究所工作之旨趣》中提出了如下的观点，即“近代的历史学只是史料学，利用自然科学供给我们的一切工具，整理一切可逢着的史料，所以近代史学所达到的范域，自地质学以至目下新闻纸，而史学外的达尔文论正是历史方法之大成”。③ 此后，这句话被概括为“史学只是史料学”。实际上，傅氏并非只是单纯地追寻一种治史方式，而是倡导“要用整个的文化观念去看，才可以不致于误解”④，即“如何整理史料以及如何认识整理史料之于研究历史的作用”⑤，方才是他在学术领域求真求实以及推动近代中国史学科学化道路上的目的。此外，还有南师学派、食货学派等，在中国近代史学发展上，留下了浓墨重彩的一笔。

而作为新文化运动的主要倡导者、中国共产党的早期领导人，李大钊不仅在理论宣传领域颇有造诣，同时他还身为史学教授，在学术领域取得了不少成就。《新青年》第 8 卷第 4 号上，他发表了题为《唯物史观在现代史学上的价值》的文章，用以介绍新的历史解释方法，强调“研究历史的重要用处，就在训练学者的判断力，并令他得着凭以为判断的事实”，更标志着要“创造一种世界的平民的新历史”。⑥ 20 世纪二三十年代，持有马克思主义历史观者在思想界、理论界同其他学派学者，就中国社会性质问题、中国社会史问题和中国农村性质问题展开论

① 柳诒徵：《柳诒徵史学论文续集》，上海古籍出版社 1991 年版，第 102 页。

② 顾颉刚：《古史辨》第 1 册《自序》，第 80 页。

③ 傅斯年：《历史语言研究所工作之旨趣》，欧阳哲生主编《傅斯年全集》第 3 卷，湖南教育出版社 2003 年版，第 3 页。

④ 傅斯年：《考古学的新方法》，欧阳哲生主编《傅斯年全集》第 3 卷，第 89 页。

⑤ 桑兵：《学术江湖：晚清民国的学人与学风》，广西师范大学出版社 2017 版，第 318 页。

⑥ 李大钊：《唯物史观在现代史学上的价值》，《新青年》第 8 卷第 4 号，1920 年。

战。多个政治组织、团体，以及高等院校和科研机构的文人学者，都参加过相关内容的讨论。这一时期，也是马克思主义史学快速成长的阶段。其中，1930 年出版的《中国古代社会研究》一书结集了郭沫若此前发表的《中国社会之历史的发展阶段》《卜辞中之古代社会》等系列文章，较为充分地利用唯物史观原理，分析了中国古代社会发展的规律，开辟了一条学术研究的新途径。郭沫若曾如此评价自己参加社会史论战的过程："我主要是想运用辩证唯物论来研究中国思想的发展，中国社会的发展，自然也就是中国历史的发展。反过来说，我也正是想就中国的思想，中国的社会，中国的历史，来考验辩证唯物论的适应度。"[①] 此外，作为这一时期有着鲜明论战性的史学家，翦伯赞利用"理论思考与学术史研究相互融通的学术方法论"[②]，将马克思主义史学的理论思考和建设推向了一个新的高度。通过探索中国历史发展的客观规律，去阐释符合当时人们认知程度的革命理论。面对传统史学中"文史互通"的现象，翦伯赞以《红楼梦》第五十三回为切入点，通过对比荣、宁二府的田庄面积，并结合乾隆时期监察御史上书，印证了清朝全盛时期土地集中的现象，并力图复原当时土地兼并的过程。[③] 某种程度上，前述史学发展体现了马克思主义史学家乐于走出书斋、正视文学和史学的关系的品质，以及敢于担起时代赋予的责任和对社会大众无限的关怀。此外，侯外庐编写的《中国古典社会史论》，提出了中国古典城市国家的概念，立足于经济基础的角度，创新了中国古代史分期的研究思路。范文澜著《中国通史简编》，形成以革命史叙事为特征的中国近代史研究范式。吕振羽在《中国政治思想史》一书中，首次运用马克思主义唯物史观的方法论，探索中国思想史的发展脉络。他提出"社会思想是属于上层建筑的东西，它不但受着社会存在所决定，而且在其

① 《郭沫若全集·文学编》第 13 卷，人民文学出版社 1992 年版，第 330 页。

② 李洪岩：《历史理论的光辉著作——纪念翦伯赞〈历史哲学教程〉出版 70 周年》，《史学理论与史学史学刊（2008 年卷）》。

③ 参见翦伯赞《历史问题论丛》，生活·读书·新知三联书店 1957 年版，第 121—127 页。

自身间也有交互影响的作用”。[①] 他们运用马克思主义理论，考察了中国历史和当代社会，丰富了马克思主义史学的内涵，为后续的发展开创了新的局面。

五　史学的新趋势

正如一个时代有一个时代的主题，一代人有一代人的使命。伴随着时代的发展，千百年来史学及其理论也开枝散叶，引出了众多分支。无论是中国传统史学，摇摆在文学与新闻之间的非虚构写作，还是近代以来的“新史学”、马克思主义史学等，都在某种程度上用属于自己领域的方式记录着历史。面对历史学与社会科学融合程度愈发深刻，史学研究也开始涉及不少新的领域，出现了新的探索方法。

其一，量化史学。倘若给量化史学下个定义，它是一门将经济理论、定量分析方法运用于历史研究的方式，综合了史学、经济学乃至社会学等学科特点。李伯重指出，量化史学需要“用合理的方法整理史料，把经过核实的史料证据变为可用的数据，并且选取合适的比较对象来进行比较”。[②] 然而，在复原某个历史时期，特别是古代中国的经济状况时，如何能够表现出数据的客观性、真实性，并摒弃后续研究过程中的主观臆断，继而由此给出一个较有说服力的总体评价，是量化史学不得不面对的问题。应当看到的是，量化史学要用“高质量数据并与恰当的理论和量化方法结合”[③]，其目的是通过史料整理和历史描述，来“统计分析、检验假说的真伪”，“并给出令人信服的解释”。[④] 虽然它较为符合“非虚构写作”特征中客观意义上的真实，但如何解决原始史

---

① 吕振羽：《中国政治思想史》，河南人民出版社 2016 年版，第 1 页。

② 李伯重：《量化史学中的比较研究》，《量化历史研究》第 2 辑，浙江大学出版社 2015 年版，第 213 页。

③ 熊金武：《量化历史：经济史学的新范式》，《求索》2019 年第 3 期。

④ 陈志武：《量化历史研究的过去与未来》，《清史研究》2016 年第 4 期。

料的不平衡性带来的“夸大了历史数据代表性和计量方法作用”[①]，则是值得反复思考的问题。这也使得相关数据收集，主要集中在近世史的领域。前些年引发较大反响的中国历代人物传记资料库（CBDB），通过收集历史对象的生卒、别名、地理信息、任官、亲属关系、社会关系等内容，构建了一个基于地理信息系统（GIS）、社会网络分析和文本分析工具的数据平台。然而，囿于材料所限，时间范围只得从唐朝延续到清末。而更早的历史时期，无法如同后世一样，在人物关系方面形成较为完整的关系网络。

其二，生态史学。作为脱胎于自然环境研究的生态史学，它强调探索历史上社会文化与生态环境的互动关系，考察人类活动作用下的自然变迁情况。事实上，中国学者开始对“自然环境的变化以及人对自然界的影响此类问题所展开的思索和研究”[②] 甚早，竺可桢在20世纪20年代就以《南宋时代我国气候学之揣测》《中国历史上气候之变迁》《日中黑子与世界气候》《中国历史上之旱灾》等篇题，探讨了自然环境的变化对人类社会的影响。循此思路，蒙文通、徐中舒、胡厚宣、侯仁之、谭其骧、史念海、文焕然、雷海宗等学者，都在相关领域颇有建树。而20世纪50年代末出版的《秦汉时代黄河中下游气候研究》和70年代初发表的《中国近五千年来气候变迁的初步研究》，更是将地理环境变迁研究推向了一个高峰。虽然此后的生态史学研究，一定程度上受到了西方环保主义运动兴起的影响，但它在中国的成长仍可以从“自身发展的脉络中找出它的学术渊源和轨迹”。夏明方指出，“21世纪的新史学，则以天、人合一肇其始。贯穿其中的，就是人们孜孜以求的生态学精神或生态意识”。[③] 如是，生态史学需要回到生态与历史之间的相互作用问题上来。这就使得重视天人关系的中国古人，在“早期史学

① 熊金武：《量化历史：经济史学的新范式》，《求索》2019年第3期。

② 夏明方：《历史的生态学解释——二十一世纪中国史学的新革命》，《新史学》第6卷，中华书局2012年版，第7页。

③ 夏明方：《历史的生态学解释——二十一世纪中国史学的新革命》，《新史学》第6卷，第21页。

已经表现出对于生态条件的关注”[①]，通过对山川变化、天文星象的记载反映社会情况，并利用政令和政论的颁布实行强化有关生态环境的思想观念。但不能忽视，如何辩证地看待古人一些具有“微言大义”性质的史料记载，成为当下生态史学工作需要处理的重要问题。进而，近代史学发展以来，涉及自然环境的生态史学，大多“通过实证研究探索其影响的具体机制，成为社会历史观察的一个新视角”。[②] 特别是自然科学的进一步发展，促使生态史学更深层次地利用气象、水文、地质等数据展开研究，将以往探讨的不少论题深化下去，并呈现出了不同的面貌。

其三，公共史学。20 世纪六七十年代，公共史学缘起于美国。不迟于 20 世纪 80 年代末，王渊明将相关概念引入中国，此后又历经王寅、罗凤礼、庞卓恒、张广智等人的介绍。然而，相关引介在当时并未引起特别大的反响。至 2010 年，王希和姜萌的两篇文章推动史学界对公共史学的概念展开更加细致的讨论，公共史学的说法逐步被中国史学界所接受。王希总结说：“公共史学的出现与发展有其现实主义的动机，但它的确也代表了史学界内部的一种反思，一种对传统史学教学方式的挑战，一种对专业史学内涵、方法和功能的质疑。”[③] 而姜萌则从阐释通俗史学、大众史学和公共史学的角度出发，力图解决概念使用的混乱、与学院派史学的关系，以及如何加强学科体系的建构。[④] 此后，他又辨析了“公众史学”和“公共史学”的异同，以期求同存异，丰富公共史学的内涵。应当认识到的是，伴随着中国文化事业的蓬勃发展，人们对于历史学的了解，除了接受学校教育外，还可以通过走进博物

① 王子今：《中国生态史学的进步及其意义——以秦汉生态史研究为中心的考察》，《历史研究》2003 年第 1 期。

② 王利华：《中国生态史学的思想框架和研究理路》，《南开学报》（哲学社会科学版）2006 年第 2 期。

③ 〔美〕王希：《谁拥有历史——美国公共史学的起源、发展与挑战》，《历史研究》2010 年第 3 期。

④ 参见姜萌《通俗史学、大众史学和公共史学》，《史学理论研究》2010 年第 4 期。

馆、档案馆，自行阅读历史著作，收看收听电视广播和浏览互联网，寻访历史事件的亲历者，乃至参与由专家学者带队的深度旅游体验等形式来实现。诸如，故宫博物院推出的朝珠耳机，既体现了年轻人的时尚特征，又赋予了仿制古物新的内涵；河南博物院策划的考古盲盒，帮助普罗大众体验了一把模拟考古的乐趣。它们的出现，虽然“是在传统史学面临危机的背景下兴起的”①，但使史学与普通人的生活更加密切相关，每个人都应是在书写属于自己的历史非虚构写作。

其四，影像史学。1988 年，美国历史学家海登·怀特在《美国历史学评论》上发表《书写史学与影像史学》，首次提出了这个名词。②几年后，中国台湾学者周樑楷将它引入中兴大学教学课堂，并初译为“影视史学”，使得大家逐步认识到这个新概念。在周樑楷看来，这种史学形式“唤醒专业史家注意到语言、图像已经和文字书写鼎足而立”的事实，并能更好地处理人物和历史事件的关系。它利用自身解读历史文本的特点和优点，“在具体的细节史事层面虚虚实实参错其间”。③这就使得历史上的残章断简，通过包括文字、图像、声音等在内的各种手段勾连在一起，极力为观看者复原可能出现过的历史真实。事实上，影像史学反映的是“影像能充分表现人类生活的复杂、多维。通过音像合成和镜头切换，当其技术接近真实的生活，影像能够提供充分的‘移情重构’来传递历史任务，影像帮助历史学家把过去变得栩栩如生，活灵活现”。④譬如，以“打开典籍，对话先贤。知道我们的生命缘起何处，知道我们的脚步迈向何方”为广告语的《典籍里的中国》，“围绕一个具有传奇色彩的人物展开，除讲述人物的生平经历外，其余故事亦从人

① 祝宏俊：《公共史学之公共性反思》，《江海学刊》2014 年第 2 期。

② 参见 Hayden White，“Historiography and Historiophoty”，*American Historical Review*，Vol. 93，No. 5，pp. 1193 - 1198。

③ 周樑楷：《影视史学：理论基础及课程主旨的反思》，《台湾大学历史学系学报》1999 年第 6 期。

④ 吴琼：《从影像史料到影像史学》，《史学理论与史学史学刊》2013 年第 1 期。

物的视角展开”。[1] 它利用书籍撰写者自身的传记，并结合书籍内容、后世的点评等资料，展开合理想象，为今人描绘出了一个有血有肉的读书人形象。以已经播出的《尚书》《楚辞》《史记》《本草纲目》《天工开物》等典籍为例，不少内容对非专业研究人员而言可谓较为生疏，但通过重点描绘写作者的人生经历，提炼书籍思想，恰当的舞台布置和分镜镜头，穿越古今，将无声的文字立体化，被誉为“突破了电视文艺的传统形态，让中国的历史典籍的巨大精神魅力有了一个在屏幕上展现的空间”。[2] 又如，近期热播的《书简阅中国》，用“与当下观众共情的选题、独特的叙事方法、当代化的文字表达方式、富有电影质感的情景再现、丰富多样的画面表现形式呈现了 30 个古人书信背后的动人故事”。[3] 它将跨越两千多年的书信，按照不同的专题排列，展现出了以黑夫、惊和宣为代表的下层士兵在秦汉时期军旅生活的思乡之情；秦嘉和徐淑、卓文君与司马相如对于爱情的守护及悔悟；岳飞、文天祥、任环、林则徐和陈京莹面对国家利益时毫不动摇的坚强意志；等等。当然，与传统史学相比，影像史学在选材方面更加多元化。但在将情节描绘得更完整的过程中，如何避免传播过程中的主观性、局限性，则是它不得不面临的问题。

此外，以访谈法为主要调查方法的口述史学，在新冠肺炎疫情下重新得到重视的生命史学，等等，都是未来史学发展的重要分支方向。

小　结

不难发现，史学作为一门研究客观历史的学问，是时代的产物。每一次变革的过程，都意味着史学知识体系在不断自我完善。来自文学理

① 景秀明、安倩：《让书写在古籍里的文字“活”起来——论大型原创文化类节目〈典籍里的中国〉的创新表达》，《电视研究》2021 年第 5 期。

② 张颐武：《〈典籍里的中国〉让经典“活”起来》，《人民政协报》2021 年 3 月 22 日。

③ 司若、姚磊：《从〈书简阅中国〉看历史文化纪录片的创新性表达》，《中国电视》2021 年第 8 期。

论的非虚构写作，将源于生活中的原型编辑加工，或运用“内心独白”与“性格描写”刻画人物形象，或利用多个视角将事件的发生溯流追源展现出来。类似地，中国传统史学有着“忖之度之，以揣以摩”的写作习惯。在遵循历史发展规律前提下，史家笔下的作品将间断记载或难以探求本源的事件脉络连贯起来，体现了史部典籍于无声处听惊雷的效果。其实，中国史学一直以来还存在着求真向善的特征，“凡学都所以求真，而历史为尤然”。当面对现实社会时，史学更起到“欲知来，鉴诸往”的作用。无论是实地考察、参阅旧说还是勘辨真伪、字斟句酌，史家均极力希望能够在叙述历史事实时不妄加穿凿之意，并用前世之鉴，启迪后人，避免重蹈覆辙。而文与史的交融，又会碰撞出思维的火花，将细腻、生动的现场牢牢地嵌入宏大、深邃的历史思索，继而行之久远、传之不朽。近代以来，中国史学“科学化”进程愈加迅速，为促进史学由传统走向近代形态，起到了不可磨灭的作用。如何避免史学停留于浅表的层面，并能够全面地把握历史过程本身，成为此后众多学人苦苦追寻的事业。在史学与其他学科相互吸收、借鉴的背景下，史学的研究方式也逐渐增多，展现了新的面貌。我们有理由相信，史学这门古老的学问定会有更美好的未来。

Inheritance，Development and Innovation of Chinese Historical Heritage-Based on Non-fiction Writing

Qi Peinuo

Abstract: Historiography is always tied to the social development. On the one hand, the wonderful words of historiography attract attention of readers. On the other hand, it is a reference to politics. The western non-fiction writing has become mature and swept across the whole world since 1960s, the literary form of which is similar to traditional Chinese historiography. In terms of traditional historiography, historiography plays an important role in seeking truth and goodness, safeguarding national security and enlightening people with rites and music. Historians definitely would use some literary techniques to write down historical events and the literary techniques even would deepen reader's understanding on historical events, which was another way to interpret objective history. Since modern times, Chinese historiography has transformed from rationality practicality. The modern historiography has been influenced by the thoughts of western historiography. With the development of times, historiography and social science has been more integrated and research on historiography also involves many new fields.

Keywords: History; Literature; Non-fiction Writing; Historical Heritage

中国公共史学集刊　第四集
第 134～148 页

历史的复活术：影像与历史的非虚构再现

——结合实践经验的一个探讨

祝　勇*

摘　要　最直观记录历史事实的影像资料，具有无与伦比的真实感。原始影像是“复活历史”最佳的凭借，在历史非虚构再现方面，可以说是回到历史场景的“望远镜”，可以帮助我们更好地进行跨代沟通。故宫藏有丰富的影像文献，对故宫研究起到了非常重要的作用。一些日本侵略者拍摄的影片，在正确价值观指导下，也可以发挥正面的作用。从笔者多年的实践来看，利用影像资料再现历史，也需要依据历史研究的规则尽力搜集、考辨影像资料，并找到最佳的再现方式，如此才能发挥影像的价值。

关键词　影像资料；历史再现；非虚构；故宫；公共史学

影像作为一种历史记录的方式，近年来越来越受到重视，有关影像史学的讨论在学术界逐渐增多。《中国公共史学集刊》连续两集推出了

* 祝勇，故宫博物院研究馆员，故宫文化传播研究所所长。

“影像史学”的专号，较为集中地讨论了影像史学的相关问题。作为一名长期搜集、运用影像资料的实践者，笔者认为影像在记录历史、再现历史方面的价值，还有进一步讨论的必要。本文以故宫研究等相关实践为基础，对影像的价值、影像的运用等问题进行进一步的讨论，以求教于方家。

一　原始影像的力量

学者对历史进行研究时，对影像资料的兴趣远远没有对文字资料那么浓厚。学者研究故宫（紫禁城）时，更多把目光投向历史档案、实录等文字材料，如宫中档、内府档、军机档、清史馆档、实录、圣训、起居注等，而忽视了影像的文献价值。这种情况不只出现在国内学界，国外的许多学者亦如此。历史学家马克·费罗（Marc Fero）说：“20世纪80年代初，谁要是对电影感兴趣，就会遭到同行半是打趣半是怜悯的关心。我在法国国家科学研究中心（CNRS）的研究团队一直没有扩大，究其原因，正是因为电影一直以来被蔑视。”①

而实际上，影像资料对历史的表达更加直观。历史影像，是在历史中所拍的影像，它（至少在一定程度上）代表着记录者对历史的目击。《纪录影像与历史再现——史态纪录片研究》一书指出，“对于历史叙述来说，最大的遗憾就是不在场，因而要通过各种后来追述的文献资料去获取、去查证、去推测过去发生的事情。但是，影像却能从某种程度弥补这种缺憾”；“影像能够提供阻遏住时间脚步的原始物理空间，它以机械性技术的力量来得到实物的印记，弥补了文字的缺憾”；“并不像在博物馆或纪念馆中看到的实物的感觉，因为它们脱离了真实的生活情境”。② 著名电影理论家巴赞说：“摄影与绘画不同，它的独特性在于

① 〔法〕克里斯蒂昂·德拉热、樊尚·吉格诺：《历史学家与电影》，杨旭辉、王芳译，北京大学出版社2008年版。

② 孙莉：《纪录影像与历史再现——史态纪录片研究》，陕西师范大学出版总社有限公司2014年版，第29页。

其本质上的客观性。”[①] 一些重要的影像，如有关南京大屠杀的影像资料，也因此可以作为物证出现在法庭上。《纪录影像与历史再现——史态纪录片研究》进而说：“所有的图像都可以用作历史证据，彰显出它们的文献价值，从而丰富历史的研究。”[②]

历史影像虽然不能完全等同于历史的真实（比如不排除摆拍、干预拍摄的可能性），但其中所携带的历史信息（比如服饰、神态、环境等）却是真实的，一如古代绘画作品，即便是摹本，亦有其研究价值。影像资料无疑为历史研究提供了重要的物证，如英国著名学者彼得·伯克（Peter Burke）在《图像证史》一书中所说：如果没有相应的图像证词，物质文化史几乎无从研究，在心态史研究中，图像也同样具有不可替代的作用。[③] 也正因如此，郑欣淼先生在对两岸故宫文物进行通览综述时，将清宫照片归入“文献档案”一类。[④]

原始影像是“历史的复活术”，其中所携带的历史信息，包括建筑、街景、装饰、风俗乃至人物的样貌、状态等，都具有无与伦比的真实感，尤其在隔着漫长的岁月，镜头里的真实，让我们深入历史的肌理中，感受到历史的细节，让我们的视觉与心灵，受到强烈的震撼。

其实，在纪录片诞生不久，导演们就意识到影像资料的巨大价值。从第二次世界大战期间美国好莱坞导演弗兰克·卡普拉拍摄的七集纪录片《我们为何而战》，到日本 NHK 的纪录片《东京——不死鸟都市的百年春秋》，都是建立在原始影像资料基础上的历史表达。当年的“目击”画面，成为将今人的目光引向历史场景的“望远镜”。

2008—2009 年，笔者与北京市委宣传部、北京电视台曾有很好的合作。在为庆祝中华人民共和国成立 60 周年而拍摄的 16 集大型纪录片《我爱你，中国》中，笔者担任总撰稿。笔者把很多功夫下在历史影像

① 〔法〕安德烈·巴赞：《电影是什么?》，崔君衍译，文化艺术出版社 2008 年版，第 9 页。

② 孙莉：《纪录影像与历史再现——史态纪录片研究》，第 12 页。

③ 转引自孙莉《纪录影像与历史再现——史态纪录片研究》，第 14 页。

④ 郑欣淼：《天府永藏——两岸故宫博物院文物藏品概述》，紫禁城出版社 2008 年版，第 280—281 页。

的搜集上。比如美国总统尼克松访华，下飞机时远远地向周恩来总理伸出手的影像，成为两个大国跨过太平洋握手的经典画面。但我们惯常看到的仅仅是中国摄影师拍摄的角度。我从画面上看到，现场云集着各国摄影师，一定还有更多的角度，于是我们从各国档案馆、电视机构寻找到许多影像资料，把它们组接在一起，从多个不同的角度再现、延长那一经典时刻，让一个重要的历史细节得以放大。有意思的是，我们还找到了叶剑英陪同尼克松参观故宫的珍贵影像。

《我爱你，中国》刷新了重大历史题材的表现方式，在北京电视台播出后，创极高收视率。《光明日报》称《我爱你，中国》"开创了一种全新的叙述范式"，《新周刊》称其为"中国主旋律纪录片制作的新高度"，《新周刊》"2009 中国电视榜"授予其"最佳视效开拓奖"，这部片子后来获得了政府最高奖中国电视星光奖、大众电视金鹰奖、2009 年中国十佳纪录片奖等诸多奖项。

2010 年至 2011 年，北京市委宣传部、北京电视台拍摄十集纪录片《辛亥》，笔者依旧作总撰稿。2011 年是辛亥革命一百周年，多家电视台都在这个历史节点上推出了大型纪录片，其中有中央电视台的《辛亥革命》、香港凤凰卫视的《首义——辛亥百年》等，还有张黎导演的大银幕电影《辛亥革命》。因此，这注定是一次艰难的创作，面对浩繁的、零散的历史资料，面对各种"同题创作"的"围追堵截"，我的整体创作思路是：把这部片子做成一部没有解说词的纪录片，以避免传统纪录片那种喋喋不休的灌输式讲述；全片不采取全知视角，而采用"限制性视角"，由一些历史当事人口述辛亥革命的历史过程串联起来（他们并非重要历史人物，而只是见证者甚至旁观者，由北京人艺的演员扮演）。我们以当事人的回忆录、日记、书信、电报等历史资料为依据，因而是真实的，并无杜撰。这些来源不同的回忆，犹如零星的碎片，拼贴成一幅完整的历史拼图，与制作极为精良的历史再现部分相参照，构建了一种历史的"真实氛围"。

但更重要的是，除了上述文字资料（通过演员表演来实现），最具有历史"还原"力量的，还是原始影像本身。因为它们不是时过境迁之后“追”回来的记忆，而是当时的记录。从《辛亥》投入创作的那一天起，剧组成员（包括总导演、分集导演、助理导演和总撰稿）就开始在全世界的图书馆、博物馆、档案馆搜集清末民初的影像资料，尤其是活动影像资料。比如在美国国会图书馆，我们居然找到了民国总统黎元洪阅兵的新闻纪录片。一段短短的、只有几十秒的活动影像，让那个已经湮没在历史中的时刻骤然复活。相信没有一部关于辛亥革命的纪录片搜集到比我们这部片子更多的影像资料。当历史画面出现，我们会感到震惊，甚至被它们感动。因为镜头里的一切，都不是表演，而是真切地发生过。那些进入了镜头的场景，无论是重大事件还是日常生活，都是唯一的、转瞬即逝的、不可复制的（不可以像拍摄电影、电视剧那样拍摄多条、择优使用），镜头里每个人物的现场反应，都是最直接、最本能、最能体现他（她）的内心处境的，纪录片因此才有了一种直通人心的力量。

该片获第26届大众电视金鹰奖优秀纪录片奖、第18届中国纪录片年度特别作品奖（与《舌尖上的中国》并列）、中国纪录片学院奖最佳创意奖等多种奖项。其中，中国纪录片年度特别作品奖在颁奖词中肯定了我们的做法：“如何展现一段复杂历史？纪录片《辛亥》提供了一个令人耳目一新的样板。作品准确把握了历史与文学的平衡点，以文学家的眼光看历史，以历史家的视角去讲故事，大胆采用人物扮演的方式，为纪录片创新提供了有益的尝试。”中国纪录片学院奖在授予《辛亥》最佳创意奖的颁奖词中说：“该作品充分尊重历史事实，审慎地进行人物选择，利用人物口述来重新构建场景，形成了历史叙述的开放性。在该作品中，电影语言的使用，并没有妨碍其真实性的表达。语态的丰富，对历史类题材纪录片的发展起到了积极的开拓性作用。”

2020年，笔者投入纪录片《故宫文物南迁》的拍摄工作。故宫文物南迁，本身就留下海量的历史照片，但它们多是零散的、非系统性的。至于活动影像资料，目前情况不明，但存在着查访和搜集的空间，比如民国著名摄影师孙明经，拍摄有大量记录当时社会状况的纪录片，与故宫文物南迁相关的，有《首都风景》《上海》《防空》等。在故宫文物存放四川期间，他还拍摄了纪录片《自贡井盐》，虽然未发现孙明经直接拍摄故宫文物南迁的纪录片，但上述纪录片无疑会为我们的历史表述提供原始的现场空间和相对真实的语境。对故宫文物南迁影像资料的搜集、保护，是保护南迁史迹的一个部分，在影像与文字、文献与史迹之间形成互动，从而可对已然逝去的历史进行修复乃至再现。

二　故宫的影像史

很少有人注意到，在故宫博物院内，收藏着一种特别的藏品——清末以来的各种照片近四万张（件），大部分从未公开。它们不仅有着极高的文献价值，属于郑欣淼先生所说的“文献档案”，而且比文字档案更加直观、形象、逼真地叙述着历史的景况。当我们以纪录片的形式构筑故宫的“历史大厦”时，这些老照片无疑是最重要的“建筑材料”。

由于本身拥有着丰富的影像文献，故宫完全有可能构建起自身的“影像史”。故宫的“影像史”，与中国近代化进程相契合，亦与西方世界“东方主义”的进程呼应。在中国出现得最早的摄影作品，是1844年法国海关总检察长于勒·埃及尔为耆英拍摄的照片，此时距法国人尼埃普斯拍出人类第一张照片只过去了22年，此后西方来华外交官、探险家、传教士、记者拍下了关于中国的大量照片。比如随同八国联军入紫禁城的日本记者小林真一就曾拍摄大量故宫照片，而在民国初年《泰晤士报》首席驻华记者莫理循收藏的照片中，有一幅可能拍摄于1901年的北京180度全景照片中，故宫全部中轴线清晰可见。

慈禧、溥仪等喜好摄影，在权力的庇护下，宫廷成为摄影最活跃的实践场所，由是留下大量关于近代宫廷生活的影像。中华帝国也从此进入了由底片和相纸留存影像的时代。如单霁翔先生在《故宫藏影——西洋镜里的皇家建筑》大型画册的序言中所说：“（它们的）拍摄时间最早可以上溯至19世纪60年代，所摄内容以清末民国人物、宫廷建筑、文物藏品为主。在为数众多的影像收藏中，众所周知的拍摄于1903年的慈禧太后系列照片，总量在700张以上；包括紫禁城、西苑三海、西郊园林在内的大量宫殿园林照片，在很大程度上指导着今日对现存古建筑的保护与利用；19 世纪八九十年代清宫曾拍摄过一批部院大臣及京外官吏的组照，众多影响中国近代史的人物影像得以保存；反映溥仪退位后‘小朝廷’生活的历史照片及其日后寓居天津的生活掠影；还有民国时期在政治、文化、实业、教育、军事、外交等方面的知名人士等，这些均是故宫博物院在影像收藏方面的特色种类。”①

随着摄像术的发明与传播，故宫（紫禁城）同样成为摄像器材记录的热点。关于故宫的最早的活动影像，目前尚无从查考。但民国年间，就曾对故宫进行过航拍。1937 年 7 月 7 日发生卢沟桥事变，日本帝国主义开始全面侵华，8 月 21 日，“满洲映画协会”（简称“满映”）正式成立。“满映”成立后，拍摄了一批歌颂“王道乐土”“大东亚共荣”的纪录片，以对占领区进行“宣传战”，可作为“满映”“国策电影”的典型注脚。仅 1937 年拍摄的就有《光辉的乐土》《黎明的华北》《华北战捷大会》等。其中，《黎明的华北》（藤卷良二编导、摄影）为无声中文字幕纪录片，“满洲帝国协和会”提供，“满洲映画协会”制作，时长 28 分 22 秒，303 个镜头，记录了七七事变的战事进程，留下了关于日军占领北平城后，城市尤其是关于故宫的大量镜头。

除“满映”外，日本不同的摄制机构也渗透到华北，拍摄了一大批所谓的纪录片，其中有《运命之北京城》（东亚公司摄制）；《乐土华北》（伊藤重视指挥、荒木庆彦摄影，爱国映画社摄制）；《曦光》（田中喜次导演，上田勇大、小岛嘉一摄影，同盟映画部摄制）；《北京》（多胡隆制作，川口政一摄影，龟井文夫编辑，藤井胜一录音，东宝映画摄制）。上述影片都有日本军方和情报部门的背景，如《黎明的华北》为日本关东军指导，《乐土华北》为华北派遣军寺内部队报道部指导，《曦光》为日本内阁情报部指导，《北京》为华北军特殊部指导，等等。但这些影片没有直接介入战争报道，而是深入华北地区，尤其是文化古都北平的历史文化中，除了为日本军方提供文化情报，也意在彰

① 单霁翔主编《故宫藏影——西洋镜里的皇家建筑》，故宫出版社 2014 年版，第 7 页。

显日本帝国主义“大陆”幻象和拓地心态。在这些影片中，皆有故宫影像出现，为历史留下一种别样的“证言”，也为“战时故宫”留下了珍贵的历史影像。

耐人寻味的是，上述影片虽然无法掩饰入侵者的骄傲与优越感，镜头中流露着所谓“胜者”的目光，但面对包括故宫在内的北平文化名胜，依然无法掩饰憧憬的心态，这恰恰从反面证明了中华文明的魅力、不屈的意志以及生生不息的生命力。1945 年 8 月 15 日，日本天皇宣读投降诏书，日本正式投降，中国人民抗日战争取得伟大胜利。蒋介石于战后前往故宫视察，由中央电影公司摄制了纪录片。10 月 10 日，华北日军投降仪式在故宫太和殿前举行，中央电影公司同样摄制了纪录片，记录了这具有历史意义的一幕。

中华人民共和国成立后，故宫作为中华历史文明最重要的载体，多次在纪录片中出现。尤其是尼克松访华，在叶剑英陪同下参观故宫的新闻纪录片，在世界上影响极大。此后，故宫越发成为中国大国外交的重要舞台，不断出现在新闻纪录片中，一直到今天。

1998 年，日本 NHK 拍摄 26 集大型纪录片《故宫的至宝》，将镜头对准两岸故宫博物院所藏文物，是两岸故宫博物院藏宝的视频画卷集。2005 年，中央电视台拍摄 12 集纪录片《故宫》，以及此后拍摄的《故宫 100》《我在故宫修文物》等，都产生极大的社会反响。

除了故宫文物南迁的影像资料，还有许多有关故宫的影像资料散落在世界各地的档案馆、博物馆中，为我们所不知。但无论怎样，所有与故宫（紫禁城）相关的影像资料，都是故宫（紫禁城）历史的遗迹，是构成院史的重要文献，完全可以编织出一部丰富的“故宫影像史”。“故宫影像史”是故宫博物院院史的一部分，也是故宫学的一部分。

《我在故宫修文物》（2016 年）这样记录当代故宫的纪录片，也终将成为具有历史价值的“文献档案”。其实，随着故宫博物院文保科技部的工作地点发生变迁，《我在故宫修文物》里拍摄的场面已经成为“历史”，不仅故宫博物院文保科技部搬进了全新的工作场所——一座现代化的故宫文物医院，而且，如今的文物修复方式也与片中表现的有很大不同——故宫的文物修复，已经进入高科技时代（当然，历史的传承不会中断，许多文物修复技术已被列入国家“非遗”项目）。仅仅5年，就让《我在故宫修文物》所“记录”的内容转化为历史影像，从而证明了所谓的“当代”，其实也在历史的范畴之内——从无限远的过去，到一秒钟以前，都是历史。

中央电视台纪录频道曾拍摄一部纪录片，叫《在影像里相遇》（2019年），说的就是20世纪五六十年代纪录片所记录的事件与人物，如今都已经成了“历史”。《在影像里相遇》通过寻找昔日纪录片里的人物，在历史的“记录”和当下的“记录”之间，在黑白影像与彩色影像的交汇中，形成了跨时空的对话，也凸显了影像“记录”的价值——随着时间的流逝，所有的当下“记录”，都会转化成历史文献档案。这正是现实题材纪录片永恒的价值所在。

三 从“记录”到“纪录”

当然，老照片所记录的历史，固然直观、真切，但它们是碎片式的、杂乱无章的，难以构成对历史的整体叙述，需要从中发现内在的联系，从而在这些零散的镜头之间，建立起历史的逻辑性与连续性。对这类影像文献的研究，就像对文字文献的研究一样，需要一个长期的、逐步深化的过程。

同样，对原始影像文献（即当时的新闻纪录片）的使用，也不能是简单的罗列，而是要寻找符合时代精神的话语方式，体现主创者的价值观，在全新的视野下，对它们进行重新利用和整合，是文献的“引用”，而不是机械的照搬。例如，日本“满映”拍摄的所谓纪录片，它的主旨是宣扬“大东亚共荣圈”、美化侵略，当这些影像文献出现在我们的历史纪录片里，主创者的立场自然与当年的拍摄不同。其实这样的影片，在纪录片史上层出不穷。比如法国著名导演、新浪潮代表人物之一的阿伦·雷乃，他拍摄的电影《去年在马里昂巴德》《广岛之恋》等，都是世界电影史上的经典，他的影片《夜与雾》，是一部关于奥斯威辛集中营的纪录片，他使用的影像资料，很多都来自对立方，阿伦·雷乃对它们进行了创造性的利用，引入了现代的视角，使这部影片没有沦为简单的控诉，而是渗透着对人类命运的沉思。日本NHK拍摄的大型纪录片《故宫的至宝》，则把故宫博物院放置在历史框架内，是一部历史文化纪录片，而非新闻纪录片，从而让故宫回归它原本的文化意义，故宫也第一次成为“主角”，而不仅仅作为新闻事件的发生地出现。音乐团体“神思者”为该片所做的音乐，至今仍是对故宫主题最完美的音乐表达之一。

纪录片的价值，诚然要取决于制作水准的与时俱进（比如现在可以融入三维特效手段，给原始的黑白影像着色、分层等），但最重要的是主创者的价值取向与思想力度。“纪录片”不是“记录片”，“记”只是它的一部分功能，而“纪”（“纪念”）才是它的根本属性。既然是纪念，就有“纪念”的主体（纪念者）存在，对曾经发生的“真实”进行重新追溯、认定、评判，尽管这个主体在纪录片里可能只是一个隐性的存在。比如每年8月15日，中国人民要纪念抗日战争胜利，日本人则要纪念“终战”——在他们眼里，战争只是停止了，对战争本身的性质，则没有任何评判。纪念者不同，价值观亦不同。

假如说“记”是强调纪录片的客观性，“纪”则在要求纪录片的主观性。1926年，格里尔逊在评论“纪录电影之父”罗伯特·弗拉哈迪拍摄的影片《北方的纳努克》时，第一次使用了“纪录片”（documentary）这个词。documentary的原意，是“文献性的，文件式的”，但后来格里尔逊又把它修正为“the creative treatment of actuality”，大意为“对现实的创造性处理”。因此历史纪录片绝非对新闻纪录片的被动使用，从“记录”到“纪录”是一个质变的过程，体现出拍摄者对历史认知的深化乃至重塑。

四　影像创造的历史

假如说“记录”是为了“还原”历史的“真实”，那么“纪录”

则代表着建立在“真实”之上的“真知”，它是一种立场、一种价值，甚至是一个宣言。曾任2008年北京奥运官方纪录片《永恒之火》创作总监的王竞先生用“再现”和“表现”这两个词来阐释“记录”与“纪录”的区别。假如笔者没有曲解他的意思，那么“记录”是“再现”（历史的“真实”），而“纪录”是“表现”历史的意义。“表现”源于“再现”而高于“再现”，犹如“纪录”源于“记录”却高于“记录”。他说：“如果用表现和再现两个概念来说明，即从传播力量的途径上来讲，纪录片的表现的力量是大于再现的。”①

纪录片不仅“记录”历史，也能够改变、创造历史，因为与传统史学相比，它的受众更加广泛。纪录片艺术，实际上就是一种与大众谈话的艺术。正面和反面的例子都不胜枚举。纪录片史上，有一部非常有名的作品，叫《意志的胜利》，是德国女导演莱妮·里芬斯塔尔（Leni Riefenshtahl）的著名作品。1934年，她在32岁的时候，拍摄了这部影片。这是一部歌颂德国纳粹的纪录片，影片中帅气的德国士兵、雄壮的纳粹歌曲、规模宏大的纳粹集会，都产生极大的煽动力量，为纳粹掌握德国的权力，尤其是掌握德国的人心铺平了道路，以至于里芬斯塔尔在战后被当作战犯来审判。几年后，美国官方找到电影导演弗兰克·卡普拉，请他拍摄一部纪录片。弗兰克·卡普拉开始不愿意拍，一方面是因为当时美国人觉得战争与自己没有关系，不愿意参战。另外还有一个原因：弗兰克·卡普拉是好莱坞最成功的电影导演，未必瞧得起纪录片。后来美国军方把《意志的胜利》拿给弗兰克·卡普拉看。弗兰克·卡普拉在回忆观看后的感受时用了一个词——“毛骨悚然”，他意识到德国纳粹的可怕力量，立刻决定为美国，当然也为战争中的亚洲和欧洲拍一部纪录片，这就是世界纪录片史上的名作——《我们为何而战》。正是这部作品，起到了推动美国加入世界反法西斯战争的动员效果。

类似的例子在当代也不难找到。2012年拍摄的纪录片《科尼2012》

① 王竞：《纪录片创作六讲（修订版）》，北京联合出版公司2016年版，第85页。

是一部由 Invisible Children Inc.（被遗忘的儿童，美国非政府组织）摄制的纪录片，讲述的是乌干达反政府武装（LRA）首领约瑟夫·科尼犯下的残忍罪行。片中所展示的各种暴行令人毛骨悚然：武装分子强迫被绑架的孩子们杀害自己的父母，残忍地割掉他们的嘴唇和四肢；绑架来的女孩子被当作性奴隶……据美国一家在线视频追踪分析公司的数据显示，《科尼 2012》是当时传播最快的社会媒体视频，其点击量在五天内就达到七千万次。一名乌干达军事发言人说："这个报道晚了十五年，如果十五年前人们关注了此事，就不会有上万人惨遭死亡，就不会有数以万计的孩子被绑架，而是可以生活在温暖的家中。"①

关于纪录片非同寻常的传播和动员力量，苏联著名哲学家和电影理论家叶夫根尼·米哈依洛维奇·魏茨曼在《电影哲学概说》一书中说："电影不仅仅是艺术，而银幕形象也不仅仅是艺术的。电影还是信息手段和大众传播手段，是社会生活的最重要的因素。"② 英国电影理论家约翰·格里尔逊也说："纪录片不是一个镜子而是一个榔头，它能够敲击人的内心，能够影响并改变人。"③

故宫博物院与中央电视台联合摄制的大型纪录片《故宫》2005 年在中央电视台播出，对于唤起国人尤其是年轻人对传统文化（尤其是对故宫）的热情，起到了不可低估的作用。2016 年播出的纪录片《我在故宫修文物》，虽然影片规模不大，却引发了全国的收视热潮。许多年轻人就是看了这部片子，决定报考考古学、文献学这些冷门专业的。这部纪录片，在潜移默化中为身处和平崛起时代的中国人注入了更多的文化自信。可以说，一部纪录片，改变了许多人对故宫、对传统文化的看法，也改变了一些年轻人的人生选择。一部纪录片，对一个人乃至一个国家的影响力，往往比其他传播形式更加直接和深广。因此，纪录片导

---

① 据百度百科"科尼 2012"词条，https://baike.baidu.com/item/%E7%A7%91%E5%B0%BC2012/6295702?fr=aladdin。

② 〔苏〕叶夫根尼·米哈依洛维奇·魏茨曼：《电影哲学概说》，中国电影出版社 1992 年版，第 2 页。

③ 转引自王竞《纪录片创作六讲（修订版）》，第 85 页。

演王竞说："影像能够穿透人的内心，比文字要厉害得多，它的力量是可以改变人的观念，甚至改变人的情感。"①

在构建大众历史认知、承担历史讲述者应有的社会责任、展现其应有的价值追求方面，纪录片发挥着不可替代的作用。英国历史学家卡尔对历史的定义是："历史是现在与过去之间永无止境的问答交流。"简单说，历史是交流，是联系现在与过去的一座桥梁。而交流，则是以情感为基础的。因此，历史不仅仅具有"物质性"，不仅仅是我们学术研究的对象，也具有"精神性"，那些消逝的人物，在永恒的影像里，充分地展示着他们的存在感，带着他们各自的体验、情绪与个性，感动我们、震撼我们，引导我们越过图像的真实，抵达心灵的真实。在这方面，几乎没有什么力量能够与纪录片匹敌。纪录片的作用巨大，以致完全可以构建起一种"纪录片史学"（或曰"影像史学"），并被纳入"公共史学"（public history，一译"公众史学"）的范畴之内。

余 论

曾获奥斯卡最佳美术设计奖的服装和美术设计师叶锦添先生说："千百年来，人都在找寻认同（identity），一种真实的存在价值；并尝试找寻相互的关系的沟通模式。"② 即使在同一时空下的人们，相互了解与认同都不是一件容易的事，那么，在现在与过去、今人与逝者之间进行交流，就更加困难。叶锦添还说："各种文字内含着意识与价值上的分歧，这基本上证明了文字并不是完美的沟通工具。它暗藏很多不兼容的价值与误区，在巴别塔崩溃的同时，文字的权威也开始动摇，从而进入另一种语言的年代。文字主宰人类数千年的历史，但除了文字外，是否有另一种沟通方法？当文化的融合与冲突的力度不断增加，是否可

---

① 王竞：《纪录片创作六讲（修订版）》，第 85 页。

② 叶锦添：《神思陌路——叶锦添的创意美学》，中国旅游出版社 2010 年版，第 30 页。

以单凭一种既有意念的理解加以涵盖?”①

影像是保存历史、跨代沟通的最佳方式。“当影像可以被记录时，新的世界就展开了。”② 尤其在21世纪，人类进入数字影像时代（叶锦添先生称之为“后文字时代”），影像更会成为一种重要的文化载体——就像历史中的青铜器、画像砖一样。相信影像的力量，会为我们“穿越”时空的围困，重返历史“真实”，构建历史与现实的联系提供一种极佳的方案。历史的意义与价值，正蕴藏其中。

Revival of History: Non-fictional Representation of Images and History—A Discussion Based on Practical Experience

Zhu Yong

Abstract: As the most visual records of historical facts, the images and video data have unparalleled sense of reality. The original images and video data are the best ways to revive history. In the aspect of non-fiction representation of history, it can be said that it is a “telescope” to return to historical scenes, which offers us a better way to communicate across generations. There are abundant images and video documents in the Palace Museum, which play a very important role in the study of the Forbidden City. Films photographed by Japanese invaders can also play a positive role under the guidance of the correct values. According to my practice for years, to represent history with images and video data, we also try to collect and iden-

① 叶锦添：《神思陌路——叶锦添的创意美学》，第37页。

② 叶锦添：《神思陌路——叶锦添的创意美学》，第37页。

tify images and video data as possible following rules of historical research, and find the best way of representation, so as to display the value of image.

Keywords: Historical Image; Historical Representation; Non-fictional; The Forbidden City; Public History

·名家访谈·

中国公共史学集刊　第四集
第 149～168 页

用叙事为历史学创造更大的发展空间

李开元　姜　萌

受访者简介：

李开元，四川成都人，1982 年北京大学历史系毕业，留校协助田余庆先生工作。1989 年获东京大学文学博士。现任日本就实大学人文科学部教授，北京大学中国古代史研究中心兼职研究员，主要研究秦汉史，学术代表作有《汉帝国的建立与刘邦集团：军功受益阶层研究》等。近几年先后出版的《秦崩：从秦始皇到刘邦》《楚亡：从项羽到韩信》《汉兴：从吕后到汉文帝》被称为“历史叙事三部曲”。

采访者简介：

姜萌，中国人民大学历史学院教授，史学理论研究所副所长，先后出版《族群意识与历史书写：中国现代历史叙述模式的形成及其在清末的实践》《从“新史学”到“新汉学”——清末民初文史之学发展历程研究》等论著，主编《公共史学概论》。

姜萌：

首先要热烈祝贺您《汉兴》正式出版了！至此《秦崩》《楚亡》《汉兴》“历史叙事三部曲”大功告成。秦汉之际是中国历史最为著名的大变动时期之一，“三部曲”能够很好地帮助读者理解这个时代。这个“三部曲”是您提前就规划好的，还是写着写着就写成了“三部曲”？

李开元：

预先规划的是上下两集，用《秦崩》（秦帝国的崩溃）和《汉兴》（汉帝国的兴起），将秦末汉初的这一段历史叙述出来。《楚亡》（楚国的灭亡），则是写作途中分出来的。这一部分内容，放入《秦崩》不合适。如果放入《汉兴》，部头太大，于是单独成书，正好应了秦楚汉交替过渡的三个时代。

司马迁《史记》记叙秦末汉初的历史，特别强调楚国的过渡作用和辉煌存在。所以，他著《项羽本纪》，与《秦始皇本纪》和《高祖本纪》并列，不仅是将项羽写入帝王之列，也是记录楚国主宰天下的这一段历史。

他著《秦楚之际月表》《汉兴以来诸侯王年表》，不但将秦楚并列，而且将汉与各个诸侯王国并列，这种写法和意识，非常独特，别有深意，正是基于秦楚汉交替，汉出于楚的历史和认识，也提示了秦末战国复活，后战国时代来临的实情。

然而，自班固著《汉书》以来，由于大一统的汉继承了大一统的秦的所谓正统观念，篡改了历史，不但将这一段楚国的历史抹杀了，也抹杀了秦末汉初是后战国时代的历史特点，这些谬误，两千年来，一直沿袭下来。

田余庆先生最先发现了这一点，提出秦楚汉间的历史与战国后期类似的新说，开启了重新认识历史、恢复历史真相的方向。我继承了田先生的学说，加以系统整理和发扬光大。幸运的是，这种后战国时代的历史及其特点，已经被新近的出土文物证实，得到了学界的普遍认同。

可以说，分出《楚亡》，写成秦楚汉三部曲，既是始所未曾料及的意外，也是实至名归的收获，纠正了两千年来的历史认识的谬误，填补了史书记载的缺漏，大大地逼近了史真。福气福气，幸甚幸甚。

姜萌：

在您的书中，历史记载和您的现场考察有机交融，让读者随着您一起出入古今。您多次说“师法司马迁”。除了继承发展司马迁的写作技巧外，您是不是也想继承“通古今之变”的理想？

李开元：

通古今之变，可能是每一个历史学家都想追求的目标。我自己理解，通古今之变，至少有两重意义：一是放长、放宽视野，在长时段的视野中观察历史，体察历史的演变；二是要有当代，或者今人的关怀。

《秦崩》《楚亡》《汉兴》所叙述的历史，大致有一百年，算是中时段，通过这个百年历史的观察，我提炼出后战国时代的历史特点。三部曲的历史叙事，都在后战国时代的历史视野中。百年历史的主角，是刘邦集团，我由此概括出军功受益集团的史学概念。在三部曲中，我详细地叙述了这个社会集团从出现、发展到鼎盛的过程。在军功受益阶层的视野中观察历史，不但适用于秦楚汉，也可以将其作为观察工具，放到中华帝国两千年的历史中使用。这种在中长时段的视野中观察历史，体察历史演变的追求，应当是通古今之变的一部分吧。

我所理解的通古今之变的另一部分，是历史学家直接进入历史书写中，发声说话。多年以来，在科学主义的影响下，历史学家追求客观公正，力图在自己的著作中排除主观意识、感受和情绪。毫无疑问，这种追求，是历史学靠近科学的努力，值得肯定。

不过，历史学不是科学，而是有科学基础的人文学科。在以人为本的历史叙事中，如果将感情、感受、感怀等感性因素完全排除，不但远离了历史的本真，写出来的历史也将变得既不真实，也苍白乏味。为了克服这种不足，我在客观叙事的同时，也以作者的身份，直接进入叙事中，将自己的所见、所闻、所感、所思讲述出来，并在讲述的时候明确告诉读者，这是我自己的意见。我的这种做法，是将当代和今人的关怀，直接由作者明确讲述出来。这种方式，是我师法太史公的做法，也是通古今之变的一部分。

关于通古今之变，我想强调一项基本前提，作为专业的历史学家，首要的是要有专业意识，这是历史学家安身立业的根本，也是历史学之所以能够成为一门学问的根本。作为专业的历史学家，既必须与你的研究对象保持适当的距离，也必须与现实保持适当的距离，如此才能获得观察历史的客观眼光和公正立场，获得避免偏激情绪和感性失衡的平和。如果不能保持这种适当的距离，不但会损害你的学术研究，也将对你对现实的关注产生不利影响。

姜萌：

在您的著作中，历史现场考察既发现了很多新的材料，又增进了历史理解。田余庆先生称赞您“走出历史的理念和风格”。你是怎样想到要进行历史考察的？考察对于历史书写的意义是什么？

李开元：

依照我的理解，田先生所说的“走出历史的理念和风格”这句话，有理论和实践两重意义。

行走的风格，是指行走历史的实践活动。我行走历史的初衷，与立志历史叙事同时，都在2002年。当时，我身心疲敝，陷入人生的低谷。为了走出困境，我决定走出书斋，脱离学术研究的主流，开拓一条自主的新路。这个决定，就是我后来屡屡提到的“终身之志”，想要打通文史哲，师法司马迁，探索复活型历史叙事。

同年8月，我去西安参加秦汉史研究会，与藤田胜久先生相遇，一席话下来，大有相见恨晚的快意。至今还记得，是在一家咖啡馆二楼，我们畅谈到深夜。约定了两件事，一是共同补写《史记》，他补《世家》，我补《列传》。二是一起行走历史，结伴考察历史现场。

从此以后，我开始行走历史，有时是随着叙事的笔触，写到需要去的地方，就背起背包随历史而去。有时候是与藤田先生结伴，预先拟定计划，申请经费，再一起出行。有时候是借参加学术会议之便，附带考察。这些行走历史的经历，其中的一部分，以师法太史公的简洁笔法，写入三部曲中，成为复活型历史叙事的组成部分，大部分尚未整理出来，留待将来。

我对于自己的实践活动，习惯不时做总结。因为喜欢理论思维，有时会上升到理念的抽象层面上去。我曾经写过一篇论文《释“历史”：汉字史学理论的文字基础》，基于汉字词语“历”、“史”和“历史”的解释，提出了历史学的五个基本要素：时间、空间、事情、器物和人。

地理空间，既是历史学的基本因素，也是一个魅力无穷的探索领域。因为行走历史的缘故，我对历史地理学有了深入的关注，迷上了谭其骧先生主编的历史地图和郦道元的《水经注》，各地的文物地图、现代地图以及谷歌和百度地图，都是我读书时常常翻阅，出行前必定查阅的。

关注地理空间，等于给自己增添了一副观察世界的望远镜。从前读史书，关注的是政治、制度、人物、社会，对于地理空间，常常是忽略不计，一笔带过。现在读史书，地名、地图、空间关系，绝对是不可少的要素。历史学中的很多问题，没有明确的空间地理关系，几乎是不可能说清楚的。比如研究古代的战争，不深入研究地形、地势、路线，就只能不着边际的空谈空论。

比如我在《楚亡》中写彭城之战，项羽以三万精兵大败五十六万汉军，创造了军事史上的奇迹。项羽取得这场战事胜利的关键，在于奇袭。奇袭的关键，在于路线。然而，古往今来，关于项羽的奇袭路线，一直说不清楚，留下了重大的历史空白。为了解决这个问题，我在仔细查阅文献，吸取先学研究成果的基础上，有了自己的看法。然后，打起背包，亲自到战事现场，从项羽的出发点——山东莒县出发，沿沂水、沭水南下到临沂，折入蒙山、沂山之间的浚河、泗水河故地，沿着我认定的路线，实实在在地走了一遍，大体确定了项羽的奇袭路线，专门写了一篇论文《项羽攻齐和奇袭彭城的路线：兼论楚军彭城大胜的原因》，发表在《秦汉史研究》第九辑。

有了这样的成果以后，我写彭城大战，不但清晰，而且自信，落笔书写时，实地实情实景仿佛就在眼前，那种历史复活的体验，我在《秦崩》的后记《我是历史的行者》中曾经有所表达："在时间中过去了的历史，往往有空间的遗留，复活历史的触点，常常就在你一脚踏上旧址的瞬间。"

可以说，经过长期的实践和不断的思考，行走历史，不但成为我的一种风格、一种理念，也成为一种方法，不但有效地运用在叙事中，也有效地运用在研究中。更可喜的是，行走历史、做历史的行者，也成为我的一种生活方式、一种生活乐趣，我由此结交了众多的朋友，为我带来了无上的快乐。对此，我在《汉兴》第五章十一“长安城未央宫”中有这样的表述：“这些年来，我整理历史，在时间、空间、事情、器物和人之间穿梭游走，力图构筑起一幅立体的往事图景。这时候，细致而准确的空间关系，常常成了另一种追求。深入实地，走进历史现场，用手去触摸，用脚去丈量，融合到考古的江湖中去，接杯酒之欢，连天地之气，绘制出来的图案，近似工笔画卷，力求纤细毕现。”

空间关系，具体而微，比较专门，比较零碎，如果没有图，不易理解。三部曲中，结合自己的考察，我用了相当多的篇幅，专门谈空间关系，既是我自己的一种学习，也是澄清历史的努力。制图，相当专业而费工夫，配图则相当麻烦。所以，对于这些部分，一般的读者可以跳过，有兴趣的读者请结合地图翻阅。

姜萌：

您特别善于发现被人忽视的常识性问题，比如刘邦只比秦始皇小三岁，秦始皇没有皇后等，给读者留下了深刻影响。您在研究和写作中怎么会想到这些问题？

李开元：

如你提到的，一些被人忽视的常识性问题，被我关注到了。我想，有些问题被我关注到了，有几个原因。

一是知识和经验积累到了一定程度后，有了触类旁通的敏感。用句神兮兮的话来说，就是“天眼”开了。年轻时拿起《史记》《汉书》，有题无剩义，找不出问题的苦恼，如今一翻开，到处都是问题，稍一深入，就牵一发而动全身，窥见入口后面别有天地。深入想来，当是认识和见解已经到了一定的高度，因为站在远瞩的高点上，有了条条道路通罗马的视野，一些不被人注意的历史细节，在我的眼里成了曲径通幽的入口。

二是多年游走在中日两国之间，两边都看，了解两边的长短，头脑中固定观念比较少，较少受到成见的束缚。因为视角比较独特，所以能够关注到一些被人忽视的问题。

三是关注细节。关注细节，是我所接受的历史学训练的一部分。这种训练，一是来自北大历史系，二是来自东大的东洋史，也来自我对考古学、出土文物和古文字的学习。

历史学，是一个多层次的学问体系。历史细节，常常是我们有所发现，有所发明的入口。比如你提到的秦始皇与刘邦的年龄差，虽然是小小的细节，却是一个深邃的入口。入口后面的世界，是刘邦长期生活于战国时代，那是一个游侠盛行的时代，一片广阔天地。刘邦是游侠社会中的一员。游侠的精神，不但深刻地影响了刘邦，也深刻地影响了刘邦集团，是后战国时代的时代特点之一。又比如你提到始皇后问题，也是一个入口，入口后面，是战国时代的国际婚姻，各国外戚参政的广大世界。这些，以前都被忽视了，不但被当代的我们，也被两千年来的历代史家忽略了。

历史细节，不仅可以作为新发现、新发明的入口，也可以作为揭穿谎言，侦破历史疑案的利器。比如焚书坑儒这件历史疑案，史书上相关的人物故事，大而化之的高调说辞，落实到细节上，处处合不上。将这些细节一一清理收集，就知道这些故事和高调大致是靠不住的。在《秦谜》中，我从有名有姓的方士没有一个被活埋入手，验证秦始皇连方士都没有坑过，何论坑儒？在《汉兴》中，我写了“秦楚汉间的儒生”一节，将秦楚汉间有名有姓的儒生，一一做了清理，也没有一个被活埋的，可以说进一步坐实了“坑儒”是伪史。这些，都可以说是历史细节的启示和力量。

姜萌：

您在历史研究和历史写作方面都取得了令人瞩目的成绩。请问您是如何认识历史研究与历史写作关系的？

李开元：

通过多年的反思和实践，我逐渐认识到研究和叙事是承载历史学的两个车轮，缺一不可。这个看法，也逐渐引起了学界的关注和认同。在《汉兴》的推荐语中，台湾“中研院”的邢义田院士写道：“历史叙事，是历史学的源头活水。丧失叙事能力，是近代历史学的弊病。在李开元教授的复活型历史叙事三部曲《秦崩》《楚亡》《汉兴》中，我不但看到了历史学家重振叙事的卓越努力，就历史应当由谁来书写的提问，我也听到了明确的回答。”

邢义田先生对历史学丧失叙事能力的诊断，非常准确。历史学的本源是叙事，近代以来，受科学主义的影响，历史学企图将自己改造成科学，内容上向问题研究一边倒，形式上奉论文体为唯一形式。结果是利弊参半。有利的结果是历史学的精准度大为提高，包括史料的可靠性，论证的合理度，等等。弊端是丧失叙事能力，千篇一律的论文，宛若八股，不但单调乏味，大量不能用论文的形式表现的历史内容被舍弃了。

最尴尬的一个事例就是人物传记，它起源于《史记》，本是历史学极为重要的领域。历史学抛弃叙事以后，传记就被开除出去了，成了流浪狗，只好自己宣布独立，另立山头。我因为《史记》和写人物传记的关系，有时也参加传记文学研究会，作家、历史学者、文学学者、文献学者、新闻记者……各色人等会合在一起，欢快热闹而多自嘲：我们是被历史学开除的异类，说不是研究，文学也不愿意收容，说是缺虚构、少创作。都是些天涯沦落人，相逢在无人收留处，大家一阵嘻嘻哈哈……

如此结果之下，引出一个问题，历史由谁来书写？这本来不是问题：当然由历史学家书写。然而，现在的历史学者，只会研究问题，只会写论文，不会叙事，无法承担书写历史的重任，不得已勉强从事，也只能写出教科书式的历史书来。

我多年从事历史教学和研究，也多年关注历史学所面临的这些问题。通过多年的反思和实践，我逐渐认识到历史学是后人基于往事留存的信息，重新认识往事的知识体系，是有科学基础的人文学科。

历史学不是科学，而是有科学基础的人文学科。历史学的科学基础，有两点含义：（1）史料的可信度，（2）解释的合理度。历史学的科学性，集中体现在历史研究中。历史学的人文性，也有两点含义：（1）在历史学的基本要素之时间、空间、事情、器物和人当中，人是连接其他要素的中心；（2）以人为本的叙事，是历史学的本源和主体。历史学的人文性，集中体现在历史叙事中。

历史研究，以求真为目的，接近于科学。历史叙事，是在历史研究基础上的叙事，不但求真还要求美，接近于艺术。这种新的历史学观，我称之为科学艺术史观，在这种史观之下，研究与叙事并重，科学与艺术互补。

我曾经暂时停止历史研究，专注于历史叙事。在历史叙事的实践中，发现不少需要解决的问题，于是又带着问题回到历史研究中，做考证、写论文。通过这种实践切身体会到研究和叙事相辅相成，是一体之两面，一车之两轮。

比如，在《楚亡》中，我写韩信统领汉军出汉中反攻关中，为了弄清汉军的进军路线，我专门写成一篇研究论文《韩信反攻关中的路线与武都大地震：为了历史叙述的历史研究》，成为我叙述这一段历史的基础。“为了历史叙事的历史研究”是我特意加的一个副标题，希望强调叙事与研究的关系。

从相反的方向，我也尝试将叙事的手法引入到研究中来。我写过一篇文章《末代楚王史迹钩沉：补〈史记〉昌平君列传》，是我非常看重的一篇学术文章。我看重这篇文章，不仅在内容上有新意，将一位非常重要的历史人物从未知中钩沉出来。而且在形式上有新意，用了缘起+列传+年表+史迹钩沉+注释的新形式，力求研究和叙事的结合。

这篇文章，发表在《史学集刊》2010年第1期。《史学集刊》是中文社会科学引文索引（CSSCI）来源期刊，自有论文刊载的形式规范，也有固定栏目，如“专论”“专题研究”“区域史研究”“博士论坛”“海外史学名刊介绍”等。我的这篇文章，形式上不伦不类，不能归入任何一种当中。承蒙刊物的厚意，为我的这篇文章专门开了一个“补《史记》”的栏目，从此下不为例，再也不敢玩这种不规范的游戏。

我提起这件事情，是希望谈及历史学的表现形式问题。自从科学主义主导历史学以来，历史研究，成为历史学的主体，论文论著，成为表现研究成果的形式。近年来，在学科规范化的名目下，论文、论著，大致有了固定的格式。千篇一律的面貌，大家已经习以为常。

然而，作为人文学科的历史学，其表现形式是一个非常值得探索的课题。论文、论著，只是历史学家用来表现历史认识的形式之一，也就是史著书写的一种形式而已。在这种形式之外，表现历史的史著还有多种形式，有纪传体的史书如司马迁的《史记》，有编年体的史书如司马光的《资治通鉴》，有纪事本末体的史书如袁枢的《通鉴纪事本末》，有笔记体的史书如赵翼的《廿二史札记》，有教科书体的史书如翦伯赞主编的《中国史纲要》，等等。前些年，黄仁宇先生用小说体的形式写成史书《万历十五年》，笔者新近写成《秦崩》《楚亡》《汉兴》，基于文献资料、考古文物和实地考察，力求融通各种不同的表现形式，追求一种复活型的历史再叙事。又写成《秦谜：重新认识秦始皇》，尝试用侦探推理的形式表现历史，尽管其归类的边界有些模糊，基于史料推想史实，基于史实表现历史的基本点仍在。

表现形式的创新，最为艺术家所倾心。作为人文学科，与艺术有相通之处的历史学，是否也应当关注自己的表现形式呢？暂不说形式的创新，应先将自己抛弃了的多种形式拾起，重新估量，重新学习，灵活运用，走出日渐封闭狭隘的怪圈，建立多元的开放的大历史学观念，为历史学的发展求得更大的空间，激励历史学家追求更多、更好、更美的表现历史的形式，更加逼真，更加深刻，更加有力地表现历史，携手为历史学共创更加繁荣的未来。

姜萌：

您在《汉兴》序言中说，“三部曲”的完成，是“终身之志”的完成。今后不准备继续写了吗？如果是这样，就太遗憾了。您还有一部被称为“历史推理开山之作”的《秦谜》，影响也特别大。但是《秦谜》和《秦崩》之间似乎还没有“通”。不知您有没有考虑让《秦谜》和《秦崩》“通起来”？

李开元：

三部曲完成后，秦楚汉系列是不打算继续写了。写长篇系列，有三怕。一怕中途夭折，二怕虎头蛇尾，三怕厌倦。幸运的是，前两个担心，都躲过了。不但写完了，而且第三部最厚实。从篇幅上看，《秦崩》386 页，29 万字；《楚亡》340 页，25 万字；《汉兴》552 页，40

万字。从内容上看，第三部最充实，最有深度，不但写了人物故事、历史进程，而且将我最重要的研究结果，军功受益阶层和后战国时代写进去了，对于黄老思想的概括，也是我颇为用心的，涉及思想史内容的填补。

三部曲中，《秦崩》和《楚亡》，因为都是从治到乱的过程，主要是大规模的战争，历史进程清晰，推进快，动感强，显得比较热闹和精彩。《汉兴》不同，由乱而治，特别是到了惠帝、吕后和文帝时期，基本上没有动乱和战争，历史进程变得舒缓，外观上没有那么热闹精彩，内容上却更深沉，写法上更难一些，读起来需要更细心。

比如我写“当皇帝的滋味”，重要的看点，是在长乐宫举行的朝礼仪式。写“诸吕之变”，重要的看点，是在发动政变的人，如何突破未央宫和长安城的防卫。两段叙事的看点，都在于将重大的历史事件，放在准确的空间结构中叙述。没有准确的空间关系，很难对如同朝仪和宫廷政变这样的历史事件有确切的理解，只能大而化之地人云亦云。在这两段叙事中最重要的空间关系，是长乐宫、未央宫和长安城的建筑样式。我尽可能地吸取了考古界和历史学界的重要研究成果，化用到叙事中，有些细微处，一般读者可以忽略跳过，有心的读者，需要多费些心思和时间。

我之所以如此看重这些空间关系的细节，是想从长安城、未央宫和列侯侯邸的建筑和防卫细节上，为韩信谋反案洗白。只要仔细读过“诸吕之变”的叙事，了解到在吕氏掌握南军北军郎中令，控制长安城、未央宫和长乐宫的防卫的条件下，功臣集团、齐系王族，皇帝身边的内廷近臣联手合作发动政变，尚是如此艰难，随时可能失败。再来想想韩信。一个长期被软禁在长安侯邸的囚犯，不领兵不掌权，竟然会与家臣策划武装政变，攻击未央宫长乐宫，袭击太子吕后，简直是天方夜谭。

为韩信谋反冤案洗白的事情，我本来打算写入《汉兴》中。写作中发现，这件冤案，必须放在汉帝国的政权理念从共天下转向家天下的历史背景中，作为刘邦一一消灭异姓诸侯王计划中的一部分来写，才能说得清楚明白。如此一来，不但事情将涉及所有的异姓诸侯王，篇幅将大大增多，而且写法也近于专题破案，与行云流水的历史叙事不太契合。于是放弃了，留待将来，有心专门写一本《秦崩楚亡汉兴的历史教训》。这已经是题外的话，不知何年何月何日了。

这个题外的话，涉及书的写法，也就是表现形式的问题，这就回到你的提问之一，三部曲与《秦谜》的关联上来了。《秦谜》与《秦崩》《楚亡》《汉兴》体例上完全不同。大体说来，三部曲是编年纪事体的历史叙事，近似于写某一时代的历史，大致上依照时间的顺序，行云流水般一一道来。《秦谜》是推理形式的破案，近似于专题论文，调动各方资源，积土成山般修筑成一高大建筑。从形式上看，二者怕是通不起来。与《秦谜》类似的作品，正在续写，如果写《秦崩楚亡汉兴的历史教训》，怕也是相通近似。三部曲形式的作品，暂时不想继续了，正在考虑用不同的形式，书写不同的内容。

姜萌：

您的专长领域是秦汉史，但是您对史学理论也颇有心得。早在20世纪80年代中期就发表了《史学理论的层次模式和史学多元化》，前些年又提出了“3 + N”的历史学知识结构。您在“三部曲”中也有很多理论性的论断。请问怎样看待史学理论在历史叙述中的作用？

李开元：

谢谢你注意到这点。史学理论，始终是我的一大关注点。北大历史系的叶伟先生，在评论《汉帝国的建立与刘邦集团》时曾经总结说，自觉的理论意识，是本书的特点要点。自觉的理论意识，就是有意识地作理论探讨、理论总结、理论概括。叶伟先生的看法，抓住了要点，我自己也认同。

理论意识，应当是科学主义的产物，对于万事万物，不仅要问是什么，还要问为什么？不仅关注个体的差异，还要关注整体的特点，建立理论模式，用来观察事物，加深认识，概括事理。理论，是认识事物的工具。关注史学理论，就是关注工具的改进和提高。

我因为中学时代喜欢数学和物理，曾经的梦想是做一名理论物理学家。因为年龄关系，高考转入文科进入历史，保留了对于逻辑思维的兴趣，移情到哲学，引入到历史学中来，对于史学理论情有独钟。

我曾经异想天开，想模仿罗素的《数学原理》，为历史学建立一套原理，以痛苦的失败告终，悟得历史学不是科学，而是有科学基础的人文学科，不可盲目追随科学。

作为有科学基础的人文学科，历史学有自己的知识结构和学科特点，这就是史学理论的探讨领域了。我在探讨史学理论的过程中，写过纯理论性的论文，如你提到的《史学理论的层次模式和史学多元化》，也提出过3+N的历史学知识结构，还写过一篇《释“历史”：汉字史学理论的文字基础》，想为以汉字为表达媒介的史学理论，建立一个可以据以推理立论的基础。

我曾经想将我对于史学理论的见解，用严谨的学术论文的形式写出来，在实践的过程中发现相当困难。这个困难，不仅是内容上的，也是形式上的。正是在这种摸索过程中，我逐渐认识到论文这种形式，适合于就某一问题作深入的探讨论证，不适合于表现活泼而新鲜的思想。我的很多看法和见解，用论文无法写出来，必须另寻其他的形式。

学术论文这种形式，本是从自然科学中引进到人文学科中来的，曾经为人文学科的精确化起到了相当有益的作用。然而，到了今天，学术论文成为人文学科的主要表现形式，学术衡量的唯一标准。结果是人文学科中的学术论文，日益成为标准的八股文，形式上千篇一律。同时，不能用学术论文表现的内容，通通被排除，导致学科萎缩，领地日蹙，越来越丧失生鲜的活力。

今天，如果一位人文学科的学者，只会写论文，以发表论文为自己学术生涯的唯一目标，可能就会限制了自己的思想，固定了自己的探索领域，极易被绑上排名卡位的时代战车，变得很无趣、很僵化，甚至心灵枯竭，生趣消散。

话说回来，因为有这样一个摸索的过程，有这些经验，我对历史学的关心，自觉地进入了一个新的阶段，不仅关注内容，也关注形式，不仅关注内容的扩展和开拓，也关注表现形式的借鉴和创新。

在这种新的自觉的理论意识的指引下，我开始摸索表现历史的新形式，结果之一是复活型历史叙事《秦崩》《楚亡》《汉兴》和历史推理《秦谜》的诞生。对于史学理论的思考，我尝试过随笔的形式，断断续续写了不少，其中的一篇《理论脱离实际：我看对“军功受益阶层”的批评》，改写后发表在香港中文大学中国文化研究所主编的《二十一世纪》2007年12月号，已经收入即将出版的《汉帝国的建立与刘邦集团》的增订版中。其余的几篇，比如《考证安定思想：说第一历史》《历史皆是镜像：说自我认识之路》《开源巴赫猜想：说历史学时间》《千禧年在何年：说历史学时间的虚拟起点》……因为内容冷僻，语言轻佻，不受待见，同《秦崩》最初的命运一样，当时没人要，说是文章不能这样写云云。

后来，我忙于历史叙事，将史学理论随笔暂时放下了。不过，我在三部曲中不时加入的一些理论性论断，有些就来自这些随笔。理论性的见解，受众小，难度大，不时取出一鳞半点，摘要放入相关叙述中，利于消化吸收，也算是一种铺垫，以示未曾忘怀，将来再来一一道说。

最近，因为《汉兴》的完成，历史叙事告一段落，也在考虑是否将自己关于史学理论的探讨做一总结。

姜萌：

我注意到一个细节。从前，你在3+N的史学知识构成的论述中，使用了“史实”这个词，作概括第一历史的指称，表达已经过去了的往事。而在《汉兴》中，你使用了另一个词“史真”来作第一历史的指称，而“史实”这个词，似乎也有了不同的含义。能否请你说明一下？

李开元：

谢谢你的细心，一般读者大概是不会注意到这点的，你研究史学理论，所以有自己的敏感点。你提到的用词变化，见于《汉兴》第一章九“秦楚汉间的儒生”中。原文是这样的：“历史是什么？历史是现在与过去的对话。在现在与过去的对话中，历史学家首先基于可靠的史料，用合理的推想，构筑起可信的史实；然后，历史学家用可信的史实，编撰成史书，以此去追求逝去的史真。从严格的意义上说，一切历史都是推想，史书的记载，都需要接受证明或者证伪的检验。”

对于这段话中的“史真”一语，我还特别加了一个注释：“史真，是笔者新近使用的一个概念用语，指代已经过去的往事，也就是通常所说的历史本体，笔者所称的第一历史。”

正如你指出的，我在旧有的 3 + N 的理论模式中，用“史实”来概括性地表现第一历史。后来注意到这个用语的使用比较含糊。在《汉语大词典》中，对史实的解释是“历史事实”。然而，这种用法，难以区别已经过去了的往事这种历史事实和历史著作中基于史料的解读所做的对于往事的事实陈述这种历史事实，常常会造成一些混乱。

经过反复思考后，我发明了一个新词，就是“史真”，用来表现已经过去了的往事，也就是第一历史。据我所知，在汉语史上，还没有出现过“史真”这个用语。为这项小小的发明，我高兴了好几天。因为构筑汉字系统的史学理论，是我的梦想。发明汉字新词，构筑新的概念，正是其中的内容之一。

用史真这个词表达第一历史的概念以后，史实这个词，就可以用来指称基于史料所构筑的对于往事的事实陈述。非常清楚，史料是构筑史实的基础，构筑史实的目的是追求史真，推想是唯一的方法。我说一切历史都是推想，其根基就在这里。

这样一来，我就考虑将史实独立出来，在史料和史著之间另外开辟一片领域，独立出一个世界。这样一来，旧有的 3 + N 的历史学知识构成模式，就变成了 4 + N。

（1）在时间中过去了的往事，这是历史学的第一世界，或者叫作第一历史，我们可以简称为史真。

（2）第一历史的一些信息，通过口述传承、文字记录和遗物留存的形式保留下来了。这些东西，我们叫作史料。往事遗留下来的史料，我们叫作历史学的第二世界，或者叫作第二历史。

（3）基于史料的解读所作的关于史真的事实陈述，我们称为史实。史实是历史学的第三世界，或者叫作第三历史。史实不是史真，而是根据史料合理推想史真的结果。从而可以说，一切历史都是推想。

（4）根据史料和史实所撰写的历史著作，简称为史著，是历史学的第四世界，或者叫作第四历史。

（5）根据已有的历史著作再作编撰所写成的历史书，属于历史学的第五世界，也就是第五历史了。如果有人再根据这本书再作编撰，就成了第六历史了。同样的延伸，还可以不断地继续下去，这就形成了历史学特有的知识构成：4 + N 的世界。

经过改进，有了这个 4 + N 的认识工具后，我们对于一些以前说不清的问题，就可以讲得更清楚了。比如《史记》，用上述知识结构来衡量，是一本史著，属于历史学的第四世界。

作为第四世界之史著的《史记》，可以还原为史料和史实。太史公所使用的史料，有可信度高低之分，太史公依据这些史料所构筑的史实，也有可信度高低的区别，不可不信，也不可盲信，而是要做分析和鉴别。比如“焚书坑儒”，我们鉴别的结果是：焚书的史料是法令，相当可靠，由此构筑的史实也是可信的。坑儒的史料是故事，可信度很低，由此构筑的史实可信度也很低。进而，经过我们重新鉴定史料和重新论证的结果，我们得出了坑儒不是可信的史实，而是不可信的伪史的结论。

最后，我希望再次强调一下，各种理论，都是为了帮助我们认识事实的工具，而不是事实本身。将史实独立出来以后，我自感 4 + N 的模式，较 3 + N 的模式为优，更清晰，更锐利，更好用。当然，作为认识工具而言，总是不完满，可以不断改进的。

姜萌：

古之良史，态度上要秉笔直书，行文上要善序事理，语言上要优美质朴，内容上要文简事详。按照这个标准，您的“三部曲”已经具备这些感觉了。请问您是如何做到的？您对有志于学习您的青年们有何建议？

李开元：

你所说的这种良史感觉，用我自己的话来说，就是打通文史哲，师法太史公。用你的话来说，就是追求有人物、有过程的历史，在会通各种表现形式的基础上，力求史学、文学和思想的融合。这种形式，我曾经用“立体化历史叙事”来表达过，现在，我称之为复活型历史叙事。

我写历史叙事，最初在中华书局出版。这种表现历史的形式，曾经被编辑徐卫东先生概括为“李开元复活历史公式”：（史料 + 文物 + 考察）×（推理 + 联想 + 情感）= 历史真相。后来，我对这个简洁的公式稍加改定如下：

（文献 + 文物 + 考察）×（叙述 + 联想 + 感怀）= 复活型历史叙事。

乘号之前的括号内容，讲的是史料。文献、文物和实地考察，是历史学的三种基本史料。史料的收集、鉴定和选择，是历史叙事的基础，体现史家求真的严谨。乘号之后的括号内容，讲的是表现方法。如实的叙述中，加上合理的联想和自身的感怀，体现了史家对于史真的鲜活追求，历史学之美，也由此体现。

一切历史都是推想，历史叙事包容理性和感性，既求真也求美。

所以说，没有（文献 + 文物 + 考察），叙事就是沙上之塔；没有（叙述 + 联想 + 感怀），叙事就是散乱砖瓦。将两者结合在一起，历史叙事就可以成为根基牢固的美丽建筑。

我的史学训练，得益于北大历史系和东大东洋史的训练。我的哲学素养，源自我的科学家梦想，由数学物理转化到哲学，特别是转化到科学哲学而来的。至于我的文学修养，则源自我的科学家梦想破灭后，转而追求文学家的新梦……都是说来话长的事情，留待将来有机会时。

对于你的提问，我对有志于历史叙事的青年，有一种一般性的意见：

在现有的工分体制，排名卡位的形势下，个人很难抵制和抗拒，特别是立足未稳的年轻人。我在复旦大学讲演时，被问到类似的问题。我当时的回答是，现在做，怕很难。先把饭碗端稳。但是，内心的火种不能熄灭。

也就是说，就个人内心的信念而言，眼前的种种弊端，你不能认同它，而是要保持清醒的认识和适当的距离。从历史的经验来看，时流都是暂时的，变来变去，滚滚而来，又哗哗消退，随波逐流的后果，最终是竹篮打水一场空，只剩下水花浪迹。就个人而言，短暂的生命，最是宝贵，要真正理解史学的学问价值所在，确立自己的所喜所爱所求，在妥协和平衡中坚忍不拔地追求。

具体些，谈一点我个人的相关经历。我长期在日本的大学任教。日本史学界的特点，是坚实而保守，讲究论资排辈，是其特点之一。我决心写历史叙事时，还是副教授，不便造次，默默开始，踽踽独行。后来，升了教授，更加投入，也不声张，一直等到名教授们退休，我成为我们史学科的老大。于是，我公开宣称，从此追求自己的史学，不但不再申请什么课题，加入什么计划，也不再用日文写作，写什么，如何写，皆由自己决定。记得我在学科会上宣布时，众人面面相觑，私下谈起，都认为不过是戏言而已。结果我真这样做了，大家也无可奈何，我由此获得放飞的自由。

还记起一件往事，在北大历史系给田余庆先生当助教的时候，年过三十，少有业绩，比较焦虑，与先生谈起。先生谈起自己的学术经历，说道，我五十才起步，你急什么？

当时，体会不到，如今，感同身受。历史学这门学问，积累的时间长，出世晚且慢，但是，学术生命长，价值稳定。在这个领域，难有一鸣惊人的少年天才，常是日积月累的大器晚成。在这个领域，知识、见识、成果，自然地随着年龄一起增长，相辅相成。相关有句打趣的问答。

问：如何才能成为大师？

答：久活成大师。

问：此话怎讲？

答：活到九十，脑还能思考，手还能提笔，自成大师。

姜萌：

关于非虚构历史写作，历史学界有不同意见，有赞同的，有不赞同的，也有完全持否认态度的。就非虚构历史写作是否成立，想听听你的意见。

李开元：

关于非虚构历史写作，有争论是好事情，说明已经无法回避，必须关注。想要否认非虚构历史写作的存在，怕是很难。因为大量的非虚构历史写作的作品已经出现，就在你的眼前。比如你提到的外国的史景迁、卜正民、塔奇曼，国内我的《秦崩》、李伯重的《火枪与账簿》、罗新的《从大都到上都》，都可以归入非虚构历史写作中。

所以说，关于非虚构历史写作，已经不是成立不成立，存在不存在的问题。作品，或者说存在已经远远走在前面，落后的认识和理论如何跟进，才是问题。

南京大学的孙江教授说："非虚构即 non－fiction，指根据作为表象的事实（＝事件）所进行的写作，自然包含历史著作。"他认为，非虚构对应的是虚构（fiction），是介于历史写作与文学创作之间的一种写作方式。他进一步指出："这种写作的长处，在于根据有限的证据和合理的推论重构历史，短处是因史无载述，无法证实。反过来说，也无法证伪。"

孙江教授的看法，已经将非虚构历史写作的概念，做了简洁扼要的归纳，可以作为进一步讨论的基础。

非虚构写作，是一种写作方式。我个人以为，这种写作方式有两个基本特点。一，是以证据和事实为根据，以求真为第一目的。从而，在这种写作中，不能虚构，不能编造，不能做天马行空的胡思乱想。但是，可以基于有限的证据作合理地推想，可以基于实物实景作联想和感悟。二，这种写作方式，是叙述性的而不是论说性的。

打个比喻说，非虚构写作，是笼中的飞鸟，是戴着脚镣手铐跳舞。不能飞出来的鸟笼子，戴在手脚上的镣铐，就是证据和事实。在非虚构历史写作中，就是史料和史实。再强调一次，我所说的史实，是历史学的四个基础世界，即史真、史料、史实、史著中的一环，是基于史料合理推想史真的事实陈述。

非虚构写作，率先出现于文学界。相对于以小说为代表的种种虚构的文学作品，不作虚构的纪实文学、报告文学和散文特写等，都可以归入其中。后来，这个写作方式及其概念，扩展到了众多的人文社科领域，比如社会学、人类学、民族学……进入历史学中来，或者说，在历史学中明确地提出来，是新近的事。

前面已经谈到过，历史学既不是科学，也不是艺术，历史学在科学和艺术之间，是有科学基础的人文学科。历史学的科学性，是讲史料的可信度和解释的合理度。历史学的人文性，是讲历史学的本源和主体，是以人为本的叙事。以科学性为主的历史研究，和以人文性为主的历史叙事，是承载历史学的两大车轮，缺一不可。有了这个新的认识，非虚构历史写作，几乎就是历史叙事的同义词，在历史学中，可谓占有半壁江山。

歌德有句名言，生命之树常绿，一切理论都是灰色。理论是用来解释事实的工具，实践是检验理论的标准。上次在中国人民大学开非虚构历史写作讨论会时，我们有一个共识，不要空谈理论，要结合实践和作品。我与孙江教授讨论非虚构历史写作时，也有相通的共识，结合作品说事论理。

多年以来，我致力于历史叙事，写成复活型历史叙事三部曲《秦崩》《楚亡》《汉兴》。从写作方式和题材上看，这三部曲是典型的非虚构历史写作。写作《秦崩》时，还在摸索阶段，自己都说不清写的什么，到了《楚亡》，大致清楚。到写《汉兴》时，非虚构历史写作，复活型历史叙事的想法和观念，已经是非常清楚而明确了。

所以可以说，非虚构历史写作，早已不是什么成立不成立的事，而是如何总结、提高和发展的事情了。

中国公共史学集刊　第四集
第 169～185 页

我在历史之中

王　笛　李　磊

受访者简介：

王笛，现任澳门大学讲座教授，曾任美国得克萨斯 A&M 大学历史系教授。主要关注中国社会史、城市史、新文化史、日常生活史和微观史的研究。代表著作有：《跨出封闭的世界：长江上游区域社会研究（1644—1911）》《街头文化：成都公共空间、下层民众与地方政治（1870—1930）》《茶馆：成都的公共生活和微观世界（1900—1950）》《袍哥：1940 年代川西乡村的暴力与秩序》《消失的古城》等。

采访者简介：

李磊，人民文学出版社副编审。文学硕士，2005 年毕业于北京师范大学现当代文学专业。主要关注女性文学和乡土写作。文学评论、散文等，刊于《芒种》《海燕》《山东文学》《文艺报》《出版广角》《出版人》等。责编图书获“大众喜爱的 50 种图书”“人民文学出版社年度好书”等。

《那间街角的茶铺》是历史学家王笛的新作，由人民文学出版社于 2021 年 10 月出版。在此，我们刊发本书的责任编辑李磊对王笛教授的访谈。

——题记

同情下层，站在弱者的一边

李磊：

王老师好，您的新作《那间街角的茶铺》2021年10月在人民文学出版社出版了。作为读者和本书的责任编辑，我想对您进行一次访谈，以让大家了解这本书的创作方法、逻辑、理念和故事，并且让学界乃至大众读者更多地了解您的学术研究和创作的历程。

您的《街头文化》、《茶馆》和《袍哥》的影响力，不仅仅在历史学界，社会学、人类学、传播学、城市研究、文化研究等领域的学者和学生，也都在读您的书。《袍哥》2018年获得首届“吕梁文学奖”之后，您的名字也为文学界所熟知。我在“知乎”上看到《北大清华学霸都在看什么书？2020最新前十书单出炉》一文，根据北京大学图书馆的借书记录，您的《街头文化》名列第一。我从网上的信息了解到，《茶馆》也是国内大学师生经常研讨的经典性文本。由于上述这些著作的影响力，国内学界认为您是新文化史和微观史的代表性学者。2021年中文版《奶酪与蛆虫》出版后，第一时间我在《新京报·书评周刊》上读到了您的书评。文学界对新文化史和微观史这些概念还比较生疏，您能结合《奶酪与蛆虫》《屠猫记》等微观史的代表作，展开讲述一下新文化史和微观史的具体研究内容和异同吗？

王笛：

文化史的研究经过了好几个阶段。新文化史差不多是1970年代兴起的。为什么叫新文化史？就是针对1970年代以前的文化史的研究。

1970年代以前文化史的研究，着重的是古典的文化，上层文化、精英文化、宫廷文化、宗教文化，比如说研究米开朗琪罗，他的雕塑、他的油画。那时也有很经典的著作，比如雅各布·布克哈特《意大利文艺复兴时期的文化》。

1970年代以前的文化研究有一个根本的缺陷，就是眼睛向上，都关注精英，要不就是皇家、宫廷等所谓高雅文化。从1970年代开始，文化史研究的倾向逐步转向大众文化、下层文化，例如研究大众的关帝崇拜、马祖崇拜、土地崇拜等。

大众文化区别于精英文化。在英语中，精英文化叫 elite culture，大众文化是 public culture，也可以译为“流行文化”。所谓流行文化，指对大众，甚至包括底层人像农民、手工匠等的日常生活的讲述。

一旦研究大众文化，面临相当的困难，因为我们研究精英，有很多记录，如研究宫廷，有档案、油画、雕塑等各种记录，还有正史。不管中国还是西方，大众在历史上占总人口百分之九十五以上，甚至百分之九十九以上，但问题在于，我们对他们的了解非常少，记录也非常少。卡洛·金茨堡在《奶酪与蛆虫》里提到过，哪怕有一点儿记录下来，也是被扭曲的。他使用的是宗教裁判所的档案，讲述了一个16世纪意大利的磨坊主，被抓起来审讯。这些记录都非常详细，审判官问什么，他答什么，书记员就如实地记录下来，表面上看来很真实。但是金茨堡指出，哪怕是一字一句都记录下来了，但这个被审讯的人是在一种高压之下，在监狱里，他并没有完全自由地表达，有精神上的折磨，甚至肉体上的折磨。而且这种记录还经过了好几个人之手，一个是书记员，在法庭上审讯的时候做记录；还有一个抄写员，要正式抄写成档案记录下来。所以他就说，那些普通人、下层人、被压迫的人，他们的声音应该被听到，但是他们的声音传到我们耳朵时，经过了各种过滤，甚至扭曲。

现在我们面对新文化史、大众文化史研究对象时，就面临这些困难——哪里去找他们的声音，哪里去找他们的资料。因为档案等历史文献很少，新文化史就是在这样一种情况下出现的。就是说，研究大众时，必须扩大使用资料的范围。一旦扩大了使用资料的范围，在方法上就需要创新。

从1970年代开始，很多历史学家就开始采用人类学的研究方法，进行田野调查。过去研究传统的文化史，主要根据正统的资料，如档案、传统的经典著作、官方文件等。新文化史开始使用过去历史学家不大使用的资料，如竹枝词、小说等文学资料，去寻找蛛丝马迹。

1970 年代是一个什么年代呢？整个世界，都是左翼激进主义的兴起，在中国是“文革”，在美国是民权运动。20 世纪六七十年代的欧洲也是很左的，在学术界就是新马克思主义的影响。意大利共产党的领导人葛兰西，他被抓在监狱里，继续思考文化霸权问题，把他想的一些东西记录下来，后来出版了《狱中杂记》。英国历史学家 E. P. 汤普森也提到受到葛兰西的影响，出版了《英国工人阶级的形成》。马克思主义一直就是要注重大众，我们的一些历史学家自称坚持历史唯物主义，但他们注重的是英雄、精英，根本不注重大众，这是自相矛盾的。

1970 年代新马克思主义兴起后，对历史学家有深刻的影响，好多著作这时候出现了，除了前面提到的汤普森的《英国工人阶级的形成》，还有艾瑞克·霍布斯鲍姆，他写了一系列的著作，包括《革命年代》《传统的发明》等。从这个意义来看，我比许多站在国家立场上的“官方历史学家”，更接近马克思主义历史学，因为我要为民众写史，同情下层，站在弱者的一边，批判国家权力的无限扩张。

新文化史的兴起，是对过去传统历史学的一种反思，不只在研究方法上，也是意识形态上的一种反思。在中国大力提倡、扩展新文化史，不仅是学术上的意义，还有更重要的文化、政治上的意义。

美国历史学家林·亨特写了法国大革命的文化起源。她从一个新的角度研究法国大革命，从文学、性别等方面入手，观察妇女在革命中的地位。她研究帽徽、旗帜等标志，这和我们过去传统地研究革命不一样。这些问题，过去传统文化是不研究的，但是这个不属于微观史。

法国的微观史学者罗伯特·达恩顿，他最著名的著作叫《屠猫记》。讲的是，法国大革命前，一个街的印刷所的学徒工，怎么折磨猫和杀猫，以及后面反映的文化现象和阶级冲突。他虽然不直接研究法国大革命，但他研究法国大革命之前的这些学徒工、工匠、民众在想什么、做什么，他们对这个世界的看法。达恩顿还进一步探讨猫文化的因素。历史的研究，不要只是停留在事件本身，要去寻找其他的文化因素。把这种文化因素发掘出来，才能对学徒工的虐猫行为进行解释。

微观史是新文化史的一部分。所谓微观史，就是把历史放到显微镜下，把它放大来看一个普通人的历史。在过去，历史学家不注意普通人，一个普通人有什么好研究的？他对历史又没有什么影响。但是微观史不这样看，微观史把个体看作一种样板。哪怕一个人的故事没有什么奇特的地方，但刚好就是没有奇特的地方，可能就代表着千千万万后面跟他同样的人。

举个简单的例子，比如你现在研究快递小哥，你不一定要研究几千、几万个人，你选一个人或者几个人，很可能就代表他或者他们后面有同样经历的几万、几十万、上百万的人。

李磊：

按照您刚才的说法，新文化史研究的范畴比微观史更大，这个题目大小是怎样界定的呢，以及两者是什么关系呢？您能否具体地谈一谈？

王笛：

比如研究革命，研究全国的政治，就是大题目，如前面林·亨特对法国革命的研究，而微观史就必须研究具体的个人。我采取了微观史的方法研究茶馆，其实还不够微观，因为研究了很多茶馆。如果只研究一个茶馆或者一个茶客，那当然就很理想，可惜没有资料支撑。过去都很难想象茶馆真的能研究下去，但是一旦有了微观的视野，一旦把对象放到显微镜下，这个课题的研究便成为可能。我不研究政府，不研究国家，我研究个体，就是芸芸众生，英语就是 nobody、everybody、anyone，等等。

微观史和新文化史是有联系的，可以算是同时并行，也可以算是交叉，在方法和理论上都有相同的地方，但不是完全一样的东西。

可能一个星期都找不到一条有用的资料

李磊：

最初读您的成都茶馆研究时，我感觉到：城市生活中，人与人之间连接的必要。在城市里，人们在家中的客厅招待朋友，就可以互相提供有关生存和发展的信息，甚至探讨人生的道理。包括乡村里，有的妇女特别善于联络人，具有公信力，邻里或大家族出现矛盾纠纷或者需要拿主意，都会找她，就是因为，她平时善于摆一张茶桌，用一碗一碗清茶招待四方。根据我对《那间街角的茶铺》的阅读，可以感受到您对茶铺以及人们在茶铺里面的活动描写得非常细致，这让我想起阅读罗威廉《汉口》、孔飞力《叫魂》的一些感受。您的这种写法方法，是不是就是微观史的写法呢？

王笛：

对的，因为研究街头文化的时候，我已经开始读《奶酪与蛆虫》《马丁·盖尔归来》《蒙塔尤》等，它们的特点是微观研究，关乎下层人、普通民众。国内对微观史好像有误解，认为微观史就是写得很细，写得很琐碎。微观史，首先是指研究的对象是民众，是默默无闻的人。如果写一本关于胡适的书，哪怕写得再细，从他早上洗脸到晚上上床，也不叫微观史。看了这些著作以后，我就在思考，中国能不能写出自己的微观史。我还是有信心的，我可以把关于茶馆的资料收集在一起进行解读，还原茶馆这个微小的公共空间。从现在看来，应该还是成功的。无论在西方的英文版《茶馆》，还是在中国的中文版《茶馆》，都得到了比较高的评价。

李磊：

您多次提到过，关于日常生活、普通民众的资料非常难得到，但是我在《那间街角的茶铺》里，看到您大量引用和解读各种零散的资料，从中建构成都茶铺的一些往事。这些资料，您是如何收集的呢？

王笛：

资料都是通过长期的努力收集到的。说个简单的例子，很多关于茶铺的资料都来自民国时期，例如大概 1913—1949 年的《国民公报》。《国民公报》可能是在民国成都持续出版时间最长的报纸。我在霍普金斯大学图书馆读了一年的缩微胶卷。胶卷是从加州大学伯克利分校借过来的，有上百卷，分期分批从加州邮寄到学校的图书馆，只能在那里通过阅读器放大来看。看到有茶馆的资料，就复印下来。

我也去了四川省图书馆读老报纸。有一段时间，四川省图书馆因为修建新址，大量旧杂志打包存放在郊区一个工厂的仓库里，我还通过熟人去那里查阅。我收集资料的时候还没有数字化，完全靠杂志报纸一页页地去翻，所花的时间是可想而知的。研究下层民众，现成的东西几乎没有，甚至也不知道它们在哪里，那么就要靠一点儿一点儿地爬梳。可能一个星期都找不到一条有用的资料，但是一旦有线索，就要把它追踪下去。

这是与研究思想史、政治史等不一样的。如果研究胡适，我们可以利用现成的文选、全集、年谱、资料集等，这些资料可以购置，图书馆都能找得到。现在多已经数字化，有 PDF 文件，坐在家里就拥有一个图书馆。而且数字化以后可以通过关键词搜索，这是我研究微观史的课题所无法比拟的，收集民众的资料要艰难得多。

李磊：

您曾说过，您的学术写作需要对历史资料进行整理、消化和重组。《那间街角的茶铺》中，用到很多历史材料和资料，您是如何消化和重构这些材料的呢？从而使得这本书的写作扎实细密，而且对社会问题又具有深刻的阐发和解读。您也可以举书中的一处例子来说明。

王笛：

例如《那间街角的茶铺》第 116 页谈到“吃讲茶”的问题，我引用了李劼人对茶铺讲理的批评，解决争端有时可能酿成斗殴及伤亡，茶铺也因此遭殃。当此不幸发生，街首和保正将出面处理，参与打斗者将赔偿茶铺损失。李劼人说这些茶铺就趁机把过去的破板凳、破茶碗拿出来，要求赔偿，并对此嘲弄道，由于这个原因，许多茶铺很高兴常有人来评理。但是我在引用这个生动描述的时候，并不是全盘照搬，而是根据其他档案和报刊资料，分析其实茶铺老板非常害怕“吃讲茶”的时候引起的暴力冲突，因为这种事件不但吓跑了顾客，还可能使茶铺无法营业，财产损失更难完全弥补。而且我还进一步提出为什么李劼人要讽刺这个活动，是因为他作为一个新知识分子，对这类的传统活动显然是持批判态度的。

我对“吃讲茶”的活动观察，并不到此为止，而是继续探讨它在社会中更深层次的作用。我发现，这样的民间调停活动，已经成为社会自治的一个重要部分。茶馆讲理被人们接受的原因之一，是在一个公共场所处理争端，实际上在公众眼睛的密切注意之下，判决者或调解者必须尽量按“公平”行事，否则，民众的舆论会对调解人的声誉不利，这也就是“吃讲茶”成为社会调解的同义词的由来。这种活动还具有更深刻的意义，因为它表明在中国社会非官方力量始终存在，并在日常生活中扮演着极其重要的角色，它的存在及其对社会的影响，都使官方的“司法权”在社会的基层被分化。就这样，一个看似十分简单的茶铺里面讲理的活动，却揭示出了隐藏在后面地方权力结构这样的大问题。

李磊：

我在读《那间街角的茶铺》时，发现您在各部分的开始，把地方的历史梳理得很清楚。您在书中对辛亥革命和成都市民保路运动等历史事件的讲述，我都很喜欢读。那么，您认为，讲茶铺，必须要把历史背景解释清楚的原因是什么呢？

王笛：

虽然是写茶铺，但是必须清楚国家和地区的大背景，我们才能更好地了解个人的命运。我在《那间街角的茶铺》每一章的开端，都要概述一下历史的背景，这样才能感觉到历史感。同时我们也需要知道茶铺外边发生了什么，因为研究一个历史课题，必须要和其背景结合起来，因为茶铺不是孤立的，要受到当时的政治、经济和其他各方面的影响。

研究茶铺时，就必须考虑到这些资料来自哪里，要认真梳理，对各种资料进行消化和解读。因为历史本身也很复杂，资料的形成实际上是一个复杂的建构，不是单纯资料。

“似乎感觉我在历史之中”

李磊：

根据对《那间街角的茶铺》的阅读，我发现资料的使用和写作方式和您的其他著作很不一样。在《那间街角的茶铺》中，表达比较活跃，“金句”比较多，不像学术书那么严肃。《茶馆》里的好多注释，成为写《那间街角的茶铺》的基本资料，因为这些原始资料好多都是故事和细节。《那间街角的茶铺》与您的学术专著《茶馆》研究的是相同的对象，您能否介绍一下两本书有什么关系、主要区别在哪里。“茶铺”和“茶馆”，这两个词语，有什么不同呢？

王笛：

关于成都茶铺的资料就那么多，我几乎收集殆尽，所以两本书都是依赖类似的资料来源。《茶馆》是从学术上来研究，而《那间街角的茶铺》是以文学的描写来表达。打一个比方，这就像炒菜一样，原料、配菜、作料都相同，但是由于大厨的烹饪方法不一样，可以炒出味道不同的佳肴。也就是说，资料都是一样的，档案、报刊、回忆录等，但是使用的方法不一样。《茶馆》，我主要从历史学角度进行分析，但写《那间街角的茶铺》时，是表现一种文化、一种生活方式，在风格上更通俗易懂。

我试图在那些似乎波澜不惊的平实的叙述中，表达自己的历史观，也是我在书中所说的，“历史学家要为百姓写史，哪怕是凡夫俗子每天坐茶铺的‘毫无意义’的日常行为，也远胜于一代枭雄所谱写的横尸遍野的血泪史”。

另外，谋篇布局的方式也不同。学术著作一般按照章节来布局，这样学术讨论的脉络清晰，但是可读性受到影响。茶馆的资料非常零散，要把那些零散的资料有机地整合在一起，存在相当大的难度。所以我过去关于茶馆的学术专著中，只能按照主题作为书的结构。而在这本书中，文学式的表达让我能比较自由地使用资料，我采取了时间线索和主题相结合的办法。全书分为四个部分，分成晚清、民国初、抗战、内战这四个时间段。围绕故事的讲述，我按照主题来展示历史的叙事。

还有就是，学术专著在格式上比较死板，要求符合一定的规范，而文学性的写作则自由得多。例如在我的学术专著里面，注释占了相当大的篇幅，可能占到书四分之一到三分之一，这些对一般读者来说，用处不是很大。因此《那间街角的茶铺》我没有加注释，但是有时候我也希望读者知道资料的来源，就在行文中简要地提到，书后也提供了征引书目。有兴趣的读者，可以了解这些故事的来源。

《那间街角的茶铺》的读者对象，也与我过去的研究专著很不相同。《茶馆》的初衷还是一种学术探索，写给专家看的。而《那间街角的茶铺》却不同，我在写作时，完全就是为了大众阅读，这样我就尽量描述生动一些，细致一些，故事化一些。我在学术专著的行文中，段落一般是很长的，是为了问题的深入讨论。而《那间街角的茶铺》段落比较短，更适合大众阅读的习惯，适合碎片的阅读，适合在时间比较少的情况下阅读。

在《那间街角的茶铺》，我还加入了个人的回忆和体验，这是在我过去的学术著作中所没有的。儿时的记忆，从一定程度上可能会对我有间接的影响。在学术研究中，我总是试图与研究的对象保存一定的距离，不进行价值的判断，把自己作为一个冷静的旁观者。而在这本书中，我经常把自己放到场景之中，并发表一些议论。当我阐发这些议论的时候，似乎感觉我在历史之中，表现了我对历史的思考，也有我对现实的关怀。

“茶馆”是对中国这类服务设施最常用的词。但是在四川，过去人们虽然也称茶馆，但是口语中更习惯叫“茶铺”。因此在《那间街角的茶铺》中，除了资料本身称“茶馆”外，在一般的情况下，我都使用“茶铺”这个词。

李磊：

就是说，虽然都是写茶馆，但是区别还是非常明显的。那么您能从《茶馆》中找个例子，具体说明一下同样的资料在《那间街角的茶铺》中不同的使用吗？

王笛：

例如，《茶馆》第一章的注54，小号字占了整整一页还多，都是关于成都水的问题。这些原来是作为参考资料放在注释中的，是给读者的补充资料，读者可以不读，这样避免细节太多，影响对著作的整体把握。因为作为历史研究，不能那么琐碎，这些故事、描述，只是一种参考。如果读者感兴趣，想做进一步的了解，就去翻一翻注释。

《那间街角的茶铺》，就把这些有趣的故事和细节，让它们从注释中“解放”出来，放在正文里边，堂而皇之地登上了大雅之堂，而《茶馆》中那些学术讨论，基本上没有。因为那是历史学的讨论，只有专业人员感兴趣。一般读者读这些，我觉得很枯燥。

《茶馆》是按专题，分为社会、经济、政治三部分。三部分没有按时间的线索，而是按专题的线索。因为社会史，1900—1950 年，50 年的时间，实际上那种变化也不是很大。如果按时间线索的话，比如讲到茶馆的经济，分到各个时间段来写，就会十分琐碎，而且会出现重复。但是《那间街角的茶铺》，我划成了四个阶段，可以看出一个时间的发展脉络。同时每一个阶段内部又分为专题，各个阶段有不同的侧重。比如，一个问题在晚清讲了，在民国时期就不再讨论，以免在内容上重复。如果必须讲到，在内容上也是非常不同的，读起来也不会感觉重复。

李磊：

您写第一本书《跨出封闭的世界》时，就在考虑茶馆的写作吗？还是到了美国之后，才定位到对成都的茶馆进行研究呢？

王笛：

《跨出封闭的世界》，写于 1980 年代，中间大概有几页涉及茶馆。当时我就觉得这种社会基本单位很值得探讨，但是当时的资料很少，所以我一直在注意收集资料。到了美国后，我为博士论文《街头文化》收集资料时，也关注茶馆，因为茶馆也属于街头的一部分。我陆续发现了一些茶馆的新资料。《街头文化》结束以后，我觉得写一本书是有可能的。因为时间跨度比较大，1900—2000 年，100 年那么长的时间，茶馆资料总是能找得到，而且对于改革开放以后的茶馆，我还可以到茶馆进行直接的考察。

李磊：

您第一次开始写茶馆是哪一年？第一篇用中文研究茶馆的文章是哪一年写的，发表在哪里？中文版《茶馆》、英文版《茶馆》，分别是哪一年、哪个出版社出版的呢？

王笛：

我第一篇关于茶馆的论文，实际上是用英文写的，应该是 1997 年吧。当时我在约翰斯·霍普金斯大学，参加一个人类学和政治学的研究所的学术活动。这个研究所资助我做这个研究。我第一篇关于茶馆的论文就是在这个所的学术会议上宣读的。这篇论文 2000 年发表在《城市史杂志》（*Journal of Urban History*）上。

差不多同时期，第一篇茶馆的中文论文发表在《历史研究》上，即《二十世纪初的茶馆与中国城市社会生活——以成都为例》。

第一本《茶馆》，由斯坦福大学 2008 年出版。中文版的翻译版，是 2010 年由社会科学文献出版社出版的，北京大学出版社今年出版了新版。

《汤姆叔叔的小屋》改编成川戏上演

李磊：

《那间街角的茶铺》中，我们看到，从晚清一直到国民党垮台，社会在剧烈的动荡之中，但是奇怪的是，1900—1949 年，茶铺却仍然能够得到发展，生意还是那么稳定。那么，成都茶铺哪个时期最繁荣呢？原因和表现，您能简单说一下吗？

王笛：

我觉得，最繁荣应该是抗战时期。其实过去茶铺的生意一直都很稳定，但应该是抗战时期达到高潮。因为抗战时期，成都是大后方，迁入了很多政府机构、教育机构、工厂等。人口大量增加，人们也需要相应的公共场所，那么茶铺就适应了他们的需要，成为他们日常生活、社交、经济活动的空间。我计算过，当时成都差不多每天有 10 万到 14 万人去茶铺，而当时成都也就四五十万人，就是说有四分之一的人会去，所以这个比例相当大。

李磊：

茶铺中提到公共空间，“公共空间”这个概念在您的《走进中国城市内部》一书有集中的论述。您能再简单讲述一下吗？

在您的茶铺研究中，您把西方的咖啡馆与中国的茶铺进行比较，指出它们在许多方面扮演类似的角色。您能否给我们谈谈，民众在茶铺中的活动，与咖啡馆、酒吧有什么异同呢?

王笛:

首先，我们来弄清楚概念。西方有两种概念，一种叫公共空间(public space)，讲的就是物质的空间，如广场、咖啡馆等，是看得到、摸得到的东西。还有一种叫社会的空间，这就叫公共领域（public sphere)，德国哲学家哈贝马斯对这个概念进行了深入的研究。他认为，西方的早期资本主义，都是由资产阶级公共领域发展起来的，包括咖啡馆、沙龙、教堂、出版机构等。

西方的咖啡馆、酒吧，其实也是一个社交的场所。茶铺也是，就是见朋友、聊天、消磨时间的地方。但是我经过研究，发现茶铺要复杂得多，因为喝咖啡不可能从早喝到晚。你喝完一杯咖啡，你还得新买。酒吧也是，喝完一杯啤酒，你如果要继续喝的话，肯定要另外买。但是茶铺就不一样，你可以买一碗茶，从早喝到晚，哪怕喝成了白开水。如果在咖啡馆、酒吧，你喝一整天的话，就是经济上能够承受，身体肯定受不了。但茶没有这个问题，无非就是上几趟厕所，所以几乎每个茶铺都有厕所。

茶铺还可以为很多人提供生计，例如理发的可以在茶铺，大家从来没有看到咖啡馆、酒吧有人理发。还有掏耳朵的、擦鞋的、算命的、卖小吃的，三教九流都可以在茶铺中找到生意。这种包容性比酒吧、咖啡馆要大得多。从这个程度上说，它跟城市人生活的关系更加密切。

李磊:

您说过，微观史研究不能只看到小问题，而是以小见大，而且不同意新文化史和微观史就是研究吃喝拉撒，认为政治也必须在研究的范围之内。那么，茶铺作为城市生活的公共空间，从政治方面能告诉我们什么东西呢?

王笛:

过去人们认为茶铺只是休闲的，实际上它包括了经济的、社交的等各种功能，其实还有更重要的就是你问的那个问题，还是政治的空间。

从政治的空间来看，可以从几个方面来理解。

一个方面是，坐茶铺的人，喜欢在茶铺中间谈论政治，就是每天发生了什么和政治有关的事情。从清代开始，就有关于政府的政策、税收等内容。民国时期，政府公布了什么规章，不管是和茶铺有没有关系的，都会在茶铺里面讨论。还有各种政治人物，这个是大家关心的问题。政治人物的思想，还有地方政府、中央政府、军阀，这些都会在茶铺里面讨论。抗战时期，前方打仗的消息也是茶铺中谈论的主题。一讨论，就会有各种不同的观点，大家也会为这些事情进行争论。

第二个层面，就是茶铺中间有各种社会组织、政治组织，它们在茶铺中开展各种活动。比如清代，反清的秘密社会袍哥。辛亥革命时，茶铺就是政治活动场所，所以清政府会派奸细到茶铺中间去。到了民国时期，这些秘密社会仍然在茶铺中间活动，甚至好多茶铺就是秘密社会的码头，所谓码头就是他们的中心，或者是他们的司令部，在那里开会联络。他们还有各种反政府的行为，所以政府要求茶铺的老板，看见行为可疑的人在茶铺中间活动，就得报告。国民党时期也是这样。

第三个层面，就是当政治运动发生的时候，茶铺成为一个主要的活动场所。保路运动爆发以后，许多人在茶铺中间演讲，在茶铺中间发动民众，还有各种关于保路运动的新闻在茶铺中间传播讨论。抗战时期，茶铺成为一个宣传的中心。国民党规定，比如每个茶铺都有个黑板，上面发布关于抗战的新闻。在茶铺中放置各种报刊和宣传抗日的各种书籍。

第四个层面，共产党的组织也利用茶铺作为联络的工具，茶铺成为国共两党活动的一个舞台。

我补充一点，就是茶馆中间的表演。过去演讲、评书、川剧都是受到政治影响的。比如辛亥革命以后，1913 年曾在成都的茶铺里演过《黑奴吁天录》，这是根据美国名著《汤姆叔叔的小屋》改编成川戏。后来在抗战时期，各种宣传的戏曲，反对汉奸、组织抗日的戏曲都在茶铺中间表演。

第五个层面的政治，就是政府——包括清政府和国民党政府——在茶铺中间压制人们不满的、批评政府的声音。如果有人在茶铺批评政府，甚至可能把茶铺给关了，可能把茶客抓捕了。所以为什么在茶铺中间都贴着“莫谈国事”这样的告白。不过，贴出这样的告白本身，在我看来也是大家对言论控制不满的表达。

李磊：

您在《那间街角的茶铺》里说道，把这五十年成都的茶铺作为一个窗口，我们可以看到成都这个城市的方方面面。您能否举例讲一讲，可以看到这个城市具体的什么呢？

王笛：

茶铺就是一个窗口，它能够折射出一个大的社会。虽然这个空间是很小的，不可能包括万象，但实际上它能够容纳各种人，从上到下的人都在那里活动，而且还能够容纳各行各业。它能显示经济，也能显示文化，还能显示政治，它是比较复杂的一个空间。它和这个城市的经济、社会文化、日常生活各个方面都紧密地联系在一起。一滴水能够反映那个大的世界，所以你可以把茶铺看作一滴水，而且比一滴水更能反映那个大千世界。

通过研究茶铺，我们了解了成都这个城市，了解了这个城市的人，可以看到他们的生活态度，他们对外面世界的看法。因为，他们在茶铺里要聊天、交流，要讲到政治，讲到政治人物，讲到国家。所以，他们在茶铺里的言行和活动，全面反映了一个城市的面貌。

关于妇女问题，有时候改良派更保守

李磊：

1900—1950 年，正好包括了中国现代文学的三十年。现代文学中，女作家的表现比较突出，像丁玲、张爱玲、萧红等人，开始写女性的爱情自主、婚姻自由以及她们的情爱与社会的关系。她们笔下，也写了一些像黑妮、小艾、小团圆媳妇这样的底层女性的形象。鲁迅笔下的刘和珍等女学生，参与社会进步。这些在茶馆的女客中有表现吗？《那间街角的茶铺》中，您绘制了一幅女客的插图，特别传神，您为之配的图注也很精彩，“这些女客穿着时髦，很自信，是知识女性”。

女性在公共空间的自由度，经常会反映出一个社会的开放程度。那么，根据您的观察，1900—1950 年的成都，女性在茶铺中的自由度是否显现增大的趋势，社会对她们是否越来越宽容，她们是否有越来越大的公共生活的空间呢？

王笛：

你所提到的那些是知识女性，走在时代前列，开风气之先，为妇女解放而呐喊。我更关注下层妇女，在我看来，女性在公共场所一直是受到压制的。在传统社会，孔孟之道就认为妇女不应该抛头露面，就是男女授受不亲。

其实所谓的授受不亲主要指上层妇女，就是说富裕人家的小姐太太，因为她们才有这种条件生活在大院里，与外界隔绝。穷人家住在街两边的小房子，而且这些女孩从小就要工作的，也不可能藏在深闺里，所以说贫富人家应该分开来看。但总的趋势是不鼓励妇女到公共场所。但是过去对老年妇女的限制不是很严格，年轻的特别是没结婚的女性，坐茶馆是绝对不行的。

到了晚清，大概就是辛亥革命以前，西方的一些比较自由的风气开始传入中国。首先开始有戏园子，当时茶馆和戏园在一起，好多茶馆所谓戏园也就是一个茶馆设立了舞台，开始允许妇女进入茶馆看戏。这就引起人们的少见多怪，好多人跑到戏园门口打望女人，要不然就是造成围观，影响交通。后来警察开始进行限制。比如说妇女和男人使用不同的时间，妇女早上看戏，男人晚上和下午看戏。后来，就把戏园分成不同的区域，妇女在楼上，男人在楼下，那个楼厢弄一个帘子隔着，就是说妇女可以看舞台上的戏，但是男人看不清楚楼厢上的女人，只有模模糊糊的影子，哪怕就是这些影子，仍然能引起楼下男人的各种想象，不少男人注意力不是在舞台上，而是在楼上的女人身上。当时还有漫画讽刺这种现象，指责有的男人到戏园根本不是为了看戏，而是为了打望女人。

到民国时期，风气开始开化。首先从公园的茶馆里面，女性都可以进到公园去玩，她们坐茶馆也是司空见惯。后来一步一步地开放，到了大概抗战时期，好多东南沿海的人，就是当时所称的“下江人”进入成都，把沿海比较开放的风气也带到了茶馆，青年女学生也坐茶馆。抗战时期是一个转折点，大家不再觉得青年妇女坐茶馆是一个不好的行为，社会逐渐地接受。这样一个过程实际上是很缓慢的，差不多经历了四五十年。这个趋势还是可以看得出来，是逐渐地从封闭到开放。

但是我要强调一个观点，过去我们谈到妇女问题时，总是想当然地认为改革改良者不管是晚清也好，民国也好，他们思想自然是开放的，自然会支持妇女有更多的进入公共空间的权利，无论是去娱乐，还是去谋生，还是去社交，但实际上这个预设是不对的。根据我的研究，至少在成都，在妇女进入公共空间这个问题上，所谓改良者反而有时候表现得更保守。在晚清，反对妇女到庙里边去烧香、反对妇女到戏园去看戏的人，好多都是改良者。他们觉得妇女到戏园看戏是不道德的，要家里的人严加管束。因此，我们研究历史一定不能想当然。

中国公共史学集刊　第四集
第 186～215 页

历史非虚构写作的公众需求与创作路径探究

陈思翰　周若溪　房清怡　刘相宜　颜　珂*

摘　要　当代新闻领域兴起的“非虚构写作”潮流与历史书写中的求真传统彼此呼应，形成“历史非虚构写作”这一新兴概念。本文在梳理此概念演变历程（新闻—文学—历史）基础上，将其初步界定为“由积极追求真实再现历史事实的作者，依托历史学资料并运用文学叙事手法完成的，在审美价值意义上与传统历史学术作品相区别、在现实相关性意义上与新闻特稿相区别的写作成果”。以此为纲，本文围绕当代中国历史非虚构作品的供求现状展开实证分析，发现此类作品对读者历史认知有明显影响，但现有作品供给在质量与数量上仍未满足读者需求。因此，包括专业学者在内的多元主体应当积极参与创作兼具历史真实性和叙事性，且在史实与史观方面对公众具有积极影响的作品。

关键词　历史非虚构写作；公众认知；真实性；叙事性；公共史学

* 陈思翰，中国人民大学历史学院 2018 级本科生；周若溪，中国人民大学法学院 2018 级本科生；房清怡，中国人民大学法学院 2018 级本科生；刘相宜，中国人民大学法学院 2018 级本科生；颜珂，中国人民大学新闻学院 2018 级本科生。

一 引言

中国史学具有悠久的历史书写传统，在历代修撰的纪传体正史之外，地方史志、家谱传记等资料档案也浩如烟海，积累了丰富的历史叙事遗产。而近年来，随着公众受教育程度提高，历史爱好者和创作者不断增多，通俗的历史文化类书籍也颇为畅销且不乏佳作。

从市场现状看，自 2005 年前后起，历史类书籍即成为畅销书的一大类型，根据开卷公司公布的畅销书排行榜，历史类畅销书始终居于学术文化类排行榜的前十名，在大多年份中也能进入非虚构类书籍排行前十名。[①] 此类既有严谨考证又兼顾文学性的通俗读物，适应了当代读者的轻学术阅读偏好，其持续不减的热度不仅反映出社会公众普遍的历史阅读需求，也使得对其进行调查研究具有了现实意义。

从学术发展看，在当今历史学界，回归中国史学叙事传统的呼吁与西方史学“叙事转向”的潮流相互呼应，使得叙事和写作成为史学理论研究的重要议题，越来越多的历史学者也开始尝试将专业化、刻板化的学术写作转化为兼具叙事色彩的文字作品。在此潮流下，本文研究也契合当代历史学科发展的内在逻辑，因而具有学理意义。

相较于一般意义上的通俗历史读物调研，本文研究围绕“历史非虚构写作”这一新兴概念展开。这一概念不仅在图书市场等领域的日常用语中渐趋流行，也逐步为部分学者所关注。早在 2010 年，北京大学王希教授就曾撰文引介美国公共史学领域训练学生面向公共传播进行历史题材写作的教育经验,[②] 此后该议题也不断引发新的讨论。2020 年 12 月，在中国人民大学史学理论研究所主办的“公共史学教学研讨会”上，杨念群教授以“公共史学与历史非虚构写作”为题发表主旨演讲，

① 参见北京“开卷”smart 数据查询系统官网，https://www.openbookscan.com.cn/，最后访问时间：2021 年 3 月 24 日。

② 王希：《谁拥有历史——美国公共史学的起源、发展与挑战》，《历史研究》2010 年第 3 期，第 34—47、189 页。

分析了历史叙事与文学创作的界限、通俗史学中的历史观等问题，使得这一概念得到更广泛的关注。[①] 然而，当代新闻写作中流行的“非虚构写作”概念与历史书写传统如何相融，以求真为旨归的历史作品为何仍需强调“非虚构”属性，阅读受众如何看待此类作品，等等，仍然是尚无定论的议题。因此，本文研究将分析“历史非虚构写作”概念作为出发点和线索，以此为纲开展基础性的实证调研，收集整理原始经验材料并进行初步阐释，以期对学界未来的理论探讨有所助益。

二　研究现状

（一）概念界定

“非虚构”译自英文 non - fiction，强调作者将文学性方法应用于真实事件的描述中，再现情景并融入作者的观察、分析和思考。非虚构写作源自新闻和文学领域，现有研究也多集中在此，但学术界对此概念仍无统一定义。简言之，非虚构写作是对过往虚构文学内容生产方式的反题，并不拘泥于特定体裁形式，而是强调真实内容与叙事形式的结合，亦即作者在不积极追求虚构的前提下实现表达的叙事性。[②] 在此意义上，非虚构作品涵盖的实际范围很广，但出于聚焦研究对象、明确问题意识的目的，本文仍对非虚构写作进行具体划分，以此尝试探讨“历史非虚构写作”的概念内涵。

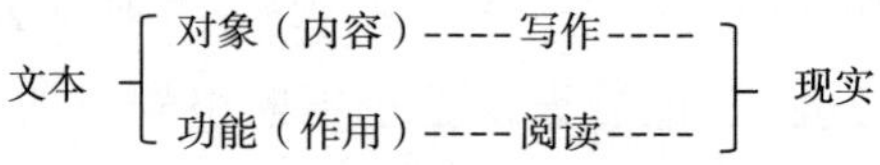

图1　文本与现实的关联路径

① 《学科建设、数字化、课程教育：公共史学的机遇与挑战》，澎湃新闻，https://www.thepaper.cn/newsDetail_forward_10299510，最后访问时间：2021 年 3 月 26 日。

② 周逵、顾小雨：《非虚构写作的新闻实践与叙事特点》，《新闻与写作》2016 年第 12 期，第 83—86 页。

具体言之，任何文本都至少通过内容（作者的写作对象）以及功能（对阅读者的影响）两个维度与现实发生关联。对于非虚构写作而言，新闻性与历史性是内容角度的分类标准，强调写作对象与当下现实的时间远近以及关联强弱；非文学性与文学性则是功能角度的分类标准，强调区分文字作为信息载体的实用价值与文字本身具有的非功利审美价值。在表1中，非虚构文本被分为四个区间，20世纪60年代美国新闻界探索和讨论的“非虚构写作”“新新闻主义”“文学新闻”主要强调新闻作品从1到2的过渡；文学领域的非虚构写作主要强调从2到4，亦即将非虚构写作对象从当下事件延展到更长时段的社会调查或故事书写；历史学科内部的后现代主义讨论，主要聚焦3与4之间是否存在严格边界，是否存在不具有任何主观性的客观史学；公共史学、叙事史学则呼吁历史学者借鉴2的形式，将3加工为4，以使得社会公众更好地接触和理解历史。本文聚焦的作品主要为区域4，后文对学术史的梳理也依据这一脉络展开。

表1　历史非虚构写作概念的相对位置

	非文学性（陈述性） （信息传递、实用价值）	文学性（叙事性） （艺术创造、审美价值）
新闻性（时效性强、创作周期相对短）	1.“事实传递” 典型文本： 新闻消息、应用文（公文、通告、调研报告等）、法律裁判文书的案情事实部分等	2.“现实叙述” 典型文本： 新闻特稿、报告文学、人类学民族志等
历史性（存储记忆、现实弱相关性）	3.“编年史” 典型文本： 大事年表（如《史记》史表部分）、中学的通史教科书等	4.“真历史”① 典型文本： 传统正史（如《史记》传记部分）、当代历史非虚构作品等

说明：该表中的两个标准均为理想类型（ideal type），目的在于抽离并概括各类文本的核心特征。现实中的文本兼有不同属性，使得真实的作品更接近于由两段连续性光谱交汇而成的场域。同时，讨论“非虚构”的前提是文本的创作重心或目的为展示某种事实，因为虚构

① 科林伍德（Robin Collingwood）对排列事实的“编年史”（Chronology）与重现人物活动和观念的“真历史”（History）进行了区分，参见张作成《“一切历史都是思想史”：语境分析与内涵再探》，《史学理论研究》2009年第2期。

续表

与否这一概念，衡量的对象主要是文本内容与现实事实之间的距离，故以呈现作者观点为主旨的议论性文本（如时事评论、文学批评等）不属于此讨论范围。此外，由于自然现象的描述通常由定量方法或统一术语实现，内容受文本写作影响较小，因此本文也不探讨纯粹自然科学和工程技术领域的文本（如物理学论文、产品说明书等）。

（二）非虚构写作研究现状

1. 学术史梳理

由表1可知，区域4对应的“历史非虚构写作”是一个复合多义概念，既指图书市场中的历史类非虚构作品，又指学理意义上创作此类作品的过程和方法；既是历史学与新闻、文学等领域交叉借鉴的产物，也是史学理论内在发展逻辑的自然延伸；既顺应西方史学叙事转向的新潮流，又呼应“良史莫不工文”（章学诚语）的中国传统史学底色，现有学术成果也可在这三条脉络中加以理解。由于学界对“历史非虚构写作”这一概念的探讨非常有限，下文主要着眼于新闻、文学领域的广义概念，并将非虚构写作自身发展历程的梳理与学界对其进行研究的学术史梳理相融合。

对“历史非虚构写作”的概念，在学理层面主要有“外源型”和“内生型”两种解读视角，前者将其视为“非虚构写作”从新闻和文学领域进入历史题材的交汇产物，后者将其视为“历史写作”转向非虚构叙事创作的自我反思成果。

“外源型”视角强调“非虚构写作”概念经由新闻、文学而进入历史学的过程。在20世纪60年代美国的新闻领域，强调文学性和可读性的特稿作品风行一时，“新新闻主义”（New Journalism）和“文学新闻”（Literature Journalism）逐步得到业界和公众认可并孕育出非虚构创作的概念。改革开放后，中国新闻写作也经历了“报告文学—大特写—特稿”几段叙事化浪潮。① 在新媒体时代全民新闻、快餐新闻等冲击之

① 刘勇：《新闻面向的非虚构写作：概念澄清与历史变迁》，《青年记者》2020年第13期，第11—14页。

下，报告文学更加凸显文学性和个体性，[①] 提供流水化新闻生产中缺失的创造力，旨在“用文学的方法为新闻保鲜”。[②]《人物》等杂志开始采用“饱和渗透式”写作方法，即长时间“浸泡”在人事与环境中获取体验与素材。

与此同时，作为新闻写作母体的文学领域也开始关注“创作主体的在场性、亲历性和反思性等叙事特征”。[③] 和美国20世纪60年代社会运动的背景类似，改革开放的深刻社会转型也催生了关注人物命运和历史变迁的文学趋向，美国作家何伟（Peter Hessler）、梅英东（Michael Meyer）等人将美国非虚构小说创作和田野方法带入中国，与地方性的乡土文学传统合流，激发了文学类非虚构题材的创作。[④] 进入21世纪，结合口述历史、公共记忆、个人生命史等概念开展的非虚构创作，则进一步推动“非虚构写作成为新世纪文学的热点”，进而促使《人民文学》在2010年正式提出文学意义上的“非虚构写作”概念。[⑤]

在此基础上，由于新闻、文学和历史学在时间边界上的模糊性和方法技艺上的共通性，“历史非虚构写作”的概念也开始受到关注，创作者尝试将视野延伸至历史题材，学界也逐渐从新闻和文学领域的探讨过渡到思考历史非虚构写作。在20世纪的欧美社会，新闻记者出身的芭芭拉·塔奇曼（Barbara Tuchman）、威廉·夏伊勒（William Shirer）等人的纪实性历史作品均产生了空前的影响，学界也开始呼吁历史学者参与公共议题，运用具有文学性和适于传播的方式书写一种普通群众能够看得见、听得着并能解读的历史。中国文学则受惠于国内丰富的历史素材资源，自然地进入到文学真实性与历史真实性的理论探讨和实践探索

① 丁晓原：《报告文学，作为叙事性非虚构写作方式》，《文艺理论研究》2020年第3期，第76—83页。

② 张涛甫：《非虚构写作：对抗速朽》，《新闻记者》2018年第9期，第37—41页。

③ 洪治纲：《论非虚构写作》，《文学评论》2016年第3期，第62—71页。

④ 项静：《异邦客的“非虚构”写作与中国故事》，《文艺争鸣》2020年第9期，第50—55页。

⑤ 王光利：《新世纪中国文学的非虚构写作》，《江西社会科学》2019年第2期，第147—153页。

之中。文学创作者写作了《白鹿原》等以历史变革为主题的深刻作品，研究者则提出“公众史学应该更多借鉴文学叙事的方法”，使得“作者和读者产生共识”而发挥其社会功能，① 而倘若忽视文学手法，“多维的历史将被简化成单维，历史中多样性的人将只有一副面孔”。②

与之相对，“内生型”视角重视探讨史学理论的范式转换对历史书写的影响，转换的核心在于重新发现叙事史学的意义。这一潮流起自二战后西方的社会文化史和后现代史学，进入国内后与中国古代史学的叙事传统相互接榫，构成了历史非虚构写作的理论根基。具体言之，二战后英国兴起的社会史学不仅强调关注平民生活、书写自下而上的历史，更主张历史书写应“批判年鉴学派主导的历史学的社会科学化研究范式，超离计量史学的规训，以微观视角、结构分析和多样的‘文史合一’的文本策略，重构史学的‘叙事’特征”。③ 到 20 世纪 60 年代，语言学和分析哲学的兴盛推动历史叙事进一步理论化，海登·怀特（Hayden White）等史家对历史书写的客观性进行解构，“标示出历史文本的伦理和审美的层面”，④ 这为叙事复兴提供了正当性依据：既然自谓严肃科学的客观史学实质上也是对文本的主观解读，那么叙述性地再现历史情境，无疑也是抵达历史真实性的一种方式，因此，“在后现代主义名义下的整个文化运动的主要特征便是支持一种有计划的……向叙事的回归”。⑤ 这种转向在西方史学界深刻影响了罗伯特·达恩顿（Robert Darnton）、娜塔莉·戴维斯（Natalie Davis）、卡洛·金兹伯格

---

① 陈新、江睿杰：《真与用：关于历史叙事与文学叙事的问答》，《江海学刊》2011 年第 5 期，第 154—161 页。

② 池桢：《历史学的文学之翼：“现代叙史”》，《史学月刊》2006 年第 11 期，第 5—12 页。

③ 张岩：《历史何以重提“叙事”？——论 1980 年代西方新史学运动的转向》，《社会科学文摘》2016 年第 11 期，第 101—103 页。

④ 彭刚：《相对主义、叙事主义与历史学客观性问题》，《清华大学学报》（哲学社会科学版）2008 年第 6 期，第 27—41、157 页。

⑤ 徐浩：《历史是修辞：怀特后现代主义历史编纂学的叙事理论》，《史学月刊》2009 年第 1 期，第 111—118 页。

(Carlo Ginzburg)等从结构分析回归到历史人物和事件描写的学者，并催生了一批兼具学术性和可读性的畅销作品。中国学者在引介西方理论的同时，还注重本土资源的挖掘，立足《史记》等经典传统，提出历史书写者应当“在力求充分展现历史真实的同时，竭力建构自己的道德世界，展现自己的审美情境”。[①] 可见，对“非虚构”概念的表述和对“历史真实”概念的反思，是同一问题的不同侧面，两者共同指向历史书写的可能性问题，折射出专业化和科学化的文本创作方式在大众文化崛起时代面临的挑战和机遇，对这一问题的探索，使得“‘叙事主义历史哲学’向长期以来主宰史坛的‘分析的历史哲学’发起的挑战成为当代历史思维领域中最令人瞩目的事件”，而“大众化历史叙事的萌动……预示着知识变迁的新动向”。[②] 在此意义上，或许可以将“非虚构写作”与“历史写作”相融而成的“历史非虚构写作”这一概念视为在特定时代背景和学术语境下的近义复指，其真实性的表意重心并不在于强调“不可虚构”，而在于通过叙事手法达成对真实历史的重现。这一概念本身也标识出一种学科交融和范式转换的动态性和复杂性，需要在特定的语境下加以理解。

同时，非虚构写作的发展始终伴随着争议，尤其是求真原则与文学手法之间的张力引起诸多学者质疑。在真实性方面，有学者认为“非虚构”的真实，是对外不对内、对人不对己的。所谓的“在场”或“行动”，以超离的、包藏自我的“客观”方式进行。[③] 非虚构叙事通常伴随着叙事主体对新闻事实的在场、亲历、调查和写作，在新闻完成过程中，叙事者的主体意识和个人特色十分鲜明，而在历史写作中，历史非

① 李红岩、陈莹：《中国传统历史叙事中求真的内在张力——以〈史记〉的叙事为中心》，《史学月刊》2014 年第 3 期，第 96—105 页。

② 郭震旦：《历史编撰新图景：大众化历史叙事的隆起——兼论后现代史学》，《清华大学学报》（哲学社会科学版）2009 年第 5 期，第 36—46、158 页。

③ 李丹梦：《“非虚构”之“非”》，《小说评论》2013 年第 3 期，第 89—96 页。

虚构写作者如何考订和选择史实也是有待考量的问题。[①]

第二个质疑则进一步指出从个体经验寻求公共经验的内在困境：指其将个人体验上升到“典型”的叙事过程的无力，指出其叙事中时代感的缺失、没有基于时代背景的特征。[②] 该质疑在历史非虚构写作中也时常存在，作者运用生动手法描绘的一段历史未必反映历史全貌，这种碎片叙事对读者认知的影响也十分复杂。

2. 市场现状

回顾近二十年全国图书零售市场的发展情况，北京开卷历年报告显示 2001 年以来中国图书零售市场总规模持续增长。2015—2019 年中国图书零售市场整体保持 10% 以上的增长速度，虽然 2020 年由于疫情原因首次出现负增长，但拆分到各个季度来看，随着逐渐复工复产复学，图书零售市场整体有所回暖并出现小幅度上涨。图书市场中综合专业性和文学性的非虚构著作如同一匹黑马，以其真实的内容、优美的文笔和细致的视角受到普遍欢迎。书籍的畅销也激励更多出版社进入非虚构著作领域，催生出甲骨文、汗青堂、好望角等系列的经典书籍。

但正如 2020 年开卷报告所指出的，图书市场整体缺乏亮眼的新书。综合 2009 年至今的非虚构畅销书排行榜分析，近年来进入榜单前十的历史非虚构类新作寥寥无几，即图书零售市场大半依旧以老书支撑，可见市场仍需更多优质的历史类非虚构新书进入畅销榜。

表 2　2009 年至 2020 年进入非虚构类畅销书排行榜前十名的历史类图书相关情况

年份	数量	排名	书名	作者	出版社	出版时间
2009	4	3	明朝那些事儿（大结局）	当年明月	中国海关出版社	2009 年 3 月
		4	明朝那些事儿（第陆部）	当年明月	中国海关出版社	2009 年 4 月

① 华进、张小淇：《后真相语境下非虚构叙事兴起的深层原因及其发展探究》，《东南传播》2020 年第 8 期，第 69 页。

② 林秀琴：《“非虚构”写作：个体经验与公共经验的困窘》，《江西社会科学》2013 年第 11 期，第 78—83 页。

续表

年份	数量	排名	书名	作者	出版社	出版时间
2009	4	5	明朝那些事儿（第壹部）	当年明月	中国友谊出版公司	2009 年 1 月
		9	明朝那些事儿（第伍部）	当年明月	中国友谊出版公司	2009 年 1 月
2010—2012	因数据缺失，2010 年进入排行榜前十的 5 本书［分别为《明朝那些事儿》第壹、贰、叁、柒部，《历史是个什么玩意儿：袁鹏飞说中国史（上）》］未能找出其明确排名，2011 年与 2012 年的年度榜单也暂未搜集到，故在此从略					
2013	2	8	毛泽东传	［英］迪克·威尔逊	国际文化出版社	2013 年 4 月
		9	朱镕基上海讲话实录	《朱镕基上海讲话实录》编辑组	人民出版社	2013 年 8 月
2014	0	/	/	/	/	/
2015	0	/	/	/	/	/
2016	2	6	中国共产党的九十年（全三册）	中共中央党史研究室	中共党史出版社	2016 年 7 月
		8	重读抗战家书	中央宣传部宣传教育局	中华书局	2015 年 12 月
2017	1	7	未来简史：从智人到智神	［以色列］尤瓦尔·赫拉利	中信出版社	2017 年 1 月
2018	2	4	红星照耀中国	［美］埃德加·斯诺	人民文学出版社	2017 年 6 月
		9	半小时漫画中国史（全新修订版）	二混子（陈磊）	江苏凤凰文艺出版社	2017 年 1 月
2019	5	4	半小时漫画中国史（全新修订版）	二混子（陈磊）	江苏凤凰文艺出版社	2017 年 1 月
		7	半小时漫画中国史（3）	二混子（陈磊）	海南出版社	2018 年 7 月
		8	中国共产党的九十年（全二册）	中共中央党史研究室	中共党史出版社	2011 年 1 月
		9	半小时漫画中国史（2）	二混子（陈磊）	海南出版社	2018 年 5 月
		10	半小时漫画世界史	二混子（陈磊）	江苏凤凰文艺出版社	2018 年 4 月
2020	4	4	郭论	郭德纲	湖南文艺出版社	2018 年 9 月

续表

年份	数量	排名	书名	作者	出版社	出版时间
2020	4	5	半小时漫画中国史（4）	二混子（陈磊）	海南出版社	2019 年 9 月
		9	半小时漫画中国史（全新修订版）	二混子（陈磊）	江苏凤凰文艺出版社	2017 年 1 月
		10	半小时漫画中国史（3）	二混子（陈磊）	海南出版社	2018 年 7 月

资料来源：参见开卷研究《开卷发布：2020 年全国图书零售市场规模首次出现负增长，同比下降 5.08%》，微信公众号“北京开卷”，最后访问时间：2021 年 1 月 7 日。

3. 现有研究不足

“历史非虚构写作”概念是历史学科内外变革共同形塑的学术潮流，也是创作实践和理论思考彼此互动的文化产物，更是社会公众和知识精英进行对话的共识成果，而非虚构写作的真实性与影响力仍然是颇具争议的论题。总体而言，相比于新闻和文学领域的探讨以及欧美国家对公众史学的探索，国内对“历史非虚构写作”的现有研究仍相对薄弱，明确界定“历史非虚构写作”概念的研究极为有限，且以学理思考为主而缺少经验实证，对此类作品生命周期中创作、出版、购买、阅读等环节的全面调研更是存在空白。此外，虽然北京开卷信息技术有限公司每年会对图书零售市场进行分析，但其主要从整体市场规模、图书销量、销售折扣等方面进行宏观论述，缺乏对读者和作者微观角度的具体分析，亦未深入调查历史非虚构作品对于读者历史认知的影响。在此背景下，本文尝试将理论和实践结合，围绕当代中国历史非虚构作品的供求现状展开文献、问卷、定量和访谈实证分析，综合探讨历史非虚构写作的公众需求特征与当代创作路径。

三　调研思路

（一）研究对象

本次研究选择了 24 本代表性著作，分为六组以期全方位了解公众阅读历史非虚构作品的基本情况。因研究目标为读者对于历史非虚构作品的认知，我们将研究群体定位于非虚构作品读者与作家，不限其年龄、教育背景、专业背景，从宏观到微观了解历史非虚构作品的现状及其对读者历史认知的影响。

（二）研究内容

本小组通过文献、调查研究等方法，了解目前市场和学术研究现状，界定“历史非虚构写作”这一概念，同时回答“历史非虚构作品对读者的历史认知有何种程度影响”“读者需要怎样的历史非虚构作品”“专业学者如何参与历史非虚构写作”三个主要问题，并基于调研结果提出相应建议。

（三）研究过程

首先，通过对现有文献和市场调研分析，本小组发现目前研究多以对历史非虚构写作的学理思考为主而缺少经验实证；仅有的调研也限于对宏观市场的客观分析，缺乏对读者与作者主位视角的调查，因此本小组综合以上两方面，决定从历史非虚构作品对读者历史认知的影响层面入手。

其次，进行第一次问卷调研，调查读者对历史非虚构作品的了解情况和阅读情况，及其对现阶段市场已有的历史非虚构作品的态度和未来预期，并进行定性和定量分析。

再次，结合第一轮调研结果，本小组在有意愿接受后续调查的18位受访者中选择了10位进行半结构式访问，主要围绕作品对读者历史认知的影响效果、影响角度和读者对于“非虚构”的要求、读者阅读的初衷进行挖掘。与此同时，本小组对著名作家张宏杰老师进行采访，以期分别从读者和作者的角度对历史非虚构作品的认知和影响进行研究。

最后，综合文献研究和两轮调查研究结果，分析通过何种路径能够满足公众对于历史非虚构作品的期待并得出初步建议。

四 调研结果

（一）第一轮调研结果

本次调研问卷分为三部分，1—5 题为基本信息（性别、年龄、受教育程度、专业背景、历史兴趣），6—8 题调查对非虚构写作概念的一般性认知（不限于历史领域），9—19 题限缩至历史非虚构写作，从具体作品和概念界定角度切入，聚焦历史非虚构作品对读者历史认知的影响以及读者的需求。（受疫情等条件限制，问卷通过“公共史学集刊”公众号等线上渠道发布）

问卷发放后共收回 555 份答卷，其中 538 份有效。问卷分析包括定性解读和定量分析（描述性统计与回归分析）两个环节，具体分析环节不拘泥提问顺序，而是相互补充。受疫情波动、调研时长等因素影响，我们的研究样本以学生、教师等较高学历群体为主，且对于历史类读物有着相对较高的兴趣和认知程度。这一偏差对研究结果产生了影响，并不能完全反映普通公众的情况。但是相较于既有研究的空白现状，对此群体展开分析，所获信息无疑也具有参考价值，且为日后的推广研究提供基础，同时也符合此类作品由学界走向公众、逐步获得社会认可的自身发展规律。

1. 定性分析

首先，为全方位了解公众阅读历史非虚构作品的基本情况，我们选取 24 本代表性作品并分为六组，对阅读情况进行调查。

表 3　历史非虚构作品阅读情况（问卷）

类型	代表书目	阅读量占比（读过数量/样本总量）
传统史书典籍（不限于原典，含通俗白话等版本）	《战国策》	25.8%
	《史记》	56.3%
	《汉书》	21.8%
	《资治通鉴》	36.9%

续表

类型	代表书目	阅读量占比（读过数量/样本总量）
历史演义	《三国演义》	76.6%
	《隋唐演义》	23.2%
	《中国历朝通俗演义》	5.4%
	《上下五千年》	37.5%
名家历史品评	《秦崩》《楚亡》	24.7%
	《品三国》	18.6%
	《万历十五年》	36.4%
	《火枪与账簿》	14.5%
通俗历史创作	《大明王朝的七张面孔》	25.8%
	《明朝那些事儿》	56.3%
	《两京十五日》	21.8%
	《红顶商人胡雪岩》	36.9%
历史性文学作品	《白鹿原》（虚构）	38.6%
	《南渡北归》	11.2%
	《中国在梁庄》	14.7%
	《大地孤独闪光》	7.0%
外国历史作品	《人类群星闪耀时》	24.3%
	《全球通史》	36.9%
	《八月炮火》	8.2%
	《切尔诺贝利的回忆》	9.2%

调查结果显示，历史演义类平均阅读人数最多，史书典籍类紧随其后，这虽受本次问卷样本特性影响，但也能反映出大众对历史非虚构作品具有一定兴趣，其中《三国演义》《史记》《明朝那些事儿》排名前三，近年来的新作品也有突出表现。

在此基础上，我们分析了历史非虚构写作对读者的影响，95.72%的受访者表示阅读历史非虚构作品有助于增长历史知识，96.28%的人认为此类作品能在一定程度上激发其对历史的兴趣，可见历史非虚构作品具有普及历史知识、激发读者兴趣的价值。而就相关作品对大众历史认知的影响而言，我们将其分为针对历史人物、历史事件和作品所涉朝代或年代的评价。如图3所示，分别有49.82%、44.98%和40.52%的受访者表示历史非虚构作品会非常大或较大地影响其对书中所涉历史人物、历史事件和时代的评价，可见此类作品不仅具有客观上传播历史知识的作用，更影响读者对相关内容的主观评判和价值取向。

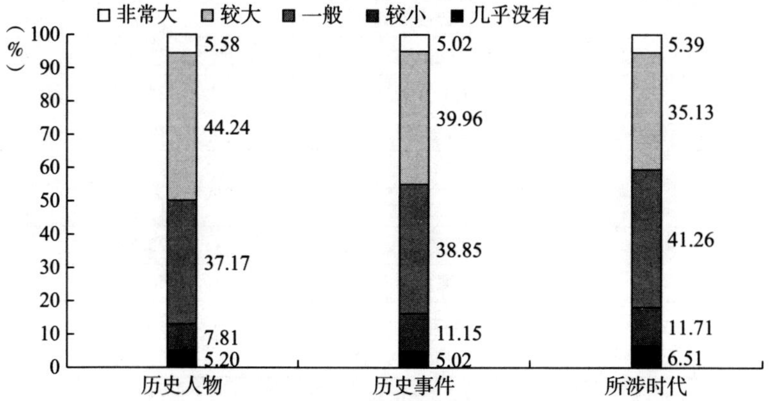

图2 受访者对历史非虚构作品影响的主观认知

对于“什么是非虚构写作”“读者需要怎样的作品”的讨论，核心问题在于“非虚构作品”究竟在多大程度上允许虚构，历史非虚构写作与其他写作方式的异同何在。我们以态度量表的形式对此进行了调查。

具体言之，在对历史非虚构写作的认知上，分别只有 12.07% 和 8.47% 的受访者表示其与文学创作和田野调查实录没有区别，同时有 26.13% 和 29.73% 的人分别选择了“中立”，可见大众普遍认同非虚构写作具有其独特性，但仍对此概念界定比较模糊。在询问到历史非虚构写作的“真实性”程度时，大多数受访者认为合理性推理和作者主观评价夹杂在写作过程中是不可避免的，分别只有 6.85% 和 13.69% 的人表示这并不被允许出现在历史非虚构作品中，而对于其中是否可以存在虚构的细节描写、情节和人物时，人们对此的宽容度逐渐降低，即使排除掉中立选项，表示不能接受的平均比例仍高达 35.38%，具体而言分别为 22.53%、39.64% 和 43.96%，如图 3 所示。

如图 4 所示，大众认为历史非虚构作品需要具备的要素前三名均涉

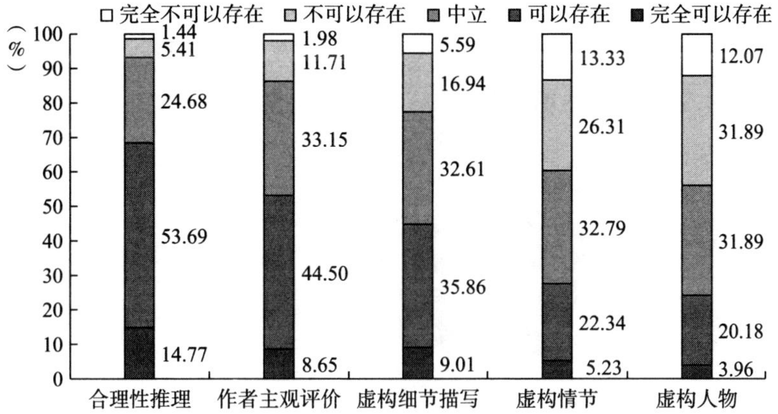

图3　受访者对“虚构”的接受程度

及其“真实性”，分别有19%、18%和18%的受访者表示作者写作前需要对史料进行相互印证、细节上应当还原历史原貌和在作品中需如实交代史料矛盾或对其的取舍。在选项的细分程度上，高达42.88%的人在作者落笔前须全面了解相关史料下选择了“十分需要”，高于选择“需要”的比例，也远高于其他选项。总体来看，大众希望看到的是兼备专业性和文学性的优秀作品，在轻松愉悦氛围中了解真实历史：作者身份是否为专业历史学者并不重要，但希望作品所述内容能达到专业水准，期待作者在前期进行多方求证和全面客观分析，并在行文中提醒读者史料间可能存在的矛盾之处，最大限度还原历史真实样貌；另外，是否为第三人称的客观叙事方法并不重要，而强调作品的故事性和可读性强、文笔优美，不能呈现为单纯的片段纪实。

对于历史非虚构作品的未来发展，58.94%的受访者表示希望市面上出现更多的优秀作品。若更多专业历史学者加入相关创作，大多数人都认为这会带来积极影响，学者们扎实的史学功底和深厚的历史知识首先能保证作品的真实性，从而逐步推动整体市场质量提高，促进其良性发展；但也有10.99%的人担心学者们所写内容过于精深，可读性不强，反而会对市场造成负面影响。

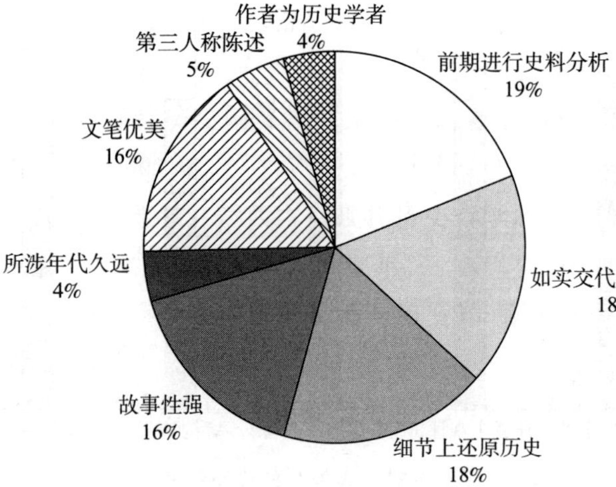

图4　受访者对历史非虚构作品要素特征的认知

2. 定量分析

统计学分析在支持以上结论的基础上，进一步说明了性别、年龄、受教育程度、专业背景等因素对读者认知的影响。我们将问卷原始数据整合为10个变量（前5个为基本信息变量，后5个为认知信息变量）。

表4　变量说明

描述对象	变量名称	变量解释	备注
读者性别	性别（gender）	0＝女性；1＝男性	
读者年龄	年龄（age）	1＝18岁以下；2＝18—25岁；3＝26—30岁；4＝31—40岁；5＝41—50岁；6＝51—60岁；7＝60岁以上	60岁以上仅有2位
读者受教育程度	学历（education）	1＝高中以下；2＝高中；3＝本科；4＝硕士；5＝博士及以上	含在读学位
专业背景	人文学科（humanity background）	0＝否；1＝是（问卷中按照教育部12学科分类设置问题，处理时将文史哲和艺术统计为人文学科）	28.8%受访者为人文学科背景
	历史学科（history background）	0＝否；1＝是	15.5%的受访者为历史学专业背景

续表

描述对象	变量名称	变量解释	备注
对非虚构写作概念的认知程度	概念认知（conception）	由“是否听说（1 = 是，0 = 否）”和听说这一概念的时间长度（年限）相加得到范围0—10的整数，数值越高代表对概念认知程度越高	
受历史非虚构作品的影响	所受影响（influence）	由兴趣、知识、人物评价、事件评价、时期评价5个量表问题评分相加得到范围为5—25的整数，数值越高代表受影响程度越深	实质为自我评价的主观认知
对作品中“虚构”成分的接纳或认可程度	虚构接受度（acceptance）	由合理推理、主观评价、虚构细节、虚构情节、虚构主要人物、虚构次要人物、历史非虚构作品与文学及田野调查的区别9个量表问题评分相加得到范围为9—45的整数，数值越高代表越接受此类作品中的虚构成分	
对作者身份专业性的期待	作者专业度（professional author）	您认为应由更多的历史学专业学者为公众创作历史非虚构作品，量表为1—5的整数，数值越高代表越认可此命题	
对此类作品市场需求程度的认知	市场需求判断（demand）	您认为市面上是否应该出现更多的历史非虚构作品，0 = 否，1 = 无所谓，2 = 是	

对以上变量的描述性统计如下（基本信息变量描述包含所有样本，认知信息变量描述为清除无效问卷后的样本）。

表5　变量描述性统计

Variable	Obs	Mean	Std. Dev	Min	Max
age	555	2.802	1.346	1	7
education	555	3.101	0.664	1	5
gender	555	0.432	0.496	0	1
humanity background	555	0.288	0.453	0	1

续表

Variable	Obs	Mean	Std. Dev	Min	Max
history background	555	0. 155	0. 362	0	1
conception	538	2. 086	2. 972	0	10
influence	538	15. 545	3. 27	5	23
acceptance	538	24. 108	3. 639	12	36
demand	538	1. 52	0. 629	0	2
professional author	538	2. 762	0. 993	1	5

在此基础上，以下使用 OLS 回归分析认知变量与基本信息变量之间的相关性，并加入可能相关的控制变量尝试探讨可能存在的因果关系。

（1）学历与认知程度的关系

探讨对非虚构写作概念认知程度的影响因素，自变量为学历（education），因变量为认知程度（conception），控制年龄、性别、是否为人文专业三个变量，学历的回归系数值为 0.749（$p<0.01$），即说明高学历者更可能对此概念有认知。

对此，一种可能的解释是高学历者年龄整体更大，因此可能更早听说这一概念，在问卷度量“听说此概念的时长”时较为突出，控制变量发现，年龄也的确是一个重要影响因素。同时，人文学科背景者也更加可能了解这一概念，这可能与高等教育中的专业课程引介等因素相关，同时说明在面向理工类学生的通识教育中这一概念的影响力可能仍然较低。

表 6 学历与认知程度

Linear regression

acceptance	Coef	St. Err.	t - value	p - value	[95% Conf	Interval]	Sig
age	0. 207	0. 094	2. 21	0. 27	0. 023	0. 391	**
education	0. 749	0. 202	3. 70	0	0. 352	1. 146	***
gender	-0. 307	0. 251	-1. 22	0. 223	-0. 8	0. 187	
humanity background	0. 913	0. 299	3. 06	0. 002	0. 326	1. 449	***
Constant	-0. 949	0. 652	-1. 46	0. 146	-2. 229	0. 332	

续表

acceptance	Coef	St. Err.	t - value	p - value	[95% Conf	Interval]	Sig
Mean dependent var	2.086		SD dependent var		2.972		
R - squared	0.073		Number of obs		538.000		
F - test	10.448		Prob > F		0.000		
Akaike crit. (AIC)	2667.279		Bayesian crit. (BIC)		2688.718		

*** $p<0.01$, ** $p<0.05$, * $p<0.1$。

(2) 性别与接受程度的关系

探究对虚构接受程度的影响因素，自变量为性别 (gender)，因变量为接受度 (acceptance)，控制变量为性别、年龄、学历、认知程度以及是否为历史学专业背景。根据性别的回归系数值为 0.647 ($p<0.05$) 得知在学历等因素相同的情况下，女性对“历史非虚构作品”中的“虚构”因素接受度显著高于男性。

这和当下社会普遍观念中所谓女性“偏重感性思维”等看法是有共同之处。而当下不仅国内学界对此问题少有系统性思考，历史类写作群体中也缺少芭芭拉·塔奇曼式的杰出女性作者，以战争、权力、谋略等男性气质 (masculinity) 题材为主流的历史类作品中更是欠缺多样性别意识，这或许可以成为未来创作者面向潜在读者群体进行创新性写作的一个视角。

表 7 性别与接受程度

Linear regression

acceptance	Coef	St. Err.	t - value	p - value	[95% Conf	Interval]	Sig
gender	-0.647	0.313	-2.06	0.039	-1.263	-0.031	**
age	0.015	0.115	0.13	0.893	-0.211	0.242	
education	-0.113	0.253	-0.45	0.654	-0.61	0.383	
conception	0.52	0.54	0.97	0.333	-0.053	0.158	
humanity background	0.16	0.462	0.35	0.73	0.748	1.068	
Constant	24.599	0.826	29.79	0	22.977	26.221	***
Mean dependent var	24.142		SD dependent var		3.609		
R - squared	0.010		Number of obs		555.00		

续表

acceptance	Coef	St. Err.	t - value	p - value	[95% Conf	Interval]	Sig
F - test	1.112		Prob > F			0.353	
Akaike crit. (AIC)	3005.187		Bayesian crit. (BIC)			3031.101	

*** $p<0.01$, ** $p<0.05$, * $p<0.1$。

（3）对市场需求判断与是否有历史学专业背景的关系

探究对市场需求判断的影响因素，自变量为是否有历史学专业背景（history background），因变量为对市场需求程度的判断（demand，即市面上是否需要更多历史非虚构作品），控制变量为年龄、性别、学历、认知程度以及受历史非虚构作品的影响程度。这一分析主要针对两种竞争性假说：一种观点认为，历史背景的学生或学者因为长期的专业学术训练和知识精英心态而易于忽视公众的阅读需求；另一种观点则是，历史专业学者作为知识生产者，更了解学术写作的局限性，同时也期望历史学科更多得到社会关注和资源投入，因而期待市面上出现更多富有趣味性的非虚构作品。

根据历史背景的回归系数为0.408（$p<0.01$）可知第二种效应可能占据主导，即在学历等因素相同的情况下，历史专业背景的人更倾向于认为应当出现更多面向公众的历史非虚构作品。这也在一定程度上说明了当代历史学界对此类写作整体持有开放心态，高校的公共史学类课程教育也是有所成效的。

表8　需求认知与专业背景

Linear regression

demand	Coef	St. Err.	t - value	p - value	[95% Conf	Interval]	Sig
age	-0.045	0.019	-2.36	0.019	0.008	-0.083	**
education	-0.038	0.042	-0.89	0.372	-0.12	0.045	
gender	-0.027	0.052	-0.51	0.61	-0.129	0.076	
history background	0.408	0.078	5.26	0	0.256	0.561	***
conception	0.001	0.009	-0.15	0.884	0.019	0.016	
influence	0.062	0.008	7.76	0	0.046	0.078	***

续表

acceptance	Coef	St. Err.	t - value	p - value	[95% Conf	Interval]	Sig
Constant	0.498	0.185	2.70	0.007	0.135	0.86	***
Mean dependent var	1.520		SD dependent var			0.609	
R - squared	0.128		Number of obs			538.000	
F - test	13.017		Prob > F			0.000	
Akaike crit. (AIC)	966.627		Bayesian crit. (BIC)			996.642	

*** $p<0.01$, ** $p<0.05$, * $p<0.1$。

(4) 学历与“呼吁专家创作”主张的关系

探究“呼吁专家创作”主张产生的影响因素，自变量为学历（education），因变量为在何种程度上认为应由更多的历史学专业学者为公众创作历史非虚构作品（professional author），控制变量为性别、年龄、认知程度以及是否有人文专业背景。在一定程度上，这一分析挑战了一种传统观点，即认为掌握学术话语权的高学历者易于对“非科班出身”的非虚构历史创作者“不屑一顾”。

根据学历的相关系数为 -0.253（$p<0.01$）可知高学历者更欢迎非历史专业的学者为公众进行创作，总体上呈现出一种包容开放的态度。无论如何，知识精英与公众历史非虚构写作之间的隔阂可能并非想象中的那样严重，近年来的《天朝的崩溃》《大宋之变》等名家力作的流行，也说明了这种学者与公众良性互动的乐观可能性。

表 9 “专家写作”与学历层次

Linear regression

professional author	Coef	St. Err.	t - value	p - value	[95% Conf	Interval]	Sig
humanity background	-0.079	0.102	-0.77	0.439	-0.122	-0.281	**
gender	-0.004	0.086	-0.04	0.965	-0.172	0.164	
age	-0.055	0.032	1.72	0.086	-0.008	0.118	*
education	-0.253	0.07	-3.63	0	0.39	0.116	***
conception	0.027	0.015	-1.86	0.064	0.056	0.002	*
Constant	3.429	0.222	15.43	0	2.992	3.865	***

续表

professional author	Coef	St. Err.	t - value	p - value	[95% Conf	Interval]	Sig
Mean dependent var	2.762		SD dependent var			0.993	
R - squared	0.040		Number of obs			538.000	
F - test	4.466		Prob > F			0.001	
Akaike crit. (AIC)	1508.135		Bayesian crit. (BIC)			1533.862	

*** $p<0.01$, ** $p<0.05$, * $p<0.1$。

3. 问卷分析的小结与不足

以上两大部分的问卷分析围绕“历史非虚构作品对读者的历史认知有何种程度影响”“读者需要怎样的历史非虚构作品”“专业学者如何参与历史非虚构写作”三个主要问题展开，我们发现历史非虚构作品是公众认知历史的重要途径，同时读者对兼具文学虚构和史学真实性的优质作品有着较高期待。回归分析发现：（1）人文学科背景的读者更了解这一概念；（2）女性对虚构成分更易接纳，更期待叙事性作品；（3）高学历者和历史学专业背景群体并不必然地轻视公众写作，公众的需求开始受到学者重视，“非科班”创作者的价值也逐渐受到认可。不足在于，问卷调研的样本和变量都有限且存在偏差，R 方检验值整体较低，说明还有其他重要的影响因素有待发现，同时未来的相关研究还可以在认知变量生成方面寻求更加专业化的模型。

（二）第二轮调研结果

1. 读者访谈

在问卷完成后，我们基于问卷结果进行了第二轮调研，即针对单个问卷参与者进行深入访谈。在设计访谈问题时，我们主要着眼于难以通过问卷量化全面反映的问题：历史非虚构作品对于其史实认知的具体影响、受访者对于非虚构历史类写作中“真实”的接受程度以及对于非虚构历史类写作中价值取向的认知问题。

第二轮访谈我们一共采访了十位受访者。其中部分受访者的回答并不能涵盖所有的问题，因此只将已有的答案列入，并以关键词词频统计的方式呈现。第一个问题用于引入整个访谈，同时涉及本次研究中的一个要点：非虚构历史类写作对于读者史实认知的影响（见图5）。

图5　非虚构历史类写作怎样影响史实认知

读者的答案主要涉及对于文物重要性的认识、对作者自身的观点的态度、对历史人物的认知、历史知识的获取以及增加了对待历史类作品谨慎态度等。由此可以看出，受访者通过历史非虚构作品获得了一些内容上或者是方法上的知识收获，在历史人物认知方面尤其受到“阅史识人”的影响，整体而言对于历史非虚构作品的阅读对他们是有利的。

第二个问题考察读者对于历史非虚构作品内容的偏好判断，主要针对两个相反的指标：严谨性与娱乐性（见图6）。

综合来看，受访者明确知道历史非虚构作品中“虚构”部分的存在，并且基于自身获取历史知识的需求希望这些作品可以更加真实、多一些严谨性，对于史料的选择更加慎重。一部历史非虚构作品的最佳状态应当是娱乐性与严谨性的平衡，但是现实中往往难以做到。十位受访者的回答可以大致体现读者对于当今历史非虚构作品中“严谨”部分的追求。

第三个问题涉及读者对于历史非虚构作品“真实性”的接受程度，即作品达到什么样的标准可以被受访者认为是“真实的”（见图7）。

读者的观点集中于对史料的依托、不要存在作者毫无根据的想象、

图 6 受访者对非虚构作品要素的偏好

图 7 读者对历史非虚构作品“真实性”的接受程度

对于细节部分的宽容等方面。从这一部分可以看出，读者关于“真实”的认识对于史料的依赖性很高，其中二号受访者还专门提出了史料最好是“实物史料”而非单纯的文字的需求。同时我们也可以发现，受访者对于历史非虚构作品的真实性并没有过于严格的要求，其最多要求“大致符合”。

第四个问题涉及读者对历史非虚构作品阅读目的判断。我们同样选取两个相反的指标：获取知识与娱乐消遣（见图 8）。

图 8　历史非虚构作品的阅读目的

八份答案中有六份在目的中涉及了娱乐消遣，四份涉及了获取知识；在结果中有六份涉及了娱乐消遣，有五份涉及了获取知识，读者阅读历史非虚构作品的结果基本可以看作娱乐消遣与获取知识并存，但阅读初衷的差异很大。从这些回答中可以看出，阅读本身是一件个性化差异很大的事，在历史非虚构作品的阅读领域同样如此。

在采访过程中，基于不同受访者的回答，对于个别受访者我们还进行了一些问题的追问。三号、十号受访者表示专业学者的加入会改善目前存在的历史非虚构作品欠缺严谨性的问题。六号、七号受访者反对了"市面上的书籍为吸引读者而在一定程度上放弃了对历史本身的挖掘，不具备足够的专业性或可信度"的说法，但其中六号受访者还希望专业历史学者的加入不会破坏作品的趣味性，七号受访者则希望专业历史学者的加入可以增加作品的严谨性。三号受访者表示"历史非虚构作品"或"非虚构历史类写作"的概念界定不清，同时由于这些作品难以做到娱乐性和严谨性的平衡，因此其地位比较尴尬，她对这种问题持一种观望与怀疑的态度。我们可以将其理解为对于此类作品中娱乐性和严谨性完美平衡这一理想状态的追求。

2. 作者访谈

除了对读者群体进行访谈外，本小组选取采访了一位知名历史非虚构作品的创作者张宏杰老师，以期了解作者对历史非虚构写作的认知。张宏杰先生就职于中国人民大学清史研究所，其创作的《大明王朝的七张面孔》《饥饿的盛世：乾隆时代的得与失》《曾国藩的正面与侧面》等书具有鲜明的叙事性，获得了市场认可。张老师在大学期间受到戴逸先生《乾隆帝及其时代》等书的启蒙，对历史写作产生了浓厚的兴趣，并从20世纪末以历史散文为开端开始写作，而那时历史通俗读物尚未进入公众视野。

首先，历史非虚构写作的真实性问题是本小组始终关注的重点，除了上述谈及能接受虚构比例的程度外，作者还需考虑如何将真实史料与虚构故事融合，如通过虚构来表达自身想法等。对此，张宏杰老师认为“真实性是历史作品的生命线。历史作品不是虚构作品，它的首要任务是提供真实的历史信息，如果读者发现有一处错误，整部作品的可信度就会大打折扣”，因此作者需要尽自己最大努力“穷尽史料”。比如20世纪90年代张老师写王莽，会到国家图书馆基藏库调出所有与王莽有关的书籍和杂志，大致看一遍后将认为有用的全部复印下来，而这与前述问卷中大众对作者写作的要求是不谋而合的。对史料的搜集和整理是十分必要的，此过程本身也能帮助作者自我联系、自我打通，解决许多困惑。同时，张老师表示历史非虚构写作需要调动多种写作手段以平衡历史学术性和文学性，这其中就包括虚构的手法，而为了避免读者混淆真实史料与合理虚构的片段，选择“瓷器修复”方法来处理是一种很好的方法。像文物修复中用颜色或质感不同的新材料去补上残缺部分一样，虚构的部分采用小说的笔法描写以保证能被清晰识别，这样既能让读者对历史事件或人物产生完整认知，又防止了被公众误解。

其次，通过第一轮调研可知，公众对于历史非虚构作品存在很高的期待，希望通过可读性强的历史通俗读物来增长历史知识。张老师认为这种需求是必然的，从事某些职业的人可能比历史学家了解历史的愿望更为强烈和迫切，因为只有了解过往和传统，才能真正意识并解决今日面临的问题。所以“认为普通大众只需要那些肤浅的、猎奇的、故事性强的历史普及读物是一种极大的误解”，而目前市面上能满足读者较高层次需求的相关书籍是远远不够的。对于更多的历史专业学者加入此类作品的创作，张老师表示这是提高市场整体质量以解决供求不平衡问题的很好方法，民国时期的许多历史学大家（如梁启超、钱穆、吕思勉等）都进行了很多有益的探索和尝试。历史专著与通俗读物两者面向的受众群体不同，因此在形式和性质上也会存在差异，但并不相悖，甚至可以帮助历史学者打开视野，对于作者和读者都是有益的。

3. 访谈小结

由访谈可知，专业的历史学者在历史非虚构作品的创作中可以更好地了解创作过程中存在的问题以及读者的需求所在。同时，受益于其受到的专业历史学教育以及专业的历史学思维方式和视角，专业历史学者的加入也有利于提高作品的整体质量。前述问卷分析显示，此类作品对读者历史兴趣、历史知识和历史认知的影响是不可忽视的，这也得到了访谈结果的证实。有鉴于此，历史非虚构写作需要更多专业历史学者的加入，将前沿研究中的准确史实和更多元全面的史观传递给读者。可以说，历史非虚构作品的创作是一项双赢的事业。

五　结论与展望

本文围绕“历史非虚构写作”这一兼有虚实、看似悖逆的概念展开，在梳理此概念的应用领域与指涉对象演变历程（新闻—文学—历史）的基础上，揭示出其中隐含的陈述与叙事、历史与现实两重张力，进而在此框架下尝试提出对“历史非虚构写作”的初步界定，即由主观上积极追求真实再现历史事实的作者，依托档案等可信度较高的历史学资料并运用富有文学性的叙事手法完成的，在审美价值意义上与传统历史学术作品相区别、在现实相关性意义上与新闻特稿相区别的写作成果。由于国内学界对此类作品的研究整体薄弱且偏重学理探讨，仅有的实证调研则偏重整体宏观、客位视角的市场分析，缺乏对读者和作者主观认知的研究，本次调研聚焦当代中国历史非虚构作品的供求现状展开实证分析，实证调研形式包括文献整理、问卷调查、读者访谈和作者访谈四大板块，分析方法包括定性阐释、描述性统计和多元回归分析。

调查发现：(1) 出版市场中历史文化类非虚构作品近年持续繁荣，并涌现出一批知名度较高的优秀作品，折射出公众普遍的阅读需求和写作形式的逐步成熟；(2) 历史非虚构作品对读者的阅读兴趣取向、史学知识结构和历史价值观念均有明显影响，是历史学走向公众的重要形式；(3) 读者对历史非虚构写作的认知受到学历、专业背景、年龄乃至性别等因素的影响，阅读需求具有多样性；(4) 总体而言，公众对作品中"虚构"因素的接受程度较大，历史学专业人士对公众写作的接纳程度也在日渐提升，所谓象牙塔精英与社会公众间的鸿沟并非无法逾越，双方已逐步形成共识基础。

立足于以上认识，本文提出以下建议：(1) 在学理意义上对"真实""虚构""历史""现实""陈述""叙事"等概念的探索仍应继续深入，但创作过程中不必过度强调此类概念畛域，而应结合读者的阅读审美需求，重视文本自身的完整性，在重现历史情境过程中，适度的想象还原是能够被接受的；(2) 创作选题应当注重多元化挖掘，结合专业历史学的发展动向，面向不同学历、年龄和偏好的读者进行创作，尤其需要重视潜在的女性阅读群体，采用更多样的性别视角进行写作；(3) 对于创作主体，无须过多强调专业与非专业的出身界限，而应专注于创作本身，在发挥职业历史学者在史实与史识等方面优长的同时，借鉴公众易于接受和欣赏的表达方式；(4) 由于历史非虚构作品对公众历史认知有明显影响，在面向市场进行创作的同时，创作者也应具有社会责任意识，适度关注作品历史观、价值观的导向作用。

由于受本小组知识储备有限、疫情反复波动、调研周期较短及报告篇幅有限等条件影响，本次调研在概念剖析、样本选取、访谈深度、定量模型等多方面仍显粗糙，且未能对海外各国现状进行参照比较。尽管如此，仍然希望本次调研所获取的经验材料能激发学界对历史非虚构写作的更多关注，以期抛砖引玉，敬祈方家指正。

The Public Demand and Path of Creation for Historical Non-fiction

Chen Sihan　Zhou Ruoxi　Fang Qingyi　Liu Xiangyi　Yan Ke

Abstract: The non-fictional writing emerging in contemporary media profession echoes the tradition of "seeking the truth" in historical studies, which converges into a new concept, "historical non-fiction". This essay outlines the evolving course of this concept, describes it as "a work composed by an author in active pursuit of representing historical facts, which features in stronger entertainment and aesthetic quality than professional academic works and weaker relevance to current events than news feature." Based on this, the essay empirically analyzes supply and demand in the Chinese book market and reaches the following conclusions: (1) these works obviously influence readers' impression of historical events; (2) the supply is insufficient both quantitatively and qualitatively in the status quo; (3) professional scholars should actively participate in the composing of historical non-fictions.

Keywords: Historical non-fiction; Public Comprehension; Truth ness; Narrativeness; Public History

中国公共史学集刊　第四集
第 216～274 页

中文非虚构写作研究论著篇目汇编

（大陆地区）

【编撰者】孙乙森：中国人民大学历史学院 2020 级硕士研究生。
【审订者】姜萌：中国人民大学历史学院教授。

（一）总论

书籍

〔美〕霍洛韦尔（Hollowell，J.）：《非虚构小说的写作》，仲大军、周友皋译，春风文艺出版社 1988 年版。

罗钢：《叙事学导论》，云南人民出版社 1994 年版。

〔美〕戴卫·赫尔曼主编《新叙事学》，马海良译，北京大学出版社 2002 年版。

〔美〕J. 希利斯·米勒：《解读叙事》，申丹译，北京大学出版社 2002 年版。

〔美〕詹姆斯·费伦：《作为修辞的叙事：技巧、读者、伦理、意识形态》，陈永国译，北京大学出版社 2002 年版。

〔英〕马克·柯里：《后现代叙事理论》，宁一中译，北京大学出版社 2003 年版。

〔法〕保罗·利科：《活的隐喻》，汪堂家译，上海译文出版社 2004

年版。
胡亚敏：《叙事学》，华中师范大学出版社 2004 年版。
〔美〕H. 伯特·阿伯特：《剑桥叙事学导论》，北京大学出版社 2007 年版。
〔美〕詹姆斯·费伦等主编《当代叙事理论指南》，申丹等译，北京大学出版社 2007 年版。
〔以〕艾米娅·利布里奇等：《叙事研究：阅读、分析和诠释》，王红艳主译，释觉舫审校，重庆大学出版社 2008 年版。
〔美〕杰拉德·普林斯：《叙事学：叙事的形式与功能》，徐强译，中国人民大学出版社 2013 年版。
〔美〕威廉·津瑟：《写作法宝：非虚构写作指南》，朱源译，中国人民大学出版社 2013 年版。
李华：《写出心灵深处的故事：非虚构创作指南》，中国人民大学出版社 2014 年版。
谭军强：《叙事学导论（第二版）：从经典叙事学到后经典叙事学》，高等教育出版社 2014 年版。
龙迪勇：《空间叙事学》，生活·读书·新知三联书店 2015 年版。
〔美〕马克·克雷默、温迪·考尔编《哈佛非虚构写作课：怎样讲好一个故事》，王宇光等译，中国文史出版社 2015 年版。
夏丽丽：《叙事性非虚构文本教学内容初探》，华东师范大学出版社 2015 年版。
赵瑜：《真相调查：赵瑜非虚构写作论谈》，北岳文艺出版社 2017 年版。
周逵：《非虚构：时代记录者与叙事精神》，清华大学出版社 2017 年版。
刘蒙之、张焕敏：《非虚构何以可能：中国优秀非虚构作家访谈录》，中国社会科学出版社 2018 年版。
〔美〕华莱士·马丁：《当代叙事学》，伍晓明译，中国人民大学出版社 2018 年版。
〔美〕浦安迪：《中国叙事学（第二版）》，北京大学出版社 2018 年版。
刘浏：《跨文体：从虚构到非虚构》，广东高等教育出版社 2019 年版。

刘蒙之、周秭沫编著《中国非虚构写作名家访谈录》，南方日报出版社 2019 年版。

李梓新主编《非虚构写作指南》，中信出版社 2019 年版。

〔美〕简·耶格尔：《非虚构写作课》，陈文烽、王婷婷译，北京联合出版公司 2019 年版。

〔美〕特雷西·基德尔等：《非虚构的艺术》，上海译文出版社 2019 年版。

〔美〕浦安迪主编《中国叙事：批评与理论》，吴文权译，上海远东出版社 2021 年版。

期刊论文

孙春旻：《非虚构叙事与时代精神》，《广播电视大学学报》（哲学社会科学版）2011 年第 3 期。

张莉：《我们为什么关注非虚构?》，《文学自由谈》2011 年第 5 期。

丁晓原：《何建明：泛政治化的非虚构叙事》，《当代作家评论》2011 年第 5 期。

李明洁：《非虚构言语实践与新的语言转向——流行语现象在当代的社会实践价值》，《学海》2011 年第 6 期。

霍俊明：《“非虚构写作”：从文学“松绑”到“当代”困窘》，《文艺争鸣》2012 年第 1 期。

傅修海、刘红娟：《“非虚构写作”漫议》，《文艺争鸣》2012 年第 3 期。

张莉：《非虚构女性写作：一种新的女性叙事范式的生成》，《南方文坛》2012 年第 5 期。

孔令云：《追求更大的真实——非虚构的“客观性”、“真实性”之辨》，《传媒观察》2012 年第 8 期。

沈一帆：《宇宙与诗学：宇文所安“非虚构传统”的形上解读》，《暨南学报》（哲学社会科学版）2012 年第 9 期。

申赋渔：《“非虚构”，在新闻达不到的地方生成力量》，《传媒观察》

2012 年第 10 期。
赵允芳：《非虚构的两翼：诗性与真实性——从普利策“非虚构奖”50 周年想到的》，《传媒观察》2012 年第 11 期。
孔令云：《“筐”与“框”：关于非虚构的一个误读》，《传媒观察》2013 年第 1 期。
卢艳芳：《论“非虚构”写作的特点及其在中国兴起的原因——从“非虚构”写作作品谈起》，《新乡学院学报》（社会科学版）2013 年第 2 期。
李丹梦：《“非虚构”之“非”》，《小说评论》2013 年第 3 期。
吴长青：《重构非虚构》，《苏州科技学院学报》（社会科学版）2013 年第 3 期。
林秀琴：《“非虚构”写作：个体经验与公共经验的困窘》，《江西社会科学》2013 年第 11 期。
罗小凤：《个人话语与公共话语的重新调解——“非虚构写作”的再思考》，《艺术广角》2014 年第 4 期。
张宏图：《令人惆怅的非虚构》，《百家评论》2014 年第 5 期。
张弘：《零票：聚焦报告文学与非虚构》，《社会科学论坛》2014 年第 12 期。
尹均生：《中国报告文学不是美国的“非虚构”写作》，《中华文化论坛》2015 年第 1 期。
柏琳：《“非虚构”，抵达真实的另一种方式》，《商周刊》2015 年第 22 期。
张涛甫：《“非虚构写作”的凯旋》，《青年记者》2015 年第 31 期。
子干：《非虚构是个伪命题》，《文学自由谈》2016 年第 1 期。
丁增武：《“报告文学”和“非虚构写作”之争的辨析与考察》，《合肥学院学报》（综合版）2016 年第 2 期。
孟庆澍：《非虚构写作的几个理论问题——以“70 后”作家为素材的札记》，《山东青年政治学院学报》2016 年第 2 期。
汪贻菡：《泡沫？还是先机？——2010 年以来国内“非虚构”文学写作

研究综述》，《长江师范学院学报》2016 年第 2 期。
洪治纲：《论非虚构写作》，《文学评论》2016 年第 3 期。
任雅玲：《平民非虚构写作的文化建构及其反思》，《求索》2016 年第 3 期。
王俊梅：《新时期“非虚构”写作研究述评》，《甘肃广播电视大学学报》2016 年第 4 期。
王轻鸿：《非虚构与信息时代的文化逻辑》，《文艺研究》2016 年第 6 期。
王磊光：《论“非虚构”写作的精神向度》，《上海文学》2016 年第 8 期。
李秋雨：《张力理论视域下的当代非虚构写作》，《名作欣赏》2016 年第 24 期。
黄德海：《作为竞争的虚构与非虚构》，《东吴学术》2017 年第 2 期。
刘琼：《由非虚构写作逸出的几个问题》，《东吴学术》2017 年第 2 期。
何万敏：《非虚构写作的可能与精神向度》，《当代文坛》2017 年第 4 期。
王光利：《非虚构写作及其审美特征研究》，《江苏社会科学》2017 年第 4 期。
李祖德：《“非虚构”的踪迹、可能性与问题》，《文艺评论》2017 年第 5 期。
吕永林：《非虚构写作的弹药和阵地》，《文艺评论》2017 年第 5 期。
薛静：《大众文化语境下的“非虚构写作”》，《文艺评论》2017 年第 5 期。
蔡家园：《“非虚构”再认知》，《关东学刊》2018 年第 1 期。
刘卓：《“非虚构”写作的特征及局限》，《文艺理论与批评》2018 年第 1 期。
贺昌盛：《作为后现代策略的“非虚构书写”——误解、边界及其一般性理论定位》，《福建论坛》（人文社会科学版）2018 年第 2 期。
卫毅：《我眼中的非虚构精神》，《新闻与写作》2018 年第 2 期。

刘弟娥：《真实性写作与“非虚构文学”文体关系探析》，《扬子江评论》2018 年第 3 期。

覃建行：《对非虚构写作“新闻与文学”渊源的历史性分析——兼论真实性与叙事伦理的冲突与平衡》，《南方传媒研究》2018 年第 3 期。

席晓丽：《作为生活方式的非虚构写作》，《写作》2018 年第 3 期。

何英：《“非虚构”如何不“虚构”》，《南方文坛》2018 年第 5 期。

梁鸿：《改革开放文学四十年：非虚构文学的兴起及辨析》，《江苏社会科学》2018 年第 5 期。

宣海林、李铎：《非虚构写作：叙事视角、路径依赖与现实冲击——对“译文纪实”系列图书的读与思》，《中国图书评论》2018 年第 6 期。

冯莉：《非虚构的力量——访文化名家冯骥才》，《中国文艺评论》2018 年第 8 期。

张爱玲：《“平民作者”非虚构作品的多元价值》，《学术交流》2018 年第 8 期。

冯骥才：《非虚构写作：现实有着不可辩驳的力量》，《写作》2018 年第 9 期。

张涛甫：《非虚构写作：对抗速朽》，《新闻记者》2018 年第 9 期。

张艳梅：《虚构的生活与非虚构写作》，《雨花》2018 年第 10 期。

王鑫：《非虚构写作中的经验、事件与叙事——兼评〈非虚构：时代记录者与叙事精神〉》，《中国图书评论》2018 年第 12 期。

梁琛：《主位与客位：非虚构写作的认知实践与表述特征》，《新闻战线》2018 年第 17 期。

赵文阁：《非虚构叙事的价值——〈非虚构：时代记录者与叙事精神〉》，《传媒》2018 年第 17 期。

娄亚宁：《“非虚构”写作的要素探究》，《汉字文化》2018 年第 21 期。

李娅玲：《非虚构写作的发展现状与未来——以非虚构写作平台“真实故事计划”为例》，《青年记者》2018 年第 23 期。

王凡：《非虚构写作的爆款和暴力》，《青年记者》2018 年第 30 期。

徐刚：《虚构性的质疑与写作的民主化——非虚构写作漫议》，《当代文坛》2019 年第 1 期。
杨庆祥、沈闪：《“非虚构”与“体制化”——“非虚构写作”对谈》，《当代文坛》2019 年第 1 期。
张慧瑜：《跨学科视野下的非虚构写作》，《长江文艺评论》2019 年第 1 期。
张林贺：《非虚构写作：时代呼唤人性觉醒与群体意像表达》，《中州大学学报》2019 年第 1 期。
冯骥才：《非虚构写作与非虚构文学》，《当代文坛》2019 年第 2 期。
张林贺：《非虚构写作的中国面目与可期未来》，《今传媒》2019 年第 2 期。
张雅俐：《论非虚构写作的真实观》，《写作》2019 年第 3 期。
战洋：《“非虚构写作”的新旧、虚实与群众性》，《红岩》2019 年第 3 期。
青屏：《“非虚构”与中国故事的讲述》，《长江文艺评论》2019 年第 4 期。
王磊光：《论“非虚构”写作的发生机制》，《长江文艺评论》2019 年第 4 期。
许道军：《非虚构写作的兴起、假想敌与对立面》，《当代文坛》2019 年第 4 期。
阎海军：《“非虚构”写作的勃兴与趋向》，《长江文艺评论》2019 年第 4 期。
赵牧：《在纪实与虚构之外——从“非虚构”的概念悖论说起》，《长江文艺评论》2019 年第 4 期。
王晖：《非虚构：链接于文学与影视之间》，《当代文坛》2019 年第 6 期。
朱晓军：《非虚构与非虚构写作》，《当代文坛》2019 年第 6 期。
蔡家园：《当“非虚构”成为潮流》，《长江文艺》2019 年第 7 期。
蔡笑元、王志安、陈实、杨旭：《非虚构写作：规则与底线》，《青年记者》2019年第7期。
刘蒙之：《非虚构写作不是什么》，《长江文艺》2019年第7期。
吕永林：《非虚构：一种写作方式的抱负与解放》，《上海文学》2019年第7期。
宋时磊：《舶来品非虚构写作的本土语境》，《长江文艺》2019年第7期。
朱亚茹：《我国非虚构写作的特点浅析》，《卫星电视与宽带多媒体》2019年第7期。
薛月兵、韩嘉敏：《浅谈“非虚构”写作的二重真实性》，《今传媒》2019年第9期。
刘汀：《文学性：回到非虚构写作的本体和源头》，《福建文学》2019年第10期。
王悠：《作为“声音”的非虚构写作》，《福建文学》2019年第10期。
许智博：《非虚构：困境在于理解和执行》，《福建文学》2019年第10期。
杜强：《非虚构写作中的“真实性”问题》，《新闻与写作》2019年第11期。
王丹：《马克思视域下“非虚构”的虚构性》，《西部学刊》2019年第21期。
刘诗霞：《中国故事的非虚构叙事研究——论非虚构叙事与时代记录》，《传播力研究》2019年第22期。
魏建军：《“非虚构”一词的困惑》，《广播电视大学学报》（哲学社会科学版）2020年第1期。
蔚蓝：《报告文学与非虚构写作的维度差异》，《广播电视大学学报》（哲学社会科学版）2020年第1期。
姜汉西：《“非虚构”写作的现实主义维度与价值立场》，《唐山师范学院学报》2020年第2期。
刘栋：《论非虚构写作的文体与文类归属》，《河北北方学院学报》（社会科学版）2020年第3期。

晓苏、廖栋雯：《论非虚构作品的语言特征》，《当代文坛》2020 年第 4 期。
丁茜菡：《“现成性”规约下非虚构写作的事实建构》，《当代作家评论》2020 年第 4 期。
洪治纲：《论非虚构写作的反自律性及其局限》，《文艺理论研究》2020 年第 5 期。
梁庆标：《作为“非虚构创意写作”的传记：现状与展望》，《传记文学》2020 年第 5 期。
李亚祺：《非虚构写作与写作的公共性》，《创作评谭》2020 年第 5 期。
邱田：《看见真实，记述时代——非虚构的长盛与变奏》，《创作评谭》2020 年第 5 期。
徐勇：《“非虚构何以长盛不衰”笔谈》，《创作评谭》2020 年第 5 期。
李保森：《非虚构写作与城乡中国的现实图景》，《写作》2020 年第 6 期。
李松睿：《走向粗糙或非虚构？——关于现实主义的思考之六》，《小说评论》2020 年第 6 期。
华进、张小淇：《后真相语境下非虚构叙事兴起的深层原因及其发展探究》，《东南传播》2020 年第 8 期。
曹文生、侯文耀、闫志伟：《非虚构作品——当代值得重视的创新文体》，《科技与创新》2020 年第 10 期。
杜文娟、杜近都：《非虚构能否接近历史》，《朔方》2020 年第 12 期。
毕子晨：《非虚构写作的问题与可能性》，《青年记者》2020 年第 21 期。
何平等：《中国“非虚构”与“非虚构”中国——上海—南京双城文学工作坊（第四期）对谈（节选）》，《花城》2021 年第 1 期。
张颖：《“虚构/非虚构”之外的叙事“回望”——以金宇澄的〈洗牌年代〉〈回望〉〈繁花〉为例》，《太湖》2021 年第 1 期。
朱丹妮：《中国故事的非虚构叙事分析》，《新闻论坛》2021 年第 1 期。
马双子：《21 世纪中国“非虚构”写作兴起的原因探究》，《文化学刊》2021 年第 2 期。

明风飞扬：《非虚构写作之“长辔远御”与“天下兴亡”——以〈人物〉为例》，《新闻文化建设》2021 年第 2 期。

孙桂荣：《集体型叙事中的女性声音——对当代女作家非虚构书写的一种考察》，《南开大学学报》（哲学社会科学版）2021 年第 2 期。

王青：《从报告文学到非虚构写作，历史的沉重感为何消失了?》，《记者观察》2021 年第 2 期。

高聪：《21 世纪乡土经验的“非虚构”书写》，《名作欣赏》2021 年第 3 期。

曹然、张健：《网络非虚构写作的公共性：起源、反思与重构》，《东南大学学报》（哲学社会科学版）2021 年第 4 期。

洪治纲：《非虚构：如何张扬“真实”》，《文艺争鸣》2021 年第 4 期。

晏杰维：《双重文化视阈下的微观痛感叙述——丁燕非虚构写作论》，《中南大学学报》（社会科学版）2021 年第 4 期。

陈剑晖：《“非虚构写作”概念之辨及相关问题》，《中国当代文学研究》2021 年第 5 期。

孙桂荣：《集体型叙事中的女性声音——对当代女作家非虚构书写的一种考察》，《社会科学文摘》2021 年第 6 期。

刘战伟、刘蒙之：《混沌的劳作：中国非虚构写作者的角色认知冲突与调适》，《青年记者》2021 年第 7 期。

杨庆祥：《“非虚构写作”的历史、当下与可能》，《中国现代文学研究丛刊》2021 年第 7 期。

何平：《非虚构写作和时代思想》，《探索与争鸣》2021 年第 8 期。

洪治纲：《非虚构写作中的事实与观念》，《探索与争鸣》2021 年第 8 期。

梁鸿：《非虚构写作的总体思想》，《探索与争鸣》2021 年第 8 期。

刘亚秋：《非虚构写作中的“情感真实”及其对社会学的意义》，《探索与争鸣》2021 年第 8 期。

项静：《非虚构写作中的情感表达》，《探索与争鸣》2021 年第 8 期。

周海燕：《非虚构：彰显主体性的真实》，《探索与争鸣》2021 年第 8 期。

报纸

李茂增:《“非虚构”的力量》,《文艺报》2017 年 9 月 29 日。
闫海军:《非虚构写作的中国路径:共在、共鸣与共识》,《中国出版传媒商报》2017 年 10 月 24 日。
夜雨:《虚构是酒、非虚构是米?看文学的殊途同归》,《中国出版传媒商报》2017 年 10 月 24 日。
陈海强:《虚实之间:谈非虚构写作》,《文艺报》2017 年 11 月 6 日。
陈莉莉:《寻找自己的非虚构写作方向》,《文艺报》2017 年 11 月 6 日。
李燕燕:《非虚构呈现生活的特点》,《文艺报》2017 年 11 月 6 日。
魏建军:《“非虚构”写作的困惑》,《文艺报》2017 年 11 月 6 日。
郑周明:《在非虚构写作中,读懂家国情怀》,《文艺报》2018 年 3 月 1 日。
蔡家园:《反思“非虚构”写作》,《中国艺术报》2018 年 4 月 4 日。
杨庆祥:《非虚构写作,如何走得更远》,《新华日报》2018 年 9 月 20 日。
王磊光:《非虚构:它拯救了多少现实感和真实性?》,《文学报》2019 年 4 月 25 日。
信世杰:《非虚构与报告文学:互为毒药还是良药?》,《文学报》2019 年 4 月 25 日。
张熠如:《欧美非虚构写作观察:它从未忘记自己的公正和无偏见》,《文学报》2019 年 4 月 25 日。
周茉:《非虚构写作:远方,有更深远的未知在涌动》,《文艺报》2019 年 7 月 29 日。
师立新:《将非虚构的书写作为永恒的记录》,《中国民族报》2020 年 7 月 24 日。
李德南:《在虚构与非虚构之中书写真实》,《文艺报》2020 年 8 月 3 日。
高春民:《非虚构写作:以审美创作反映现实》,《中国社会科学报》2020 年 9 月 21 日。

丁晓平：《再议“非虚构”》，《文艺报》2020 年 9 月 23 日。

学位论文

刘浏：《“非虚构”写作论》，博士学位论文，苏州大学，2015 年。
魏珊：《2010 年以来中国“非虚构写作”研究》，硕士学位论文，西北师范大学，2016 年。
陈林：《重建文学与现实的联系——论新世纪“非虚构写作”》，硕士学位论文，浙江大学，2017 年。
邓晓雨：《当代中国“非虚构”写作研究》，博士学位论文，吉林大学，2017 年。
李家安：《“非虚构”写作论》，硕士学位论文，江西师范大学，2018 年。
阎睿：《中国当下非虚构写作作品技法研究》，硕士学位论文，辽宁大学，2019 年。
韩隽：《当代中国非虚构写作本体研究》，博士学位论文，西北大学，2020 年。
吴昊：《〈人民文学〉“非虚构”栏目流变研究》，硕士学位论文，东北师范大学，2020 年。
叶晓月：《“非虚构”领域的社会问题书写及作品传播研究——以袁凌的创作实践为中心》，硕士学位论文，上海大学，2020 年。

（二）历史学

书籍

〔美〕海登·怀特：《形式的内容：叙事话语与历史再现》，董立河译，文津出版社 2000 年版。
〔法〕保罗·利科：《历史与真理》，姜志辉译，上海译文出版社 2004 年版。
〔美〕海登·怀特：《元史学：19 世纪欧洲的历史想象》，陈新译，译林出版社 2004 年版。
〔荷兰〕F. R. 安克斯密特：《历史与转义：隐喻的兴衰》，韩震译，文津出版社 2005 年版。
〔英〕G. R. 埃尔顿：《历史学的实践》，刘耀辉译，北京大学出版社 2008 年版。
〔法〕保罗·利科等：《过去之谜》，綦甲福、李春秋译，山东大学出版社 2009 年版。
彭刚：《叙事的转向》，北京大学出版社 2009 年版。
陈新：《历史认识：从现代到后现代》，北京大学出版社 2010 年版。
〔荷兰〕F. R. 安克斯密特：《历史表现》，周建漳译，北京大学出版社 2011 年版。
〔法〕安托万·普罗斯特：《历史学十二讲》，王春华译，〔阿根廷〕石保罗校，北京大学出版社 2012 年版。
〔荷兰〕F. R. 安克斯密特：《叙述逻辑：历史学家语言的语义分析》，田平、原理译，大象出版社 2012 年版。
〔美〕卡尔·贝克尔：《人人都是他自己的历史学家：论历史与政治》，马万利译，北京大学出版社 2013 年版。
〔荷兰〕F. R. 安克斯密特：《历史表现中的意义、真理和指称》，周建漳译，译林出版社 2015 年版。
〔法〕保罗·利科：《记忆，历史，遗忘》，李彦岑、陈颖译，华东师范大学出版社 2017 年版。
〔美〕帕特里克·格里：《历史、记忆与书写》，罗新译，北京大学出版社 2018 年版。
〔美〕阿兰·梅吉尔等：《历史知识与历史谬误：当代史学实践导论》，黄红霞、赵晗译，赖国栋、黄红霞校，北京大学出版社 2019 年版。
〔美〕海登·怀特著，〔美〕罗伯特·多兰编《叙事的虚构性：有关历史、文学和理论的论文（1957—2007）》，马丽莉、马云、孙晶姝译，南京大学出版社 2019 年版。

期刊论文

南帆：《叙事话语的颠覆：历史和文学》，《当代作家评论》1994 年第 4 期。

陈永国、朴玉明：《海登·怀特的历史诗学：转义、话语、叙事》，《外国文学》2001 年第 6 期。

〔美〕海登·怀特：《“形象描写逝去时代的性质”：文学理论和历史书写》，陈永国译，《外国文学》2001 年第 6 期。

〔荷兰〕克里斯·洛伦兹：《历史能是真实的吗？叙述主义、实证主义和“隐喻转向”》，郭艳秋、王昺译，《山东社会科学》2004 年第 3 期。

李凤亮：《文学叙事与历史叙事比较的理论基点》，《华中师范大学学报》（人文社会科学版）2004 年第 4 期。

易兰：《历史叙述的客观与主观》，《安庆师范学院学报》（社会科学版）2005 年第 2 期。

林晓云、张仲民：《历史与文学的辩证——以〈血路〉与〈花腔〉为例》，《福建论坛》（人文社会科学版）2005 年第 3 期。

张耕华：《试论历史叙事的想象问题》，《史学理论研究》2005 年第 4 期。

董立河：《后现代历史哲学及其对传统历史学的挑战》，《国外社会科学》2006 年第 4 期。

池桢：《历史学的文学之翼：“现代叙史”》，《史学月刊》2006 年第 11 期。

李隆国：《叙事理论对历史研究的影响——以修昔底德的写作策略为例》，《河北学刊》2007 年第 1 期。

丁钢：《历史叙事的辩证》，《史林》2007 年第 2 期。

曾传芳：《历史叙事中的几个问题》，《四川外语学院学报》2007 年第 2 期。

赵志义：《历史叙事中的“真实”与“虚构”问题》，《青海师范大学学报》（哲学社会科学版）2007 年第 6 期。

黄芸：《真实·虚构·意义——海登·怀特的历史叙事理论评析》，《学术论坛》2007 年第 12 期。
赵志义：《历史叙事的虚构性与定类》，《青海师范大学学报》（哲学社会科学版）2008 年第 6 期。
侯春慧：《文本·时间·阐释——新历史主义叙事阐释理论研究》，《求索》2008 年第 11 期。
徐浩：《后现代主义历史研究中的语言学转向》，《学习与探索》2009 年第 1 期。
徐浩：《历史是修辞：怀特后现代主义历史编纂学的叙事理论》，《史学月刊》2009 年第 1 期。
侯春慧：《海登·怀特后现代历史叙事多话语层面与阐释模式》，《河北学刊》2009 年第 3 期。
郑向春：《叙事：人类学与历史学的并接策略》，《厦门大学学报》（哲学社会科学版）2009 年第 3 期。
陈新：《论历史批评》，《江海学刊》2009 年第 4 期。
黄芸：《论海登·怀特的历史真实观》，《理论月刊》2009 年第 4 期。
郭震旦：《历史编撰新图景：大众化历史叙事的隆起——兼论后现代史学》，《清华大学学报》（哲学社会科学版）2009 年第 5 期。
龙迪勇：《历史叙事的空间基础》，《思想战线》2009 年第 5 期。
张晓校：《历史学家“非在场”身份属性及其叙事意义》，《哈尔滨师范大学社会科学学报》2010 年第 1 期。
邱晓：《叙事：历史话语的结构性文学因素——后现代历史叙事学的一个基本理路》，《西北大学学报》（哲学社会科学版）2010 年第 6 期。
方毅华：《新闻叙事与历史叙事的省思》，《现代传播（中国传媒大学学报）》2010 年第 10 期。
杨扬：《记忆、修辞与历史——从集体记忆视角看修昔底德的演说词使用》，《中南大学学报》（社会科学版）2011 年第 2 期。
陈新、江睿杰：《真与用——关于历史叙事与文学叙事的问答》，《江海学刊》2011 年第 5 期。

王灿：《叙事·语言·想象·建构——西方后现代主义视角中的历史及其书写》，《长春工业大学学报》（社会科学版）2011 年第 5 期。

邓京力：《重构、建构与解构之间——从文学形式论史学类型与史学性质》，《史学理论研究》2012 年第 1 期。

王霞：《在诗与历史之间——海登·怀特的历史诗学理论辨析》，《郑州大学学报》（哲学社会科学版）2012 年第 6 期。

陈新：《简论历史理性与历史叙事》，《学术研究》2012 年第 12 期。

李桦：《论历史叙事与文学叙事之关系》，《短篇小说》（原创版）2012 年第 24 期。

陈立新：《历史研究合法性的当代深思——当代历史叙事理论的启示》，《史学史研究》2013 年第 4 期。

彭刚：《叙事主义史学理论概说》，《历史研究》2013 年第 5 期。

王霞：《语言·故事·解释——海登·怀特的历史叙事学》，《北京科技大学学报》（社会科学版）2013 年第 5 期。

侯方峰：《历史叙事的兴衰及理论论争》，《求索》2013 年第 9 期。

李开元：《论历史叙事中的合理构筑——文学比史学更可信?》，《现代传记研究》2014 年第 1 期。

张晓校：《追述的意义——历史学家“非在场”叙事价值考量》，《史学理论研究》2014 年第 1 期。

贾鹏涛：《论历史叙事中的记忆与想象》，《社科纵横》2014 年第 2 期。

侯方峰：《论史景迁的历史叙事写作》，《东岳论丛》2014 年第 3 期。

卓立：《论历史事实的概念及其理论误区——关于重建客观史学理论基础的反思》，《史学月刊》2014 年第 5 期。

白春苏：《历史真实与文学虚构——论海登·怀特的历史哲学之维度》，《西部学刊》2014 年第 6 期。

白春苏：《作为元代码的叙事——海登·怀特的历史哲学叙事主义品质》，《人文杂志》2014 年第 9 期。

丁匡一：《叙事转向语境下历史哲学的“两难困境”》，《社会科学家》2014 年第 9 期。

李杨:《“记录历史”与“创造历史”——论斯诺〈西行漫记〉的历史诗学》,《天津社会科学》2015 年第 5 期。
于昊燕:《历史的箭镞——〈一个晚清提督的踪迹史〉与非虚构写作》,《青海师范大学学报》(哲学社会科学版)2015 年第 6 期。
宋玉书:《非虚构写作的集体记忆建构——以历史题材报告文学为研究对象》,《文艺争鸣》2015 年第 7 期。
李栋:《对在场的书写——论〈切尔诺贝利的回忆:核灾难口述史〉的非虚构写作》,《湖北科技学院学报》2016 年第 4 期。
陈嫚、李志峰:《以情感书写历史——阿列克谢耶维奇的情感表现艺术》,《上饶师范学院学报》2016 年第 5 期。
张骏:《海登·怀特的叙事表现理论》,《学术月刊》2016 年第 6 期。
郝雨、杨欣怡:《非虚构写作中的历史叙事与现实观照——以陈歆耕〈剑魂箫韵:龚自珍传〉为例》,《当代作家评论》2017 年第 1 期。
魏宏远:《虚构与非虚构:王世贞〈嘉靖以来首辅传〉论演》,《社会科学》2017 年第 2 期。
卢昕、阴元涛:《修昔底德的叙事技巧与写作目的——以〈战争史〉卷一“五十年记”为例》,《外国问题研究》2017 年第 3 期。
刘志刚:《诗性逻辑与诗性预构——基于海登·怀特与维柯的比较学视阈》,《湖北社会科学》2017 年第 8 期。
尉佩云:《历史叙事的理性逻辑——约恩·吕森与当代西方历史叙事理论》,《史学月刊》2018 年第 5 期。
唐冰炎:《小历史叙事中的民间书写——试论〈大清黄坑〉的非虚构写作》,《新余学院学报》2018 年第 6 期。
刘洪浩:《向希罗多德求解非虚构写作的初心》,《书屋》2018 年第 9 期。
艾俊树:《历史叙事与“语言学转向”的兴衰——以文本主义史学理论为中心的考察》,《人文杂志》2019 年第 2 期。
孙金燕、卢仪:《历史如何在讲述中“回归”——“非虚构”历史写作的文体价值讨论》,《中外文论》2019 年第 2 期。

陈慧本：《论历史时间的空间化及其与隐喻、叙事的关系》，《史学月刊》2019 年第 4 期。

汤俏：《从历史叙事看海外华文文学的非虚构倾向》，《当代文坛》2019 年第 5 期。

郭丹、张作成：《“历史事实”概念解析？西方观念史视野下的考察》，《北方论丛》2019 年第 6 期。

唐婷：《非虚构小说解构历史话语的策略——以诺曼·梅勒的两个文本为例》，《牡丹江教育学院学报》2019 年第 10 期。

罗超、丁蔓：《保罗·利科叙事诗学中历史叙事与虚构叙事的交织》，《海外英语》2019 年第 20 期。

丰杰、毛叶林：《历史小说如何“非虚构”？——论新世纪以来湖北作家的武昌起义叙事》，《新文学评论》2020 年第 4 期。

李红岩：《从阐释学到历史阐释学：何为历史的“正用”》，《探索与争鸣》2020 年第 11 期。

柏奕旻：《“后见”的阐释伦理——伊恩·布鲁玛的历史书写及其文化政治》，《世界历史评论》2021 年第 2 期。

陈先达：《历史与历史的书写》，《贵州师范大学学报》（社会科学版）2021 年第 3 期。

〔比利时〕安顿·弗洛依曼：《历史书写的美德》，顾晓伟译，程利伟校，《天津社会科学》2021 年第 4 期。

王磊光：《“非虚构契约”与历史叙事的限度》，《探索与争鸣》2021 年第 8 期。

报纸

郝雨、杨欣怡：《历史叙事的当下困境与突围——陈歆耕“〈龚自珍传〉及非虚构创作”研讨会综述》，《文艺报》2016 年 7 月 1 日。

禾刀：《〈切尔诺贝利：一部悲剧史〉：以非虚构方式重回历史现场》，《海南日报》2020 年 9 月 1 日。

学位论文

胡娜:《海登·怀特历史阐释模式中的策略及运用》，硕士学位论文，四川大学，2005年。

董立河:《历史与想象：对西方后现代历史哲学的研究与回应》，博士学位论文，北京师范大学，2005年。

韩益睿:《西方叙事学在中国的传播与演变》，硕士学位论文，兰州大学，2006年

刘凤:《别样多元的历史——论新历史主义历史真实观》，硕士学位论文，郑州大学，2006年。

杨杰:《海登·怀特的历史书写理论与文学观念》，博士学位论文，山东大学，2006年。

翟恒兴:《走向历史诗学——海登·怀特的故事解释与话语转义理论研究》，博士学位论文，浙江大学，2006年。

侯星丽:《历史哲学的语言学转向——解读海登·怀特的〈元史学：十九世纪欧洲的历史想象〉》，硕士学位论文，东北师范大学，2007年。

邱晓:《历史叙事的文学维度——海登·怀特历史叙事理论研究》，硕士学位论文，西北大学，2008年。

王兴斌:《历史事实的结构》，博士学位论文，华东师范大学，2008年。

张逸婧:《时间的叙事性——评保罗·利科的叙事理论》，硕士学位论文，复旦大学，2008年。

赖国栋:《历史记忆研究——基于20世纪西方历史理论的反思》，博士学位论文，复旦大学，2009年。

刘峰:《历史叙事与历史真实——海登·怀特后现代史学理论反思》，硕士学位论文，兰州大学，2009年。

王同斌:《历史与虚构——历史叙事和文学叙事比较》，硕士学位论文，西北大学，2009年。

韩炯:《历史思考的新途径——海登·怀特历史哲学研究》，博士学位论文，中国社会科学院大学，2010年。

李琛：《史景迁史学思想研究》，硕士学位论文，江西师范大学，2011年。

刘志来：《“务实的实在论”——阿瑟·丹图历史叙事理论研究》，硕士学位论文，东北师范大学，2011年。

贾鹏涛：《论历史想象》，硕士学位论文，华东师范大学，2012年。

刘璐：《历史的解构与重构——后现代主义历史编纂元小说研究》，博士学位论文，南开大学，2012年。

彭翠：《保罗·利科的叙事理论研究》，硕士学位论文，河南大学，2012年。

秦莹莹：《修昔底德的历史叙事与政治诗学》，博士学位论文，浙江大学，2014年。

余安娜：《历史意识与历史叙事——唐浩明历史小说研究》，博士学位论文，湖南师范大学，2014年。

周晋：《叙事策略与文学修辞——海登·怀特历史诗学研究》，硕士学位论文，四川师范大学，2014年。

国坤：《历史叙事的诗性之维——海登·怀特历史叙事思想研究》，硕士学位论文，河北师范大学，2016年。

陈美玲：《海登·怀特历史叙事理论研究》，硕士学位论文，天津师范大学，2017年。

高尚：《约恩·吕森历史叙事理论研究》，硕士学位论文，河南大学，2017年。

杨梓露：《文学与历史的跨界——海登·怀特的转义诗学研究》，博士学位论文，华东师范大学，2017年。

（三）文学

书籍

周政保：《“非虚构”叙述形态：九十年代报告文学批评》，解放军文艺出版社1999年版。

陈凯：《作品·文体·文化——英美小说和非虚构作品解读》，吉林人民出版社 2002 年版。

何肖朗：《后现代主义视阈中的现代美英非虚构文学》，厦门大学出版社 2008 年版。

申丹：《叙事、文本与潜文本：重读英美经典短篇小说》，北京大学出版社 2009 年版。

〔美〕雪莉·艾利斯：《开始写吧！非虚构文学创作》，中国人民大学出版社 2011 年版

周淼龙：《非虚构叙事艺术：报告文学研究》，知识产权出版社 2011 年版。

〔美〕杰克·哈特：《故事技巧：叙事性非虚构文学写作指南》，叶青、曾轶峰译，中国人民大学出版社 2012 年版。

〔美〕西摩·查特曼：《故事与话语：小说和电影的叙事结构》，徐强译，中国人民大学出版社 2013 年版。

李朝全：《闽籍学者文丛（第 2 辑）：非虚构文学论》，福建人民出版社 2017 年版。

陈晓明主编《非虚构文学》，作家出版社 2018 年版。

〔美〕罗宾·赫姆利：《从生活到小说（第 2 版）》，郑岩芳等译，郑岩芳校，中国人民大学出版社 2018 年版。

史冬冬、史维：《他山之石——宇文所安中国古代文论研究中的“非虚构传统”问题》，新华出版社 2018 年版。

李辉主编《非虚构写作与非虚构文学》，海天出版社 2020 年版。

孙民乐：《深圳新文学大系：“非虚构写作”卷》，海天出版社 2020 年版。

王光利：《新世纪中国文学非虚构写作研究》，中国建材工业出版社 2020 年版。

期刊论文

董鼎山：《所谓“非虚构小说”》，《读书》1980 年第 4 期。

南平、王晖：《1977—1986 中国非虚构文学描述——非虚构文学批评之二》，《文学评论》1987 年第 1 期。

王晖、南平：《对于新时期非虚构文学的反思》，《华中师范大学学报》（哲学社会科学版）1987 年第 1 期。

王晖、南平：《生活真实与非虚构文学作家的真诚》，《当代文坛》1988 年第 2 期。

王天平：《非虚构小说评述——兼论〈在冷血中〉》，《外国文学评论》1988 年第 2 期。

王晶：《论非虚构小说对现实主义文学的新发展》，《云南民族学院学报》1988 年第 3 期。

聂珍钊：《〈根〉和非虚构小说》，《外国文学研究》1989 年第 4 期。

聂珍钊：《论非虚构小说》，《中南民族学院学报》（哲学社会科学版）1989 年第 6 期。

陆文岳：《新新闻报道与非虚构小说——兴盛于美国六、七十年代的一种文学新样式》，《外国文学研究》1990 年第 4 期。

王晖、南平：《1990：报告文学的得失与思考——兼谈 1987—1990 年中国非虚构文学印象》，《华中师范大学学报》（哲学社会科学版）1991 年第 5 期。

高仕：《娃娃阿比：残疾人与中外非虚构文学》，《外国文学研究》1992 年第 1 期。

张中载：《纳丁 · 戈迪默与〈自然变异〉——虚构与非虚构，界限何在?》，《外国文学》1993 年第 1 期。

王晖：《现当代中国非虚构文学的大众文化品格》，《华中师范大学学报》（哲学社会科学版）1994 年第 4 期。

吴炫：《作为审美现象的非虚构文学》，《文艺争鸣》1994 年第 4 期。

王晖：《激变时期的中美非虚构文学》，《外国文学研究》1995 年第 2 期。

司建国：《美国非虚构小说简论》，《西北师大学报》（社会科学版）1996 年第 6 期。

程锡麟：《试论战后美国非虚构小说》，《当代外国文学》1998 年第 1 期。

张文雅：《“非虚构小说”系何物?》，《文学自由谈》1999 年第 3 期。

邱岭：《非虚构传统——论日本现代私小说与古典文学》，《福建师范大学学报》（哲学社会科学版）1999 年第 4 期。

徐成淼：《当前文学的“非虚构”倾向》，《贵州大学学报》（社会科学版）1999 年第 5 期。

梁爱民：《〈冷血〉与非虚构小说》，《镇江师专学报》（社会科学版）2000 年第 4 期。

王晖：《1997—1999：报告文学理论批评回眸——20 世纪 90 年代中国非虚构文学理论研究与批评之二》，《文艺评论》2000 年第 4 期。

龚举善：《全球化背景下纪实文学的文化回应——兼及比较文化视野中的非虚构写作》，《伊犁教育学院学报》2001 年第 1 期。

林玮生：《反虚构：新时期文学创作的一个新动向》，《广东青年干部学院学报》2002 年第 3 期。

周进芳：《非虚构理念与体验性时空——对报告文学真实性的重新认识》，《十堰职业技术学院学报》2002 年第 3 期。

郝润华、王亦妮：《试论杜甫诗的非虚构叙述形态》，《杜甫研究学刊》2003 年第 3 期。

贾东福：《简论新新闻主义小说》，《烟台教育学院学报》2003 年第 4 期。

司建国：《美国非虚构小说与现实主义小说叙事语法对比分析》，《天津外国语学院学报》2004 年第 1 期。

杨钧：《美国的“非虚构小说”和作家》，《新闻爱好者》2004 年第 10 期。

司建国：《美国非虚构小说崛起的科技和思想背景》，《深圳职业技术学院学报》2005 年第 1 期。

王晖：《报告文学：作为非虚构文体的文学魅力》，《甘肃社会科学》2005 年第 1 期。

谷红丽：《诺曼·梅勒非虚构小说中历史的虚构策略》，《外国文学》2005年第4期。

黄忠顺：《非虚构——抒情历史小说——〈心灵史〉文体论》，《中南民族大学学报》（人文社会科学版）2006年第1期。

赵文书：《跨世纪华裔美国文学非虚构作品述评》，《江苏技术师范学院学报》2006年第1期。

何肖朗：《简论现代英美非虚构文学的"合理虚构"》，《世界文学评论》2006年第2期。

李家君：《挑战现实理性构建浪漫真实——接受美学观照下的非虚构小说在美国的时兴》，《沈阳工程学院学报》（社会科学版）2006年第2期。

史冬冬：《论宇文所安中国诗学研究中的"非虚构传统"》，《中国文学研究》2007年第1期。

张沛沛、刘利华：《当代美国的非虚构小说的艺术魅力》，《文艺争鸣》2007年第1期。

赵科印：《也谈非虚构小说的命名》，《淮阴师范学院学报》（哲学社会科学版）2007年第1期。

李法宝：《试论虚构性叙事与非虚构性叙事的差异性》，《华南师范大学学报》（社会科学版）2007年第3期。

史冬冬：《辩诗：论宇文所安中国诗学研究之非虚构观》，《海南大学学报》（人文社会科学版）2007年第4期。

何肖朗：《论后现代主义影响下美英非虚构文学创作风格的嬗变》，《武夷学院学报》2008年第1期。

吴长青：《非虚构文学研究中的理论视野》，《阜阳师范学院学报》（社会科学版）2008年第6期。

朱卫兵：《史诗品性与非虚构叙述——读徐剑的〈东方哈达〉》，《文艺争鸣》2008年第8期。

彭荆风：《文学的虚构与非虚构》，《文学自由谈》2009年第5期。

张玉堂、胡景琦：《美国战后非虚构小说解析》，《天水师范学院学报》

2009 年第 6 期。
脚印:《用非虚构方式书写的战争大书——谈王树增的〈长征〉〈朝鲜战争〉〈解放战争〉》,《出版广角》2009 年第 9 期。
朱蕾艳:《“非虚构”与“真实”——关于非虚构文学理论的思考》,《电影评介》2009 年第 22 期。
陆文虎:《60 年非虚构战争文学的新标杆——读王树增〈朝鲜战争〉、〈长征〉和〈解放战争〉》,《解放军艺术学院学报》2010 年第 2 期。
徐炎君:《关于散文“非虚构性”的思考》,《辽宁教育行政学院学报》2010 年第 2 期。
贾文清:《非虚构文学研究的新视角——读尹均生的〈国际报告文学的源起与发展〉》,《中华文化论坛》2010 年第 3 期。
吕燕:《试论网络文学的非虚构倾向》,《时代文学》2010 年第 3 期。
吴琦幸:《论亚纪实传统和非虚构小说》,《文艺理论研究》2010 年第 6 期。
张辉、韩巍:《杜鲁门 · 卡波提与非虚构小说——以〈冷血〉为例》,《经济研究导刊》2010 年第 14 期。
邢军纪:《试论当代中国“非虚构文学”的可能性》,《解放军艺术学院学报》2011 年第 1 期。
杨俊蕾:《复调下的精神寻绎与终结——兼谈〈梁庄〉的非虚构叙述旨向》,《南方文坛》2011 年第 1 期。
李朝全:《“非虚构潮”与报告文学新变》,《南京师范大学文学院学报》2011 年第 2 期。
张晨:《游走在真实与虚构之间——浅论杜拉斯文本的非虚构性》,《牡丹江大学学报》2011 年第 2 期。
张海元、查玉瑶、张文利:《新时期以来非虚构小说研究述评》,《郧阳师范高等专科学校学报》2011 年第 2 期。
张柠、许珊珊:《当代“非虚构”叙事作品的文学意义》,《中国现代文学研究丛刊》2011 年第 2 期。
李云雷:《我们能否理解这个世界?——“非虚构”与文学的可能性》,

《文艺争鸣》2011年第3期。
张文东：《“非虚构”写作：新的文学可能性？——从〈人民文学〉的“非虚构”说起》，《文艺争鸣》2011年第3期。
卢永和：《“非虚构”与文学观的转向》，《湖北大学学报》（哲学社会科学版）2011年第6期。
祝晓风：《中国古典小说的非虚构化倾向》，《学术界》2011年第7期。
张曙光：《诗的本质、策略及非虚构性》，《文艺评论》2011年第9期。
黄忠顺：《不可虚构原则与叙述方式——从叙述学视域看报告文学文体的基本规定性》，《南京师范大学文学院学报》2012年第3期。
蒋进国：《非虚构写作：直面多重危机的文体变革》，《当代文坛》2012年第3期。
孔令云：《〈冷血〉不“冷”——卡波特及其非虚构写作》，《传媒观察》2012年第4期。
马建辉：《非虚构文学的三个维度》，《廊坊师范学院学报》（社会科学版）2012年第5期。
石雅芳：《论诺曼·梅勒在虚构与非虚构中的穿越》，《浙江外国语学院学报》2012年第5期。
陈小亮：《理想的诗歌：中国非虚构诗学对西方文学传统的反动——评宇文所安〈中国传统诗歌与诗学：世界的征兆〉》，《浙江学刊》2012年第6期。
闫海田：《当下小说“情节荒诞”与“消极实写”的两极倾向——关于“穿越”、“魔幻”及“非虚构”现象的思考》，《文艺评论》2012年第7期。
陈英：《文章淡淡忆儿时——论汪曾祺小说的“非虚构”元素》，《常州工学院学报》（社会科学版）2013年第2期。
颜超、傅学敏：《“非虚构文学”成为文坛热点原因探析》，《九江学院学报》（社会科学版）2013年第2期。
张学昕、梁海：《时间之上：“非虚构”的历史与人生——齐邦媛的〈巨流河〉与“非虚构”写作》，《南方文坛》2013年第2期。

张莉：《非虚构女性写作：新世纪女性写作的新成就》，《博览群书》2013 年第 3 期。

龚举善：《“非虚构”叙事的文学伦理及限度》，《文艺研究》2013 年第 5 期。

汤奇云：《非虚构文学的价值与出路——对深圳文学的反思与批判》，《深圳大学学报》（人文社会科学版）2013 年第 5 期。

房伟：《梁庄与中国：无法终结的记忆——评梁鸿的长篇非虚构文学〈出梁庄记〉》，《文艺争鸣》2013 年第 7 期。

秦香丽：《从“非虚构”来看新世纪乡土文学的困境及出路——以梁鸿的〈中国在梁庄〉和〈梁庄在中国〉为例》，《创作与评论》2013 年第 8 期。

丁晓原：《报告文学——回到非虚构叙事本位》，《文艺争鸣》2014 年第 1 期。

王璐：《关于“非虚构”文学的一些思考——兼评〈寻路中国〉》，《当代作家评论》2014 年第 1 期。

潘延：《试论陈丹燕的“非虚构写作”》，《苏州科技学院学报》（社会科学版）2014 年第 4 期。

许俊莹：《“非虚构”文学的无力——从〈中国在梁庄〉说开去》，《九江学院学报》（社会科学版）2014 年第 4 期。

程金城、张璐：《民族历史和人类情怀的个性化表达——简论阿来的长篇小说与“非虚构”文学》，《兰州大学学报》（社会科学版）2014 年第 5 期。

葛丽娅：《作为“他者”的农村形象——“非虚构”农村文本的写作之反思》，《河南师范大学学报》（哲学社会科学版）2014 年第 5 期。

顾建平：《历史照亮现实——读阿来非虚构作品〈瞻对〉》，《博览群书》2014 年第 5 期。

杨磊：《文学作为一种文化阐释机制：从非虚构到虚构》，《扬子江评论》2014 年第 5 期。

葛丽娅：《非虚构的“梁庄”：文学与档案的双重解读》，《河南社会科学》2014 年第 9 期。

巴战龙：《铁穆尔：非虚构文学写作实践及其他——裕固族文化精英书面访谈系列之一》，《河西学院学报》2015 年第 1 期。

邱华栋：《从〈空山〉到〈瞻对〉：阿来的虚构和非虚构》，《南方文坛》2015 年第 1 期。

王春林：《长篇非虚构文学的一种写作趋势》，《文艺评论》2015 年第 1 期。

叶君：《乡村荒野：想象与非虚构——从丁庄到梁庄》，《天津师范大学学报》（社会科学版）2015 年第 1 期。

郑春光、翟钰莹：《此中有真意——李娟非虚构作品中的两个世界》，《石河子大学学报》（哲学社会科学版）2015 年第 2 期。

次仁翁姆：《非虚构文学的崛起——阿来作品〈瞻对〉浅析》，《四川民族学院学报》2015 年第 3 期。

谢文兴：《逼近历史与挑战虚构：〈瞻对〉的价值与意义》，《郑州师范教育》2015 年第 3 期。

邱华栋：《阿列克谢耶维奇和“非虚构文学”写作》，《长江学术》2015 年第 4 期。

任增强：《“非虚构”与“无我”：海外汉学视域中的中国诗性》，《国际汉学》2015 年第 4 期。

王晖：《别样的在场与书写——论近年女性非虚构文学写作》，《文学评论》2015 年第 5 期。

叶君：《非虚构以及“看与被看”——论“梁庄系列”的叙述策略》，《文艺评论》2015 年第 5 期。

田洪敏：《倾听心灵的声音——斯·阿列克西耶维奇的非虚构文学》，《外国文学动态研究》2015 年第 6 期。

刘浏：《媒介文化与“非虚构”写作》，《文艺评论》2015 年第 7 期。

宋玉书：《非虚构写作的集体记忆建构——以历史题材报告文学为研究对象》，《文艺争鸣》2015 年第 7 期。

李汝佳、陈小碧：《“非虚构写作”之〈梁庄〉对文学界的启示》，《写作》2015 年第 8 期。
刘晓娟：《重构非虚构——美英文学创作风格与文学影响》，《语文建设》2015 年第 26 期。
陈小亮：《论海外中国非虚构诗学传统命题研究的源与流》，《暨南学报》（哲学社会科学版）2016 年第 2 期。
王龙：《军事题材非虚构创作的突围与创新》，《解放军艺术学院学报》2016 年第 2 期。
吴雪丽：《寻找新的文学写作可能——论女性的“非虚构”书写与文学传统的对话》，《西华师范大学学报》（哲学社会科学版）2016 年第 2 期。
陈文斌：《双区隔理论解读“非虚构小说”的文本特征——以阿来〈瞻对〉为例》，《当代文坛》2016 年第 3 期。
蒋蓝：《凸凹的非虚构文学断代史》，《唐都学刊》2016 年第 3 期。
王向荣：《回归诗性与真实性的非虚构书写——以张郎郎的作品为例》，《文艺评论》2016 年第 3 期。
温华：《民族精神的重述与建构——王树增的非虚构抗战叙事》，《解放军艺术学院学报》2016 年第 3 期。
由婧涵：《梁鸿非虚构写作的乡土关怀》，《文艺评论》2016 年第 3 期。
张爱玲、韩慧萍：《平民非虚构作品的原生态叙事——以姜淑梅作品为例》，《文艺评论》2016 年第 3 期。
张帆：《论阿列克西耶维奇“非虚构”写作的现实意义与人文关怀》，《中国民族博览》2016 年第 3 期。
江梦洋：《近年来非虚构文学中的女性创作风貌》，《华北水利水电大学学报》（社会科学版）2016 年第 4 期。
凌逾：《重构中西文化因子——从非虚构的虚构看文学大势》，《华南师范大学学报》（社会科学版）2016 年第 4 期。
林晓筱：《烦闷的灰烬——大卫·福斯特·华莱士的非虚构散文》，《书城》2016 年第 4 期。
刘源：《非虚构视野下〈切尔诺贝利的回忆：核灾难口述史〉探析》，

《广西民族师范学院学报》2016 年第 4 期。

项静：《村庄里的中国：城乡二元化结构中的“返乡”文学——以近年人文学者的非虚构写作为例》，《南方文坛》2016 年第 4 期。

彭荆风：《文学与“非虚构”的密切关系》，《文学自由谈》2016 年第 5 期。

王晖：《纪实文学的非虚构叙事及其主体诉求——以“故宫三部曲”为例》，《江苏社会科学》2016 年第 5 期。

孙桂荣：《非虚构写作的文体边界与价值隐忧——从阿列克谢耶维奇获“诺奖”谈起》，《文艺研究》2016 年第 6 期。

王俊忠：《“非虚构”文学写作初探——以乔叶〈盖楼记〉为例》，《淮海工学院学报》（人文社会科学版）2016 年第 6 期。

张莉：《非虚构写作与想象乡土中国的方法——以〈妇女闲聊录〉、〈中国在梁庄〉为例》，《文艺研究》2016 年第 6 期。

刘春勇：《昆德拉·鲁迅·非虚构写作——鲁迅之“文”在当下的价值》，《中国现代文学研究丛刊》2016 年第 7 期。

陈文斌：《非虚构小说中的真实与虚构：一个符号叙述学解读》，《西南民族大学学报》（人文社科版）2016 年第 9 期。

吴庆宏：《论〈罗杰·弗莱传〉中的非虚构》，《河南科技学院学报》2016 年第 11 期。

江河：《灾难的非虚构书写——评 S. A. 阿列克谢耶维奇的〈我还是想你，妈妈〉与杨显惠的〈定西孤儿院纪事〉》，《写作》2016 年第 15 期。

谢海红：《从近十年（2004—2014）普利策非虚构小说奖看美国文学动态》，《中外企业家》2016 年第 20 期。

何建明：《创意写作理念与实践：中国非虚构文学发展的新契机》，《江西师范大学学报》（哲学社会科学版）2017 年第 1 期。

王晖：《现实与历史：非虚构文学的独特叙述》，《当代作家评论》2017 年第 1 期。

邓晓雨：《乡土文学的非虚构和“非虚构”的乡土文学》，《当代作家评论》2017年第2期。
傅逸尘：《思辨的力量——二十一世纪初年军旅非虚构叙事述论》，《东吴学术》2017年第2期。
陈剑晖：《民族书写与散文异质化的追求——评陈霁的非虚构写作》，《当代文坛》2017年第4期。
龚刀臻：《“返乡体”非虚构写作的乡愁书写》，《汉江师范学院学报》2017年第4期。
哈建军：《“非虚构”的文体维度与功能期待》，《河西师范学院学报》2017年第4期。
韩松刚：《在风中呼喊，在废墟中看到一切——2016年非虚构文学综述》，《当代文坛》2017年第4期。
李俊杰：《“大文学史观”与中国现当代文学的“非虚构性”因素》，《当代文坛》2017年第4期。
王雷雷：《城市记忆的非虚构写作——评张梅〈我所依恋的广州〉》，《小说评论》2017年第4期。
王毅：《虚构与非虚构：论余华的〈第七天〉》，《华中科技大学学报》（社会科学版）2017年第4期。
赵建国：《作为非虚构写作的夹边沟》，《河西学院学报》2017年第4期。
周红莉：《“非虚构”与在场主义散文叙述——以十九部在场主义散文奖著作为话语中心》，《东吴学术》2017年第4期。
高晓仙、赵国月：《“非虚构文学”术语翻译在中国的传播与影响》，《外国语文研究》2017年第5期。
李国华：《非虚构文学的“真实”与形式》，《文艺评论》2017年第5期。
李仪：《关于“非虚构写作”的文体属性》，《文学自由谈》2017年第6期。
刘勇：《新闻与文学的交响与变奏：基于对“非虚构写作”的历时性考察》，《现代传播（中国传媒大学学报）》2017年第8期。

邱华栋：《非虚构写作和时代——兼论阿列克谢耶维奇的〈二手时间〉》，《领导科学论坛》2017 年第 8 期。

何谦：《非虚构暴力：〈房思琪的初恋乐园〉及其他》，《中国图书评论》2017 年第 10 期。

于梦雪：《非虚构写作下的人文关怀和历史理性——解读阿列克谢耶维奇〈我是女兵，也是女人〉〈我还是想你，妈妈〉》，《文学教育》2017 年第 12 期。

刘丽：《非虚构小说〈一个海难幸存者的故事〉：历史真实与文学创作》，《现代交际》2017 年第 20 期。

彭恬静：《"重返"现实——由"非虚构"的兴起看当代文学观的转向》，《芒种》2017 年第 23 期。

李朝全：《小说与非虚构的混融及其文体创新意义》，《中国文艺评论》2018 年第 1 期。

刘蒙之、刘战伟：《美国非虚构写作题材与风格定义者：约翰·麦克菲》，《写作》2018 年第 1 期。

刘天琪：《"非虚构"乡土写作的叙事立场和叙事伦理——以〈松塆纪事〉为例》，《关东学刊》2018 年第 1 期。

禹权恒：《乡村挽歌与身份迷失——解读梁鸿的非虚构文学〈中国在梁庄〉〈出梁庄记〉》，《信阳师范学院学报》（哲学社会科学版）2018 年第 1 期。

何亦聪：《多维视野中的李娟非虚构散文创作》，《关东学刊》2018 年第 2 期。

梁鸿：《我们如何理解农民？——从〈中国在梁庄〉的非虚构写作重建对农民的生命记忆与情感认知》，《文艺论坛》2018 年第 2 期。

李桢：《〈人民文学〉"非虚构"写作的本体考察》，《文艺论坛》2018 年第 2 期。

吴雪丽：《"非虚构"女性书写：性别经验与乡村图景的重构——以梁鸿、孙惠芬、郑小琼的写作为考察对象》，《学术论坛》2018 年第 3 期。

赵国月：《美国非虚构文学在中国的译介研究——以"国家图书奖"和

"普利策文学奖"作品译介为例》,《中国翻译》2018 年第 3 期。
顾超:《非虚构文学的特质——以〈被禁锢的头脑〉和〈二手时间〉为例》,《东吴学术》2018 年第 4 期。
刘浏:《中国非虚构文学的流变与转向》,《东吴学术》2018 年第 4 期。
沈文慧:《在生活的深处踽踽独行——李燕燕非虚构写作观察》,《东吴学术》2018 年第 4 期。
宋学清:《"非虚构写作":重构新世纪中国文学的一种力量》,《山东青年政治学院学报》2018 年第 4 期。
丁晓原:《非虚构文学:时代与文体的"互文"》,《东吴学术》2018 年第 5 期。
黄德江:《虚构·非虚构·三重练习》,《扬子江评论》2018 年第 5 期。
祁丽岩:《个人经验与历史记忆的另类书写——论王安忆的非虚构写作》,《当代文坛》2018 年第 5 期。
宋宁:《非虚构写作的文学史维度与构想》,《文艺评论》2018 年第 5 期。
宋学清:《"非虚构"的力量——农民工文学中的非虚构写作》,《郑州师范教育》2018 年第 6 期。
王婧苏:《历史肌理、历史叙事与历史关怀——非虚构文学视阈下的〈大地上的亲人〉》,《社会科学动态》2018 年第 9 期。
谢尚发:《大地上的书写,或非虚构——黄灯〈大地上的亲人〉阅读札记》,《社会科学动态》2018 年第 9 期。
李查苏娜:《激荡心灵的真实声音——斯·阿列克谢耶维奇"非虚构"文学创作分析》,《赤峰学院学报》(汉文哲学社会科学版)2018 年第 10 期。
彭艺欣:《"他者"视域下的当代中国——何伟与张彤禾的非虚构写作中的"中国叙事"研究》,《视听》2018 年第 11 期。
丁晓原:《有思想的非虚构:李鸣生报告文学论》,《广播电视大学学报》(哲学社会科学版)2019 年第 1 期。
张景玲、郑佩伟:《谈阿列克谢耶维奇文学创作的非虚构性——以〈我不知道该说什么，关于死亡还是爱情〉为例》，《中国外语研究》2019年第1期。

陈庆妃、张嘉茵：《走出后殖民：论黄碧云小说的非虚构转向》，《华侨大学学报》（哲学社会科学版）2019年第2期。

刘浏：《论中国非虚构文学的命名及其流变》，《当代文坛》2019年第2期。

樊星：《从个体到世界：情感地理流动中的非虚构“透视”——读〈大地上的亲人——一个农村儿媳眼中的乡村图景〉》，《关东学刊》2019年第3期。

普玄、沈闪：《非虚构写作的事实、自我与价值——普玄访谈录》，《写作》2019年第3期。

谢香子：《超越“非虚构写作”——论余华小说〈第七天〉》，《新文学评论》2019年第3期。

曾攀：《物·知识·非虚构——当代中国文学的“向外转”》，《南方文坛》2019年第3期。

周芳：《非虚构写作的经验、真实与叙事策略——关于〈重症监护室〉生死场写作的回望》，《写作》2019年第3期。

段崇轩：《重建文学的“虚构”诗学——兼谈“非虚构”思潮》，《扬子江评论》2019年第4期。

廖高会：《照亮乡土社会的人性之光——从〈现代人心灵影像〉看非虚构写作的精神向度》，《山西高等学校社会科学学报》2019年第4期。

李凤亮、周飞：《空泛与错位的“非虚构诗学传统”——评宇文所安〈中国传统诗歌与诗学：世界的征象〉》，《文艺研究》2019年第4期。

李萌：《非虚构文学的文学价值》，《河南广播电视大学学报》2019年第4期。

马率帅、黄伟：《“互文”与“非虚构”写作——沈从文笔下丁玲形象考》，《海南师范大学学报》（社会科学版）2019年第4期。

沈闪：《从涪陵到梁庄：比较视野下的“非虚构”中国叙事》，《文学评论》2019年第4期。

徐文泰：《启蒙的反向叙事与非虚构文学的突围与困境——以梁鸿的〈中国在梁庄〉、〈出梁庄记〉为考察中心》，《现代中国文化与文学》2019年第4期。
严辉：《概念、命名与假想敌：关于非虚构文学的文学史考察》，《华中学术》2019年第4期。
赵盛国、龚艳丽：《纪实文学的“非虚构”叙事及对民族集体记忆的建构——以〈随枣会战〉为例》，《荆楚学刊》2019年第4期。
周宁：《非虚构小说不可靠叙述探论》，《当代文坛》2019年第4期。
丁晓原：《非虚构文学的逻辑与伦理》，《当代文坛》2019年第5期。
汤俏：《从历史叙事看海外华文文学的非虚构倾向》，《当代文坛》2019年第5期。
李骞：《“非虚构小说”的不可能性》，《当代文坛》2019年第6期。
黄一晨：《论〈忽如归〉的“非虚构”写作》，《河西学院学报》2019年第6期。
王明博：《论冯骥才“非常时代”非虚构写作的史诗品质》，《河西学院学报》2019年第6期。
晏红：《文学的真实性与真实的文学性——关于文学的虚构与非虚构》，《当代文坛》2019年第6期。
赵敬鹏：《论插图与〈繁花〉的非虚构写作》，《江汉论坛》2019年第8期。
孙元元：《在“坦白”与“沉默”之间——关于乡村非虚构叙事中的两重虚构》，《中国现代文学研究丛刊》2019年第11期。
范飞娇、王静：《论非虚构文学创作的“真实”》，《名作欣赏》2019年第20期。
王丙珍、连国义：《当代非虚构写作的生态审美之维——以田犁散文与诗歌集〈爱，遗落在森林和草地〉为例》，《名作欣赏》2019年第33期。
蒋蓝、邱华栋：《非虚构写作畛域里的历史和现实——蒋蓝、邱华栋对谈》，《当代人》2020年第1期。

江磊、乔叶：《非虚构写作在努力拓宽文学创作的边界——乔叶访谈录》，《写作》2020 年第 1 期。
万晓蒙：《似真还假的“回忆录”：华莱士遗作〈苍白之王〉的虚构性与非虚构性》，《外国文学动态研究》2020 年第 1 期。
魏华莹：《从自我经验出发——谈乔叶作品的纪实与虚构》，《写作》2020 年第 1 期。
张烁：《非虚构的特质及其文学价值》，《阜阳职业技术学院学报》2020 年第 1 期。
赵国月、高晓仙：《文本类型视角下的非虚构文学翻译译者行为研究》，《语言教育》2020 年第 1 期。
毕莉莉：《虚构与非虚构之间——论阎连科小说〈速求共眠——我与生活的一段非虚构〉中的含混叙事》，《河南工程学院学报》（社会科学版）2020 年第 2 期。
李晓玉：《〈习近平的七年知青岁月〉与非虚构叙事》，《文化学刊》2020 年第 2 期。
李兆忠：《“非虚构小说”不应这样写》，《文学自由谈》2020 年第 2 期。
马新广、韩嘉敏：《“非虚构”写作的叙事视角——以〈人民文学〉“非虚构”专栏作品为例》，《写作》2020 年第 2 期。
明笑光：《记录世事变迁的时代之声——斯塔兹·特克尔口述实录体非虚构作品的创作分析》，《美与时代》2020 年第 2 期。
聂茂：《非虚构视野下乱世英雄的历史书写——朱日复长篇小说〈伍子胥〉读后》，《文艺论坛》2020 年第 2 期。
毕莉莉：《论冯骥才非虚构新作〈漩涡里〉的写作特色》，《河西学院学报》2020 年第 3 期。
丁佳雯：《在“非虚构”挑战下的报告文学》，《长江文艺》2020 年第 3 期。
丁晓原：《报告文学，作为叙事性非虚构写作方式》，《文艺理论研究》2020 年第 3 期。
曲宗历：《“非虚构”作品多元叙事的可能性——〈中国在梁庄〉的叙

事研究》,《百家评论》2020 年第 3 期。
张丽凤:《非虚构视野中的创意书写再认知——以鲁迅〈故乡〉的欣赏与创作教学为例》,《广西科技师范学院学报》2020 年第 3 期。
陈小亮:《隐喻、寓言与抒情诗:比较语境下余宝琳中国非虚构诗学研究》,《华文文学》2020 年第 4 期。
刁克利:《文学之真与非虚构作者的角色》,《当代文坛》2020 年第 4 期。
丰杰、毛叶林:《历史小说如何“非虚构”?——论新世纪以来湖北作家的武昌起义叙事》,《新文学评论》2020 年第 4 期。
姜文西:《非虚构写作的层次结构:从问题意识到正义精神——以梁鸿和乔叶的相关作品为考察中心》,《天府新论》2020 年第 4 期。
李朝全:《非虚构:报告文学的特质和创作方式》,《粤港澳大湾区文学评论》2020 年第 4 期。
罗文平:《21 世纪中国“非虚构”文学主题研究——以〈人民文学〉为例》,《河北科技师范学院学报》(社会科学版)2020 年第 4 期。
王小英:《论新世纪美国非虚构小说的中国叙事》,《当代外国文学》2020 年第 4 期。
谢尚发:《“非虚构写作”及其四个面相——以梁鸿、黄灯与阿列克谢耶维奇的创作为话题》,《中国当代文学研究》2020 年第 4 期。
张娟:《世界视野与真实力量——论周励〈亲吻世界〉的非虚构写作》,《世界华文文学论坛》2020 年第 4 期。
张娟:《新世纪以来后先锋文学的非虚构倾向》,《创作评谭》2020 年第 4 期。
张柱林:《发出别样声音的可能与方法——以三位少数民族小说家的非虚构写作为中心》,《民族文学》2020 年第 4 期。
周琪玥:《史传文学底色与非虚构叙事手法——〈聊斋志异〉“一书而兼二体”新读解》,《蒲松龄研究》2020 年第 4 期。
曹梦雨:《非虚构视野下的新乡土写作——以梁鸿作品为例》,《百家评论》2020 年第 5 期。
陈晶:《非虚构的文学作品与档案的关联性》,《边疆经济与文化》2020

年第5期。

封木林：《了解他人，体认自我——论郭爽非虚构写作的主体性》，《常州工学院学报》（社会科学版）2020年第5期。

刘浏：《“非虚构”的十年讨论与中国非虚构文学研究》，《粤港澳大湾区文学评论》2020年第5期。

周春英、刘阳：《“非虚构”小说的乡村叙事艺术——以孙惠芬〈生死十日谈〉为例》，《宁波大学学报》（人文科学版）2020年第5期。

张娟：《非虚构写作中的海外华文文学的“中国故事”》，《安徽文学》2020年第5期。

丁茜涵：《从〈四象〉叙事层面看梁鸿虚构写作与非虚构写作之间的张力》，《扬子江文学评论》2020年第6期。

刘金龙：《中美非虚构文学创作理念比较——以赵瑜和李·古特金德为例》，《写作》2020年第6期。

彭恬静：《“非虚构”的兴起与当代散文的新变》，《中国当代文学研究》2020年第6期。

汤天勇：《〈疼痛吧指头〉：切近灵魂的“非虚构性”写作》，《长江文艺评论》2020年第6期。

项静：《从非虚构到虚构：释放的社群与隐蔽的诗情——读梁鸿的〈四象〉》，《当代作家评论》2020年第6期。

张慧瑜：《非虚构写作与20世纪中国文化经验》，《上海文学》2020年第6期。

周毅、陈婧：《〈黄虎张献忠〉：“蒋式悖论”与非虚构写作的突围》，《中国当代文学研究》2020年第6期。

张猛：《“真实的尺度”：近年来俄罗斯文学创作的“非虚构”倾向》，《外国文学动态研究》2020年第6期。

贺与诤：《非虚构散文中的生命书写——以熊莺〈你来看此花时〉〈远山〉为例》，《文化学刊》2020年第7期。

张贞：《论周芳“非虚构写作”的时代特征与审美内涵》，《长江丛刊》2020年第7期。

盛芳:《非虚构写作讲好中国故事的策略分析——以袁凌〈寂静的孩子〉为例》,《东南传播》2020 年第 9 期。
项静:《异邦客的“非虚构”写作与中国故事》,《文艺争鸣》2020 年第 9 期。
张艺歆:《〈中国在梁庄〉诞生记——“非虚构”热潮的兴起》,《青年文学家》2020 年第 9 期。
信世杰:《非虚构乡土书写的三种姿态——以梁鸿、黄灯、范雨素的非虚构写作为例》,《汉字文化》2020 年第 19 期。
陈怡婷:《自传体小说的虚构性与非虚构性——以张梅梅〈梦圆南粤〉为例》,《今古文创》2020 年第 20 期。
王浩洪:《个体与时代的“非虚构”纪实——读王楚平〈大时代中一小我〉》,《长江丛刊》2020 年第 25 期。
汪楚祺:《真善美的乡村空间形象——论刘第红〈花神之约〉中的非虚构散文》,《青年文学家》2020 年第 35 期。
李钧:《论蒋光慈的“非虚构写作”及其“现实主义”意义》,《齐鲁学刊》2021 年第 1 期。
戚萌:《“非虚构”视角中的小人物形象创作》,《华夏文化论坛》2021 年第 1 期。
王晖:《以“最惬意的路径”呈现“问心之旅”——丁捷非虚构近作漫论》,《中国当代文学研究》2021 年第 2 期。
王行、刘雨:《非虚构文本〈生死十日谈〉承载的“底层之痛”》,《辽宁大学学报》(哲学社会科学版)2021 年第 2 期。
张卫东:《论非虚构文学的叙事学问题》,《国外文学》2021 年第 2 期。
张同胜:《〈聊斋志异〉中的非虚构叙事》,《辽东学院学报》(社会科学版)2021 年第 2 期。
张媛媛、宋宁刚:《非虚构作品的主题选择、写作方式及启示——以袁凌〈寂静的孩子〉为中心》,《昭通学院学报》2021 年第 2 期。
刘金龙:《“创意非虚构”的文体要素详析——以彼得·海斯勒的中国书写为例》,《语文学刊》2021 年第 3 期。

王丙珍：《当代非虚构写作的生活记忆与生态情感——以〈爱，遗落在森林和草地〉为例》，《中北大学学报》（社会科学版）2021年第3期。
徐燕杭：《“非虚构文学”何以可能？——关于“虚构/非虚构”理论背景的探讨》，《杭州电子科技大学学报》（社会科学版）2021年第3期。
吕玉铭：《锐利而陌生的丧恸——狄迪恩非虚构作品〈奇想之年〉修辞解读》，《河西学院学报》2021年第4期。
李明德：《非虚构特质与文学性追求——论〈瞻对〉文本基调的反讽性》，《小说评论》2021年第5期。
刘小问：《论近十年〈人民文学〉口述类非虚构作品的形式意义》，《新纪实》2021年第6期。
杨昇：《基于“诗路考察”的非虚构性写作实践》，《今古文创》2021年第6期。
梁鸿：《非虚构文学的审美特征和主体间性》，《中国现代文学研究丛刊》2021年第7期。
鲁敏：《当代小说写作中的“非虚构”权重之魅》，《中国现代文学研究丛刊》2021年第8期。
何紫薇：《试析阿列克谢耶维奇小说非虚构的写作手法——以〈锌皮娃娃兵〉为例》，《今古文创》2021年第14期。
许荣荣：《非虚构小说中真实与虚构的关系》，《今古文创》2021年第20期。

报纸

郭艳等：《多面相的非虚构写作》，《文艺报》2017年12月8日。
洪鸿：《非虚构书写的奴隶》，《文艺报》2018年3月7日。
王轻鸿：《构建中国非虚构诗学话语体系》，《中国社会科学报》2018年4月23日。
黄灯：《非虚构：一场重建文学与现实关联的写作实践》，《文艺报》2018年5月25日。

谭杉杉：《非虚构与中国故事讲述》，《湖北日报》2019年7月4日。
信世杰：《激发时代多声部的中国非虚构文学》，《文学报》2019年9月26日。
王轻鸿：《建构中国非虚构诗学的当代形态》，《中国社会科学报》2019年10月14日。
齐童巍：《非虚构写作与儿童文学》，《中国社会科学报》2020年4月10日。
素心：《非虚构写作的魅力与现实题材的构建》，《中国民族报》2020年4月17日。
王磊光：《博弈与回归：在十年"非虚构"与百年"报告文学"之间》，《文学报》2020年6月25日。
孙元元：《非虚构：一种直面现实的文学精神》，《文艺报》2020年9月23日。
星辰谷：《"非虚构写作"和主旋律的化学反应》，《中国新闻出版广电报》2021年1月28日。
王明博：《用非虚构写好中国故事》，《文艺报》2021年2月10日。
李谋冠：《繁荣非虚构文学要有问题意识》，《中国社会科学报》2021年3月8日。
冯圆芳：《以非虚构形式，触摸新时代的乡村心灵》，《新华日报》2021年3月18日。
王小鲁：《〈乡下人的悲歌〉：从非虚构文学到电影》，《北京日报》2021年3月19日。
吴周文：《"非虚构"与〈张竞生传〉意义的阐释》，《文艺报》2021年4月7日。
江河：《抗疫时代背景下的网络文学非虚构写作》，《文艺报》2021年8月23日。

其他

王雷雷：《从文本到写作：非虚构文学的内部类型特征及其写作构建方

式》，“中国创意写作研究”会议论文集，2019 年。

学位论文

白娅：《梁鸿非虚构写作研究》，硕士学位论文，河南师范大学，2018 年。

陈晗奕：《法拉奇笔下的非虚构色彩研究》，硕士学位论文，南京师范大学，2018 年。

康绪红：《“非虚构”写作中的女性叙事研究——以〈人民文学〉专栏作品为例》，硕士学位论文，山东师范大学，2018 年。

孙元元：《纪实与虚构——论新世纪乡村非虚构叙事》，硕士学位论文，黑龙江大学，2018 年。

田裕娇：《新世纪“非虚构”文学中的中国图景——以〈人民文学〉“非虚构”专栏为例》，硕士学位论文，山东理工大学，2018 年。

先敏：《中国当代非虚构文学场景建构研究——以〈人民文学〉非虚构专栏作品为例》，硕士学位论文，广西师范学院，2018 年。

张世奇：《接受理论视域下的非虚构文学研究》，硕士学位论文，华中师范大学，2018 年。

陈冰：《从非虚构到虚构——论梁鸿的乡村叙事》，硕士学位论文，黑龙江大学，2019 年。

董莎莎：《虚构类和非虚构类文学作品书评中元话语劝说功能对比研究》，硕士学位论文，兰州理工大学，2019 年。

郭若凡：《鲁顺民“非虚构”叙事的两个维度》，硕士学位论文，山西师范大学，2019 年。

李珊：《关联翻译法视角下非虚构文学翻译实践报告——以〈被驱逐者：美国城市中的贫穷与利益〉（节选）为例》，硕士学位论文，扬州大学，2019 年。

刘冰玉：《三维转换视角下非虚构文学的翻译报告——以〈追寻记忆〉为例》，硕士学位论文，燕山大学，2019 年。

权晓燕：《生态危机非虚构个案书写形态研究》，硕士学位论文，湖南理工学院，2019 年。

司茜:《底层“非虚构”叙事研究》,硕士学位论文,四川师范大学,2019年。
王辉:《复调叙事与文学民粹主义的发生——以阿列克谢耶维奇的非虚构创作为中心考察》,硕士学位论文,湖南理工学院,2019年。
肖鹏:《试论新世纪的“非虚构写作”——以〈人民文学〉“非虚构”栏目作品为中心》,硕士学位论文,天津大学,2019年。
阎睿:《中国当下非虚构写作作品技法研究》,硕士学位论文,辽宁大学,2019年。
田鑫:《非虚构写作的困境及对策探析——基于〈一生无法休止的战争〉的创作分析》,硕士学位论文,西安外国语大学,2019年。
袁雪:《新世纪“非虚构文学”创作研究——以〈人民文学〉系列作品为例》,硕士学位论文,山东师范大学,2019年。
张晓雪:《纽马克翻译理论指导下非虚构文学的汉译——“The Oilman's Daughter”翻译实践报告》,硕士学位论文,华东师范大学,2019年。
张子君:《浸入式采访在非虚构写作中的运用分析〈我的中西生活——随父母访学的那些年〉创作报告》,硕士学位论文,西安外国语大学,2019年。
韩嘉敏:《“非虚构”写作的创作与叙事研究——以〈人民文学〉(2010—2019)“非虚构”专栏为例》,硕士学位论文,山西师范大学,2020年。
金敏:《〈南方人物周刊〉人物报道的非虚构写作研究》,硕士学位论文,长春理工大学,2020年。
廖静:《非虚构小说的叙事伦理研究——以〈人民文学〉非虚构专栏为例》,硕士学位论文,曲阜师范大学,2020年。
邱华慧:《论梁鸿和乔叶非虚构叙事中的乡土书写》,硕士学位论文,河南大学,2020年。
任亚飞:《非虚构小说〈寻路中国〉中的乡村与工厂书写》,硕士学位论文,西北师范大学,2020年。
司征:《新媒体时代非虚构写作的叙事修辞——以“每日人物”为例》,

硕士学位论文，华中师范大学，2020 年。
吴宏妮：《彼得·海斯勒非虚构写作作品“中国纪实三部曲”的叙事研究》，硕士学位论文，广西大学，2020 年。
郁欣：《新世纪女性“非虚构”创作特点研究——以〈人民文学〉2010 年—2019 年非虚构专栏作品为例》，硕士学位论文，山西师范大学，2020 年。
张雪兰：《2010 年以来中国“非虚构”文学城乡形象研究》，硕士学位论文，福建师范大学，2020 年。
赵严：《奈保尔非虚构写作的双重性——解读〈非洲的假面剧〉》，硕士学位论文，山东大学，2020 年。
陈惠芳：《阿列克谢耶维奇的非虚构文学创作观研究》，硕士学位论文，辽宁大学，2021 年。
杨世全：《论新世纪非虚构写作的“民间性”特征——以〈人民文学〉“非虚构”专栏为例》，硕士学位论文，云南师范大学，2021 年。
杨莹：《袁凌非虚构写作研究——以〈寂静的孩子〉为中心考察》，硕士学位论文，西北大学，2021 年。

（四）新闻学

书籍

刘志宣：《新闻写作技艺十讲》，复旦大学出版社 2015 年版。
赵学儒：《写作实讲》，河南大学出版社 2016 年版。
〔美〕罗布特·博因顿：《新新新闻主义：美国顶尖非虚构作家写作技巧访谈录》，刘蒙之译，北京师范大学出版社 2018 年版。

期刊论文

张素珍：《为新新闻主义正名——从“新新闻报道”谈起》，《徐州师范学院学报》1992 年第 3 期。

陈力菲：《新新闻报道：一种实事求是的主观方式——对美国一种新闻思潮的思考》，《宝鸡师院学报》（哲学社会科学版）1993年第2期。

普丽华：《论新闻文体的创造性非虚构写作》，《应用写作》2005年第11期。

普丽华：《新闻变体：创造性非虚构写作探源》，《写作》2006年第1期。

王晓映：《张纯如，从一名卓越的记者到一位非虚构作家》，《传媒观察》2012年第6期。

谢彩：《从“手册时代”转向“全媒体IP”的可能性——本土化非虚构写作的发展趋势》，《写作》2016年第7期。

张力、徐丽芳：《Atavist：在线非虚构文学的守望者》，《出版参考》2016年第10期。

王嘉婧、曾祥敏：《非虚构类节目的叙事规律研究——基于2015年国内高收视率节目的实证分析》，《当代电视》2016年第11期。

周逵、顾小雨：《非虚构写作的新闻实践与叙事特点》，《新闻与写作》2016年第12期。

顾明正：《新闻叙事文体的变迁——从新新闻主义到非虚构写作》，《新闻战线》2017年第2期。

陈敏、杜娜：《记者与非虚构：从时效性报道到沉浸式写作——兼评〈非虚构：时代记录者与叙事精神〉》，《全球传媒学刊》2017年第3期。

范以锦、匡骏：《新闻领域非虚构写作：新闻文体创新发展的探索》，《新闻大学》2017年第3期。

李淑华：《“非虚构”写作热潮的传播学解读》，《今传媒》2017年第3期。

周勇：《新闻广播剧：广播非虚构写作的新尝试》，《中国广播》2017年第3期。

李龙坤：《论非虚构写作在新闻报道中的运用》，《传播力研究》2017年第 10 期。
张涛甫：《非虚构写作：不可缺席的记录者》，《青年记者》2017 年第 34 期。
蒋剑翔：《新闻在左，非虚构在右》，《新闻论坛》2018 年第 2 期。
蔡雯、李婧怡：《“非虚构写作”对新闻编辑业务改革的启示》，《当代传播》2018 年第 4 期。
张思梦：《后真相时代非虚构写作如何讲好故事》，《新闻采编》2018 年第 4 期。
邓力：《塑造人物与再现偏差——人物类非虚构写作中讽刺修辞的效果及争议》，《新闻记者》2018 年第 5 期。
方增泉、贾麟：《非虚构人物故事新闻叙事结构分析——以〈被天堂遗忘的孩子〉为例》，《教育传媒研究》2018 年第 5 期。
黄典林：《话语范式转型：非虚构新闻叙事兴起的中国语境》，《新闻记者》2018 年第 5 期。
李文学：《论我国非虚构写作新闻实践的文体演进》，《重庆科技学院学报》（社会科学版）2018 年第 5 期。
魏成华、朱希：《浅析“非虚构写作”对传统媒体转型的意义》，《新闻窗》2018 年第 5 期。
孙珉、谢勇、韦李珍：《浸入式体验：用非虚构叙事讲好中国故事》，《当代传播》2018 年第 6 期。
蒋晓丽、贾瑞琪：《新闻游戏的非虚构叙事研究》，《现代传播（中国传媒大学学报）》2018 年第 7 期。
王笑南：《非虚构写作在新闻领域中的应用与反思》，《新闻世界》2018 年第 7 期。
张慧瑜：《移动互联网时代的非虚构写作》，《新闻与写作》2018 年第 12 期。
杜莉华：《论新闻领域中非虚构写作和新闻真实性原则之间的冲突》，《传播力研究》2018 年第 22 期。
李文学：《我国非虚构写作新闻实践的文体渊源》，《青年记者》2018 年第23期。
刘金波:《学术研究的非虚构:问题的视角》,《新闻与传播评论》2019年第4期。
李文学、曹艳:《非虚构写作新闻实践的内涵、特点与基本原则》,《新闻论坛》2019年第4期。
吴宏妮:《非虚构性写作:新闻业的新生机》,《采写编》2019年第4期。
夏德元、邓建国、石力月:《融媒时代,如何正确地“非虚构写作”》,《传媒评论》2019年第4期。
李东英:《非虚构新闻写作——介入式的新闻真实感》,《传播力研究》2019年第5期。
宋锦燕、李立:《后真相时代的非虚构写作与事实核查》,《当代文坛》2019年第5期。
胡群芳:《杜强:非虚构作品,要有放到十年后还能看的潜力》,《南方传媒研究》2019年第6期。
陈琦、张丽:《参与式文化对非虚构作品的影响分析——以“真实故事计划”为例》,《北京印刷学院学报》2019年第7期。
崔冰:《特稿“热点依傍”与非虚构写作的再思考》,《新闻研究导刊》2019年第7期。
廖轩威:《非虚构写作的叙事策略研究——以公众号“真实故事计划”为例》,《视听》2019年第7期。
马金龙:《微信公众号媒介机制下中国非虚构写作发展反思》,《传媒论坛》2019年第7期。
杨利娟:《新闻业危机的商业主义救赎——以非虚构写作平台“真实故事计划”的创业实践为例》,《现代传播(中国传媒大学学报)》2019年第7期。
田香凝、刘沫潇:《新媒体时代非虚构写作的现状、问题与未来》,《编辑之友》2019年第8期。
许莹、程贺:《非虚构写作情感化传播的作用与边界——对微信公众号

“网易人间”“界面正午”“真实故事计划”作品的分析》，《新闻爱好者》2019年第8期。
刘泽溪：《新闻与文学的杂糅：非虚构报道的表达特征与叙事意义》，《视听》2019年第9期。
罗玲：《新闻领域内非虚构写作热的原因探析》，《视听》2019年第9期。
魏毅：《非虚构的场景与人》，《新闻与写作》2019年第9期。
薛雍乐：《新型主流媒体平台的非虚构实践——以澎湃新闻“镜相”栏目为例》，《新闻与写作》2019年第9期。
张林贺：《新闻采写课核心任务驱动教学法研究——以非虚构故事化新闻写作教学为例》，《青年记者》2019年第9期。
姜奥：《非虚构写作平台的情感传播机制研究——以微信公众号“真实故事计划”为例》，《新闻世界》2019年第11期。
刘楚君：《新媒体环境下新闻领域非虚构写作的发展》，《青年记者》2019年第11期。
韩锡鹏：《从文化资本视角比较报告文学与非虚构写作》，《青年记者》2019年第14期。
夏永康：《新媒体领域视角下新闻非虚构写作方式的转变——以〈人物〉公众号为例》，《传播力研究》2019年第15期。
殷宝刚、李莎：《论新媒体平台非虚构写作与传播》，《新闻研究导刊》2019年第17期。
翟莉丽：《非虚构写作中青年女性形象的呈现与传播》，《传播力研究》2019年第20期。
杨利娟：《商业逻辑下的非虚构写作——以〈太平洋大逃杀亲历者自述〉为例》，《青年记者》2019年第27期。
庄永志：《非虚构写作之道——以〈响水河边七病区〉采写为例》，《青年记者》2019年第34期。
王波、王世宇、宋晓晓、李佳、刘心雨：《新媒体逻辑下的腾讯“谷雨”非虚构内容生产与传播》，《中国媒体发展研究报告》2020年。

张慧瑜：《倾听他人：非虚构写作与新闻教育的结合》，《写作》2020 年第 1 期。

孙珉、韦李珍、刘晓璐：《浸入与驱逐：聚焦新闻领域非虚构写作的强情节建构》，《当代传播》2020 年第 2 期。

陈瑾、张聪慧：《非虚构新闻写作模式构建与路径实现——基于任务驱动视域》，《河北经贸大学学报》2020 年第 3 期。

张雅婷：《新媒体时代非虚构写作的发展演变与前景展望》，《新闻研究导刊》2020 年第 3 期。

葛书润：《底层视角与残缺视野——基于新冠疫情中“非虚构”写作的报道框架实证分析》，《中国记者》2020 年第 4 期。

盛芳：《非虚构写作在新闻传播中的实践价值及存在问题探析》，《衡阳师范学院学报》2020 年第 4 期。

程俊欣：《新媒体时代非虚构写作的发展现状、存在的问题及对策》，《视听》2020 年第 5 期。

王轻鸿：《新媒介与非虚构文学观念》，《浙江社会科学》2020 年第 5 期。

张贞：《新媒体视阈中的“非虚构写作”》，《长江文艺评论》2020 年第 5 期。

牛卫红：《非虚构新闻写作的价值引领探究——以〈新京报〉“剥洋葱 people”为例》，《当代传播》2020 年第 6 期。

潘方米：《非虚构写作下的主题表现与现实关照——以〈人物〉公众号为例》，《传播力研究》2020 年第 6 期。

宋时磊：《疫情、新媒体与“非虚构”叙事的全域书写》，《长江文艺评论》2020 年第 6 期。

张文佳：《基于 CiteSpace 的非虚构写作研究热点与趋势分析》，《戏剧之家》2020 年第 6 期。

周蕾：《尺度与张力：非虚构写作研究——基于魔宙“夜行档案”栏目》，《新闻研究导刊》2020 年第 6 期。

张博文、陈刚：《雾霾主题非虚构作品的叙事特点分析》，《东南传播》2020 年第 7 期。

邓力：《在新闻业的沙上“圈地”：非虚构写作的位置创立与领地扩张》，《新闻记者》2020年第9期。
李文学：《我国非虚构写作新闻实践的脉络与困境》，《青年记者》2020年第9期。
李怡萱：《新闻领域非虚构写作之“非”及其建构》，《新闻前哨》2020年第9期。
徐沛、王炎：《从“陌生人”的视角消解刻板印象——兼论彼得·海斯勒非虚构报道中的人物塑造》，《视听》2020年第9期。
孙诗雨：《非虚构写作对新闻客观性的影响分析》，《新闻传播》2020年第10期。
夏晓非：《对中国新闻领域非虚构写作热的冷思考》，《人民论坛·学术前沿》2020年第10期。
陈瑶：《新媒体语境下非虚构写作的底层叙事研究——以“真实故事计划”为例》，《传播力研究》2020年第11期。
连博：《新闻领域的非虚构写作实践研究——以腾讯新闻“谷雨”为例》，《新闻研究导刊》2020年第12期。
岳文文：《在场叙事：非虚构新闻叙事的交互主体性建构》，《新闻知识》2020年第12期。
刘勇：《新闻面向的非虚构写作：概念澄清与历史变迁》，《青年记者》2020年第13期。
岳文文：《非虚构新闻叙事视角和修辞探析》，《青年记者》2020年第14期。
张留勋：《新冠肺炎疫情中“非虚构”写作的探索与突破》，《新闻文化建设》2020年第14期。
郑梦琛：《非虚构写作平台内容生产研究——基于新冠肺炎疫情期间的考察》，《新闻研究导刊》2020年第14期。
段建丹：《非虚构新闻〈大兴安岭杀人事件〉的叙事分析》，《今传媒》2021年第1期。
王建华、宋亭芳：《新媒体抗击疫情报道非虚构新闻话语的叙事模式》，

《现代传播（中国传媒大学学报）》2021 年第 1 期。
董向慧：《“非虚构写作”在网络舆情事件中的情感动员功能与表达逻辑》，《理论与改革》2021 年第 2 期。
禹夏、石梦鑫：《媒介融合背景下非虚构新闻写作叙事特征与发展趋势研究》，《未来传播》2021 年第 2 期。
杨世全：《新媒体语境下非虚构写作的叙事特征研究——以网易非虚构写作大赛获奖作品为例》，《重庆电子工程职业学院学报》2021 年第 3 期。
洪长晖：《何以“认”真：自媒体时代的非虚构写作》，《中国记者》2021 年第 4 期。
路鹃、付砾乐、林雪儿、张君昌：《重大突发公共卫生事件报道中非虚构写作的情感叙事转向》，《宁夏大学学报》（人文社会科学版）2021 年第 4 期。
金理：《当“非虚构”变成饕餮，“文学”还能提供什么》，《南方文坛》2021 年第 4 期。
薛世昌：《“非虚构”背景下当代诗歌“事实的诗意”》，《天水师范学院学报》2021 年第 4 期。
朱迪：《浅析非虚构作品中的情景建构与情感连接》，《北方传媒研究》2021 年第 4 期。
朱燕：《新媒体时代非虚构写作对于新闻生产的价值及其发展探析》，《科技传播》2021 年第 4 期。
黄定傲：《非虚构写作对新闻价值中时间性的影响》，《声屏世界》2021 年第 6 期。
王男：《新媒体环境下非虚构写作面临的困境》，《新闻研究导刊》2021 年第 6 期。
杨雨欣：《媒介域转型期间非虚构叙事的价值及其问题探析》，《新闻研究导刊》2021 年第 8 期。
朱容杞：《论非虚构新闻的叙事逻辑及其表达困境》，《视听》2021 年第 7 期。

陈思乐：《论非虚构写作的公共性及其价值引领》，《科技传播》2021年第9期。

邱旻：《隐喻视角下的新媒体非虚构写作》，《新闻前哨》2021年第9期。

王婷婷：《新闻与艺术的联结——论加西亚·马尔克斯的非虚构写作》，《新纪实》2021年第14期。

报纸

刘浏：《全媒体时代的非虚构写作》，《中国社会科学报》2020年6月29日。

学位论文

李淑华：《在新闻与文学之间："非虚构写作"现象研究》，硕士学位论文，湖南师范大学，2017年。

郑忠明：《新闻的知识特性研究：基于知识社会学的视角》，博士学位论文，武汉大学，2017年。

刘芮言：《深度报道〈北京"清退"进行时〉——附作品阐述：非虚构写作在深度报道中的应用》，硕士学位论文，云南大学，2018年。

王艳：《媒介融合背景下非虚构新闻写作的实践研究》，硕士学位论文，暨南大学，2018年。

万雨思：《新媒体语境中"非虚构文学"的传播路径研究》，硕士学位论文，陕西师范大学，2018年。

万雪飞：《非虚构作品IP的现状与问题研究》，硕士学位论文，南昌大学，2018年。

许小廷：《新媒体时代中国新闻领域的"非虚构"写作研究》，硕士学位论文，四川省社会科学院，2018年。

余乔丹：《新媒体环境下"非虚构写作"的叙事研究——以"ONE实验室"作品为例》，硕士学位论文，武汉大学，2018年。

张梦心：《〈新疆日报〉"民族团结一家亲"活动报道中的非虚构写作研

究》，硕士学位论文，新疆大学，2018 年。
朱琳：《〈南方都市报〉“南都语闻”栏目非虚构写作的叙事学研究》，硕士学位论文，暨南大学，2018 年。
陈琦：《非虚构写作平台发展策略研究》，硕士学位论文，北京印刷学院，2019 年。
刘俊萍：《叙事学视角下的新媒体平台非虚构写作研究》，硕士学位论文，北京外国语大学，2019 年。
罗茂林：《非虚构写作中新闻专业主义建构的研究——以腾讯“谷雨”从业者为考察对象》，硕士学位论文，浙江大学，2019 年。
李慧紫：《媒介融合背景下我国“非虚构写作”的新闻实践研究》，硕士学位论文，中南财经政法大学，2019 年。
祁道鹏：《新媒体平台“非虚构写作”的传播研究——以“真实故事计划”为例》，硕士学位论文，山东大学，2019 年。
沈越：《媒介融合环境下非虚构写作叙事方式研究——以“网易人间 the-Livings”微信公众号为例》，硕士学位论文，暨南大学，2019 年。
石培琳：《田野调查法在新闻领域非虚构写作中的运用——基于〈买来的缅甸新娘〉的创作分析》，硕士学位论文，西安外国语大学，2019 年。
覃建行：《新媒体环境下非虚构写作对新闻报道的影响研究》，硕士学位论文，暨南大学，2019 年。
王亚蒙：《新媒体环境下非虚构作品中主体的特征探究——以“真故”、“谷雨”平台作品和个人作品〈生于彼岸〉为例》，硕士学位论文，西安外国语大学，2019 年。
陈诗：《非虚构的“平衡术”——媒介记忆视角下非虚构写作的反思》，硕士学位论文，浙江工业大学，2020 年。
陈艳娇：《新媒体环境下的非虚构写作研究——以网易“人间”为例》，硕士学位论文，南京师范大学，2020 年。
韩威：《〈澎湃镜像〉非虚构作品的叙事特征研究》，硕士学位论文，新疆大学，2020 年。

廖轩威：《公众号“谷雨实验室”的非虚构叙事研究》，硕士学位论文，湘潭大学，2020 年。

刘心雨：《叙事学视角下中国新闻领域非虚构写作的话语变迁研究》，硕士学位论文，北京外国语大学，2020 年。

齐昕：《〈冰点周刊〉非虚构写作的叙事学研究》，硕士学位论文，辽宁大学，2020 年。

王凡：《非虚构写作进场的必然性和困境 ——基于一种批判的视角》，硕士学位论文，中国科学院大学，2020 年。

韦李珍：《新闻非虚构写作叙事策略研究》，硕士学位论文，华南理工大学，2020 年。

张昕：《非虚构写作类微信公众平台的发展问题及对策》，硕士学位论文，黑龙江大学，2020 年。

郑冉：《新媒体平台上非虚构写作的叙事学研究》，硕士学位论文，浙江传媒学院，2020 年。

陈方涛：《非虚构写作〈宋小霞和她的扶贫车间〉及记者阐述》，硕士学位论文，兰州大学，2021 年。

陈亚：《亚历克斯·哈利小说〈根〉非虚构书写研究》，硕士学位论文，扬州大学，2021 年。

关郁凡：《非虚构写作全民化趋势对媒体内容生产的启示研究》，硕士学位论文，兰州大学，2021 年。

林之韵：《繁荣非虚构文学要有问题意识》，硕士学位论文，云南财经大学，2021 年。

王粟玉：《近十年“返乡体”非虚构写作研究》，硕士学位论文，哈尔滨师范大学，2021 年。

（五）其他

期刊论文

张小军：《非虚构类电视儿童节目的故事性》，《当代电视》1999 年第

9期。
任远、戚天雷、赵宏林、雷霖：《几种非虚构影片的故事性解析》，《中国广播电视学刊》2002年第11期。
魏珑：《“真实再现”与纪录片的“非虚构”原则——兼评“对现实的创造性性处理”论》，《现代传播》2005年第4期。
潘桦：《用镜头诠释力量——深入四川地震灾区拍摄“非虚构剧情片”的尝试和探索》，《当代电视》2011年第1期。
李刚、孙玉成：《从模拟真实到追求真相：非虚构动画影片中的表现与纪录》，《电影艺术》2012年第6期。
刘昕亭：《谁的非虚构？什么样的现实？——2013年打工图书出版热分析》，《中国图书评论》2014年第1期。
王婧琦：《非虚构类节目表演化现象中的角色设置和社群构成——以台湾真人秀节目〈康熙来了〉为例》，《艺苑》2014年第3期。
聂欣如：《“非虚构”的动画片与纪录片》，《新闻大学》2015年第1期。
诺埃尔·卡罗尔：《虚构类影片、非虚构类影片与假定性论断的电影：对概念的分析》，刘弢、彭程译，《上海大学学报》（社会科学版）2015年第2期。
王雷雷：《非虚构写作的社会学意义——以〈人民文学〉为样本》，《小说评论》2015年第6期。
陈静：《纪录片的非虚构叙事解析——以〈幼儿园〉为例》，《科技传播》2016年第2期。
黄红英：《非虚构创作训练体系是一种认知治疗——以李华〈写出心灵深处的故事：非虚构创作指南〉为例》，《广西科技师范学院学报》2016年第6期。
冯果、吴健：《动画片中的非虚构事件——以〈我在伊朗长大〉为例》，《当代电影》2017年第1期。
刘子平：《怎样使传统活着走向未来？——我也是一个“非虚构写作”者》，《艺术工作》2017年第2期。
曾耀农：《非虚构电影与新有声电影——卡罗尔电影理论在中国的传

播》，《贵州大学学报》（艺术版）2017 年第 2 期。
哈建军：《“非虚构”的人类学观察》，《当代文坛》2017 年第 4 期。
王嘉婧、胡钰：《非虚构类视频讲述“中国故事”的方式》，《新闻与写作》2017 年第 5 期。
张烨、高峰：《纪录片创作主体的“非虚构叙述”影像观念之思》，《中国电视》2017 年第 10 期。
王蕾：《美国非虚构小说在中国的出版发行及对生态文化体系建构的启示——兼论〈汤姆斯河〉》，《出版广角》2017 年第 11 期。
毕翔、唐存琛：《非虚构流媒体短片的发展与革新》，《传媒》2018 年第 4 期。
刘大先：《当代经验、民族志转向与非虚构写作》，《小说评论》2018 年第 5 期。
周逵：《默会的方法：非虚构写作中的民族志方法溯源与实践》，《新闻记者》2018 年第 5 期。
庄永志：《非虚构写作教学：模块构建与实践路径》，《新闻与写作》2018 年第 8 期。
李亚星：《介入与填充：非虚构影像建构社会记忆》，《现代视听》2018 年第 9 期。
赵宇：《非虚构写作到非虚构电影——探析〈我不是药神〉题材特征》，《视听》2018 年第 11 期。
邬建中、林泽夫：《浅析重庆抗战电影非虚构手法的特点和演变》，《电影文学》2018 年第 17 期。
沈文慧：《非虚构写作：高校写作教学改革的有效路径》，《郑州师范教育》2019 年第 1 期。
马纳克：《美国早期儿童教育中非虚构文本应用及其启示》，《学前教育研究》2019 年第 2 期。
常江、徐帅：《非虚构的“浸入转向”：虚拟现实与影像纪实》，《新闻大学》2019 年第 3 期。
樊星：《这里是非虚构文学的重镇——当代湖北及武汉地区非虚构文学

的几大看点》,《写作》2019 年第 3 期。
李娟:《西方记者非虚构写作中的中国城市书写研究》,《未来传播》2019 年第 3 期。
赵志勇:《在舞台小世界呈现真实社会人生——非虚构戏剧创作浅谈》,《长江文艺评论》2019 年第 3 期。
鲁太光:《不应被忽视/遮蔽的“疼痛”评非虚构社区剧场作品〈生育纪事〉》,《中国戏剧》2019 年第 5 期。
李仪:《虚构类与非虚构类的名著阅读教学比较》,《文学教育》2019 年第 6 期。
韩生华、严心宁、贾磊:《融媒体时代高校非虚构写作教学改革思考》,《北京印刷学院学报》2019 年第 9 期。
常宇、蔡敏:《以叙事医学为突破口,诠释医者人文情怀——打造医学非虚构文学文本提升医院品牌形象》,《叙事医学》2020 年第 2 期。
蒋蓝:《非虚构写作与田野考察》,《创作评谭》2020 年第 3 期。
鲁明军:《影像的现实建构:后媒介、虚构与非虚构》,《南京社会科学》2020 年第 3 期。
王晖、艾志杰:《跨媒介语境下非虚构文学的电影改编》,《电影理论研究(中英文)》2020 年第 3 期。
陈荣辉:《人类学、非虚构与艺术——摄影师读书笔记》,《海峡影艺》2020 年第 4 期。
刘燕萍:《网络非虚构写作市场前景分析》,《创作评谭》2020 年第 5 期。
王冠、张文东:《非虚构在真实事件改编影视作品中的应用探析——以〈中国机长〉为例》,《传媒》2020 年第 5 期。
殷乐、王心路:《新冠肺炎疫情期间非虚构影像作品的建设性要素解析》,《当代传播》2020 年第 6 期。
杨巍、孙小孟、刘新民:《21 世纪初美国非虚构作家笔下的中国社会巨变》,《理论月刊》2020 年第 9 期。
刘维维:《“非虚构写作”理念下影视剧题材创新研究》,《电影文学》

2020年第11期。

潘桦、孙一：《纪实真实与艺术真实：奥斯卡获奖影片的非虚构元素研究》，《现代传播（中国传媒大学学报）》2020年第11期。

王怡涵：《人类学视野下的非虚构写作——以〈中国在梁庄〉为例》，《汉字文化》2020年第24期。

欧阳一菲：《民族的显影与历史的追溯——阿来影视创作的非虚构叙事》，《南京师范大学文学院学报》2021年第1期。

徐小霏：《讲述非虚构故事世界的创伤——论图像小说与动画纪录片的跨媒介叙事》，《当代电影》2021年第1期。

齐迎春：《地方志述体的发展：方志文学和非虚构写作》，《上海地方志》2021年第2期。

康博：《赵婷电影中虚构与非虚构的边界创作》，《电影文学》2021年第7期。

刘亚秋：《非虚构写作中的"情感真实"及其对社会学的意义》，《探索与争鸣》2021年第8期。

严飞：《深描"真实的附近"：社会学视角下的非虚构写作》，《探索与争鸣》2021年第8期。

报纸

肖扬：《〈烈火英雄〉：中国非虚构大片的新模式》，《中国艺术报》2019年8月19日。

吕正：《非虚构如何书写城市》，《文艺报》2020年10月28日。

郑少雄：《〈瞻对〉：关于非虚构文本的人类学见解》，《文艺报》2020年10月28日。

学位论文

杨军：《非虚构写作理念在普通高中写作教学中的应用研究》，硕士学位论文，广州大学，2018年。

赵亚波：《从非虚构写作看民间鞋垫艺术文化传播——非虚构写作〈时

间的足迹〉创作报告》，硕士学位论文，西安外国语大学，2018 年。
陈昕煜：《非虚构电影的社会动员功能研究》，硕士学位论文，江西师范大学，2019 年。
杨皓：《浅析纪录片虚构与非虚构叙事手法的结合 ——以毕业作品〈不堕傍生〉为例》，硕士学位论文，西北大学，2019 年。
赵悦：《非虚构文学中的人类学向度研究 ——以“人民文学非虚构奖”获奖作品为例》，硕士学位论文，贵州大学，2019 年。
景彦渊：《基于非虚构搬演的非遗类纪录片创作路径研究》，硕士学位论文，西安工程大学，2020 年。
陶秋韵：《媒介转型背景下非虚构写作的盈利模式探究》，硕士学位论文，上海财经大学，2020 年。

中国公共史学集刊　第四集
第 275 ~ 308 页

2020 年中国公共史学发展编年

【编撰者】孙夏杨：中国人民大学历史学院 2020 级硕士研究生。

【审订者】姜萌：中国人民大学历史学院教授。

1 月

2 日

由国家图书馆摄制的口述史纪录片《口述国图》在国图学津堂举行北京首映式。[①]

该片是国家图书馆在建馆 110 周年之际，制作出品的第一部以亲历人视角展现国图发展历史的口述史纪录片，也是中国首部记录和展现我国图书馆事业发展的口述史纪录片，影片全面记录了几代国图人在面对不同历史机遇与挑战时担负的使命和做出的选择。

钱茂伟在《社会科学报》发表《公众史学为什么值得研究》。

该文从扩充史学内涵、服务人民大众、提升历史教育水平等角度，阐释在中国发展公众史学的意义。

5 日

中国第一部历史体验式纪录片《十三行》在广东卫视播出。

该片由广东广播电视台与澳门有线电视股份有限公司联合制作，以

① 《〈口述国图〉北京首映仪式在国家图书馆举行》，https://reader.gmw.cn/2020-07/30/content_34043987.htm。

独创的卡通形象“猫十三”作为故事讲述人，用生动活泼的方式再现广州十三行的历史，并邀请嘉宾按照当时的条件真人实景体验十三行商人的历史生活，让观众以嘉宾的第一视角进入历史的现场中，建立历史与现实的黏性。由此追寻“一口通商”时期广州十三行（包含澳门）的对外贸易足迹，深度探寻十三行对今天的中西经济、文化、艺术等方面所起的重要历史意义和影响。

11 日

“从史学理论到虚拟仿真——第六届全国影像史学学术研讨会”在京召开。

研讨会由北京师范大学历史学院、北京师范大学历史影像研究中心主办，为期两天。来自北京大学、南京大学、国家图书馆、北京师范大学、故宫博物院、青岛大学等国内高校和相关科研、文化出版机构的30多名专家学者与会，研讨了影像史学的理论建设和前沿发展问题，以及传统史学研究和虚拟仿真教学的关系。[①]

16 日

南京大学历史学院成立口述历史研究中心。[②]

近年来，南京大学历史学院比较重视口述历史工作，在口述史料采集、学生培养等方面取得了不错成绩。武黎嵩副教授被任命为南京大学历史学院口述历史研究中心主任。

是月

游鉴明著《她们的声音：从近代中国女性的历史记忆谈起》由四川人民出版社出版。

该书是台北“中研院”近代史研究所研究员游鉴明运用口述材料研究女性历史的学术专著。该书收录了她对收集整理女性口述史料，以及挖掘、研究女性口述历史的观点和看法。采写对象多为台湾女性，采

---

① 《学者关注影像史学理论建设与教学实践》，http://news.cssn.cn/zx/bwyc/202001/t20200117_5080579.shtml。

② https://mp.weixin.qq.com/s/gTDijPE1aPRpbcWYOa734w。

写内容为她们个人的生活经历，部分内容涉及其在1949年前在大陆生活的经验。

张建著《口述津沽：民间语境下的丁字沽》由天津古籍出版社出版。

该书分为“口述篇”“日记篇”“史料篇”三部分，从个人、官方的层面叙写天津地方史。

刘鸣筝、张鹏霞、周泽仪在《东北师大学报》（哲学社会科学版）第1期发表《文化遗产的媒介呈现与公众的信息素养》。

文章指出我国文化遗产的媒介呈现存在集中于公众考古领域和停留在个案研究的问题，同时文化遗产的媒介呈现以纪录式与折射式两种形式为主，而大众传媒下的文化遗产拟态环境表现出模式化呈现、奇异化渲染、娱乐化解读的特点，导致公众对考古学产生误解与认知偏差。作者基于此提出高校可以通过教育提高公众的信息素养。

张德明在《湖南社会科学》第1期发表《新世纪以来国内学界口述历史理论研究回顾》。

该文回顾了新世纪以来国内学界关于口述史的理论论著，总结了学者对口述史性质、作用、方法、规范性的相关探讨，并针对口述史现存的困境和问题提出了建设性的意见。

李东鹏在《上海广播电视研究》第1期发表《传承与超越：历史影像学建构与广播电视研究界域展拓》。

该文从历史影像学的概念、历史影像学与广播电视之间的关系、历史影像学的社会功用三方面说明了如何更好地建构历史影像学与广播电视融合的综合研究机制。

陈保平、陈丹燕著《住在武康大楼》由同济大学出版社出版。

和虹编《丽江妇女口述史》由云南人民出版社出版。

赛雷编《赛雷三分钟漫画中国史》由湖南文艺出版社出版。

“讲历史的王老师”著《古代人的日常生活》由江苏凤凰出版社出版。

2 月

5 日

由宁波大学公众史学研究中心举办的国家社科基金重大项目“当代中国公众历史记录理论与实践研究”系列研讨会之一“公众单位史编纂模式”研讨会召开。

研讨会以线上会议的形式召开，来自同济大学、上海交通大学、中国科学技术大学、四川外国语大学的专家学者分别就“从公众史学角度关注校史研究”“把部门史引入公共史学研究范畴”“如何写好单位史”“当代企业史的书写与编辑”的主题进行研讨与经验分享。①

14 日

李标标、王英在《中国文物报》发表《社会公众对文化遗产认知问题的思考》。

文章指出社会公众对文化遗产的认知存在“误解性”偏差、“片面化”了解的现象。作者认为应注重多渠道、多方式的宣传引导，提升社会公众对文化遗产的文化享受与艺术欣赏。

是月

杜春燕、唐雪琼、成海在《华侨大学学报》(哲学社会科学版) 第1期发表《聚焦“记忆”：旅游社会文化影响研究的口述史方法》。

文章针对当前学界对旅游社会文化影响研究的单一和贫乏，提出应引入口述史方法，从口述史中提取“记忆”的材料以创新和拓展旅游社会文化影响的理论和格局。

广州新四军研究会编《红色记忆：老战士口述历史选编》第3辑由人民日报出版社出版。

中华全国工商业联合会编《原工商业者口述实录》由中华工商联

---

① 《国家社科基金重大项目“当代中国公众历史记录理论与实践研究”系列研讨会之一“公众单位史编纂模式”研讨会成功召开》，http://ex.cssn.cn/zx/xshshj/xsnew/202102/t20210209_5311437.shtml。

合出版社出版。

3 月

12 日

王涛在《社会科学报》发表《发挥数字人文在史学研究中的效用》。

文章指出数字人文具有开放的延展性，其“数字发布历史”的方式能够打破传统历史叙述的线性模式，带来公众参与和互动的可能性，更好地帮助历史学家讲述历史故事，发挥其在史学研究中体现历史书写真正内核的作用。

是月

林发钦主编《推不走的回忆：澳门街头小贩口述历史》由广西师范大学出版社出版。

该书为“澳门口述历史丛书”系列的第二本，由对澳门街头小吃摊档十四位摊贩主的访谈整理而成，从手推车和街边摊档的故事纪录中反映澳门饮食文化的传承。

高琴编《口述影像历史——与共和国同行（1949—1978）》（三卷本）由中国摄影出版传媒有限责任公司（中国摄影出版社）出版。

该书结合影像资料，通过 60 位年龄在 80 岁以上的老一辈摄影师本人的口述整理和采访，将口述、访谈与文献资料互为对照，深入挖掘了历史的真相，展现了中国摄影师的群体形象。

周琼在《云南社会科学》第 1 期发表《“创造”与书写：环境口述史料生成路径探微》。

文章对环境口述史料的“创造”与书写路径、原则、方法等问题进行初步探讨，指出口述史为环境史研究提供了最广泛的史料来源，环境口述史料使得公众记忆进入环境史书写，改变了上层的和官方的取向路径。在环境口述史料的生成中，采访者应具备跨学科的背景，以获得不同类型及内容的影音图片及实物、文本资料。口述史料书写者要具有“环境”无所不在的思维，坚持客观、准确的书写原则，将环境史中创造出的口述资料成功转换为环境口述史料。

钱茂伟在《云南大学学报》（社会科学版）第 2 期发表《口述史是通过大脑记忆进行的当代公众历史研究》。

作者认为口述史是以口述的形式将私人的历史记忆转化为公众的历史记忆，具有以个人为本位、采访者与口述者双向互动、参与人员门槛低、当代历史记录性的特点。

杜继东主编《新西兰华侨华人口述访谈录》由社会科学文献出版社出版。

杨志明编《七十年七十位农民工口述历史》由中国劳动社会保障出版社出版。

4 月

13 日

2020 年度全国十大考古新发现公布。

4 月 12 日至 13 日，中国文物报社、中国考古学会主办的 2020 年度全国十大考古新发现终评会在京召开。评委会经过综合评议，最终投票选出 2020 年度全国十大考古新发现（按时代早晚顺序）：贵州贵安新区招果洞遗址、浙江宁波余姚井头山遗址、河南巩义双槐树遗址、河南淮阳时庄遗址、河南伊川徐阳墓地、西藏札达桑达隆果墓地、江苏徐州土山二号墓、陕西西安少陵原十六国大墓、青海都兰热水墓群 2018 血渭一号墓、吉林图们磨盘村山城遗址。[①]

21 日

李慧波在《中国妇女报》发表《倾听与赋权：中国本土妇女口述史发展与展望》。

文章回顾了中国本土妇女口述史的发展历程，提出妇女口述史填补了女性对自我生命故事体验的空白，实现了女性研究从历史叙述到自我赋权的范式转变。作者认为，未来中国本土妇女口述史的书写需兼顾中

---

① 《2020 年度全国十大考古新发现介绍》，https://www.mct.gov.cn/whzx/whyw/202104/t20210414_923692.htm。

国元素与世界关注。

28 日

国内首部互动纪录片《古墓派互动季：地下惊情》播出。

《古墓派互动季：地下惊情》由优酷独家出品，中央新影集团发现纪实传媒与芒果娱乐联合制作，将游戏式的答题设定融入探墓题材中，观众需基于自身考古知识的储备与片中线索，亲历“手动开棺”“给古尸做 X 光扫描”“古代炼丹术”等体验，沉浸式体验考古发掘。《古墓派互动季：地下惊情》正开启着互联网交互技术与纪录片相结合的更多可能性。

是月

李娜主编《公众史学》第 3 辑由浙江大学出版社出版。

该辑共包含 6 个专栏 13 篇文章。《热情的历史学：“外行”历史制造者》一文探讨诸如家谱、个人的故事讲述、遗产旅游等所谓“外行”的历史学家在公众史学表达上发挥的作用。《文化冲突：关于实践型历史学家和学术型历史学家之间“共同点”的争议》一文就实践型历史学家与学术型历史学家之间的区别，提出“职业历史学家应该以他们工作的内容，而不是他们在哪里工作来定义”的观点。《地域、记忆与气候变化》一文讨论了历史学家对“气候变化”问题的不同叙事如何影响公众。《面向公众的动物历史叙事》关注何种动物历史对公众史学是有意义的以及如何建立公众参与的动物历史叙事。《发掘生态文明传人——谈马来西亚“绿火”的传承与传播》一文为李达华博士运用“环境史”在马来西亚推广生态文明的公众史学实践的采访稿。《“记忆之场”：二战后德国城市景观与战争记忆》讨论了二战后德国如何将特定的战时记忆凝结在城市的建筑、纪念碑、公共场所上，从而造就了承载“记忆之场”功能的德国城市景观。《美国的二战记忆之争：以“十字路口”展为中心的探讨》一文讨论了参与争夺“十字路口”展演权的各方势力所代表的不同立场对塑造美国二战历史书写与民众认知的影响。

吴阶平、吴英恺、巴德年等口述《医者仁心：中国医学界院士口述访谈》由中国大百科全书出版社出版。

该书以口述史和访谈录的方式，秉承“为科学家立传，为科学研究立言，为倡导科学精神立德”的宗旨，为我国医学、生物学界作出重大贡献的顶级院士们记录影像和文字，通过对17位院士的亲身经历的口述访谈，还原老一辈中国医学界专家为国家现代医学体系的建立和发展作出的卓越贡献，了解中华人民共和国医学事业的发展与进步，以及一代人为此做出的艰苦而执着的努力。

高建辉在《图书馆》第3期发表《数字人文视域下少数民族口述历史资料抢救性采集方法研究》。

文章对少数民族口述历史资料抢救性采集的理论研究和时间情况进行概述，并就采集过程中面临的问题，提出了对应的解决方案。作者认为，少数民族口述资料抢救性采集应利用数字人文的量化管理和优化管理的优势，实施好前期准备、中期访谈和后期整理三个阶段的流程。

耿金在《云南大学学报》（社会科学版）第3期发表《环境史研究的“在地化”表达与“乡土”逻辑——基于田野口述的几点思考》。

文章以在云南大理洱海北部弥苴河下游所进行的口述史采访为例，说明口述史能够获取乡民的地方知识，补充环境史研究中“在地化”体验的缺失。

于涓在《对外传播》第4期发表《公众史学视域下的危机传播策略——基于新冠肺炎疫情的传播案例》。

文章以新冠肺炎疫情中的危机传播为例，说明民众可以通过公众史学的形式进行充分的主体参与、主体表达，从而抚慰危机中公众的紧张情绪，实现引导并转化危机中价值的意义。

马伯庸著《笑翻中国简史》由湖南文艺出版社出版。

阎崇年著《故宫六百年》（上下册）由华文出版社出版。

周洪宇、刘来兵著《教育口述史研究引论》由华中科技大学出版社出版。

张义在《图书馆学研究》第7期发表《澳大利亚国家图书馆口述历史资源采集和开发利用研究》。

兰考县民政局开展“忘不了的记忆”老人口述史志愿服务项目。

5月

8日

穆森在《中国文物报》发表《疫情下的公共考古：变革中的融媒发展》。

10日

纪录片《中国石窟走廊》在中央广播电视台科教频道播出。

该片由甘肃省委宣传部出品，分为《石窟鼻祖》《敦煌丹青》《东方微笑》《国家宝藏》4集，聚焦凉州石窟群、敦煌石窟群、天水石窟群、陇东石窟群，并向西上溯至新疆克孜尔石窟，向东延伸到大同云冈石窟、洛阳龙门石窟。

11日

《国家记忆》系列专题纪录片《周恩来和中共隐蔽战线》播出。

该片依据最新解密的中共隐蔽战线珍贵史料，通过历史影像、文献资料、专家解读及亲历者后代的口述，首次权威披露周恩来和中共隐蔽战线鲜为人知的历史。

12日

由四川美术学院主办的“见证现实——老工业基地及三线建设摄影展”在上海喜玛拉雅美术馆展出。

26日

《中国文化报》发表《全国人大代表王巍：考古融入公众生活，厚积薄发迎接未来》。

该文记录了全国人大代表王巍在公共考古领域的相关工作，包括提倡建设非遗特色小镇、从考古直播中思考技术创新、线上线下推进公共考古的行业发展的活动。

是月

祝勇著《故宫六百年》由人民文学出版社出版。

该书讲述故宫（紫禁城）六百年的历史，涉及故宫的各个方面，包括建筑、事件、人物、文物，既书写王朝的故宫，又书写文化的故宫。该书书写形式以散文为主，同时穿插诗歌并带渲染小说式情节写法，是一部宏观全景式的作品。

熊月之在《上海地方志》第2期发表《增量历史信息对城市隐性文化的展现——以“南京东路街区口述史”项目为例》。

文章以“南京东路街区口述史”项目为例，说明口述史作为历史增量信息，能够呈现出城市的隐性文化，展示城市文化。

徐选国、唐晓琦、杨威威在《社会发展研究》第2期发表《制度变迁、角色建构与国家—个人关系的演化逻辑——基于对上海“社嫂”的口述史研究》。

文章以对上海“社嫂”的口述史研究，展示了“社嫂”这一群体在单位改制背景下命运浮沉及角色身份转换的图景，透视了制度转型进程中个体与国家的动态关系。

新民周刊社编《战疫口述实录》由上海人民出版社出版。

张连红、吴先斌、张定胜编《南京保卫战老兵口述史》由南京出版社出版。

武重年口述，马长林撰《武重年口述历史》由上海书店出版社出版。

齐红深在《沈阳师范大学学报》（社会科学版）第3期发表《口述历史“多元化”与“规范化”的建构——以“日本侵华殖民地教育口述历史研究”为个案》。

6月

2日

王博、杨坤在《中国文物报》发表《浅谈“大文创”理念下文化遗产类型景区发展——以承德避暑山庄及周围寺庙景区为例》。

13日

全国各地开展以“非遗传承·健康生活”为主题的“文化和自然遗产日”活动。

自5月下旬起，文化和旅游部及直属单位、各省（区、市）陆续开展2020年“文化和自然遗产日”宣传活动，包括以“云展播”、公开课、讲座、网络直播、“云演出”等形式举办的线上、线下宣传活动及各类“非遗购物节”。同时，各省（区、市）按照本区域特色非遗承办展示其地方风土人情的“文化和自然遗产日”活动：北京市举办“非遗惠民消费季”活动；天津市举办“天人合一”中华传统医药文化专题展、“仁者爱人”天津市传统医药项目代表性传承人对话、传统医药非遗项目直播等活动；福建省举办闽藏唐卡漆画跨界碰撞连线直播活动、“嗨购 613 · 福建非遗购物节”，举办线下非遗展览展示；湖南省举办云上湖南非遗博览会暨“云上拾遗路　守护潇湘情”第四届湖南传统手工艺博览会、“在云上 · 湘遇非遗”集中展示月、湖南非遗购物节暨网红直播带货大赛；吉林省组织蒙古族马头琴、蒙古族呼麦、朝鲜族象帽舞等非遗项目传承人及传承团体参加演出。8—14 日由文化和旅游部主办，多家网络平台共同承办的 2020 年“文化和自然遗产日”非遗全国主会场活动“云游非遗 · 影像展”在线上开展。10—13 日在文化和旅游部非物质文化遗产司及各部门的指导和支持下，各电商网络平台联合举办了“非遗购物节”。①

纪录片《如果国宝会说话》第三季在央视纪录频道播出。

《如果国宝会说话》第三季以包括“洛神赋图”“王羲之《兰亭集序》神龙本”“竹林七贤与荣启期砖画”等在内的魏晋南北朝至隋唐时期的 25 件国宝为中心，涵盖了书法、绘画、壁画、画像砖、雕塑、造像、金银器、兵器、文书等多个门类，通过艺术、历史、科技、考古等多学科的跨领域探索，以最流行的方式为每件文物设计专属的影像表达，在碎片化的时间内呈现国宝故事的同时，也多维度地展示出那个时代的技艺、审美、文化和生活方式。

① 《文化和旅游部及直属单位 2020 年“文化和自然遗产日”非遗宣传展示活动汇总表》，https://www.mct.gov.cn/preview/special/2020whhzrycr/8903/202006/t20200609_854234.htm；《2020 年“文化和自然遗产日”各省（区、市）非遗主会场活动信息汇总表》，https://www.mct.gov.cn/preview/special/2020whhzrycr/8903/202006/t20200609_854236.htm。

15 日

游戏《王者荣耀》开发者聘请葛剑雄担任学术顾问，引发争议。

游戏《王者荣耀》发布消息称，王者荣耀联合腾讯新文创研究院，邀请了三位资深文史专家一起参与到新版本的创作中。其中，复旦大学文科资深教授葛剑雄担任王者荣耀学术顾问的消息引发热议。有网友认为此举让游戏本身更具文化内涵，也有网友对此提出质疑。其后，葛剑雄也在其个人微博上回应了“顾问”与“代言”、“站台”之间的区别。①

早在 2017 年 8 月 18 日，《王者荣耀》曾邀请中国社会科学院民族文学研究所所长朝戈金、北京大学中文系教授廖可斌、北京大学历史学系教授赵世瑜、著名民族音乐研究者汪静泉成立顾问专家团，目的是将《王者荣耀》从用户规模较大的产品提升为具有文化内核及优良价值观支撑的国民级产品，而《王者荣耀》与专家学者的合作也保证了产品在创作中具备专业的文化基础。②《王者荣耀》研发团队称，邀请具备专业素养的文史专家担任学术顾问，也是《王者荣耀》保持传统文化内核，以游戏为载体传达积极价值观的一贯选择。③

葛剑雄在接受媒体采访时对如“学术顾问的责任是什么”“如何处理游戏与历史之间的关系”“好的历史科普应具备怎样的品质”等问题给出回应。葛教授指出，“学术顾问工作主要是在价值观念上帮他们进行把关，并不具体涉及游戏的内容、形式等等，也不是去普及历史知识。顾问是提出意见的，但没有决定权，也不负最后的责任”。对于“王者荣耀不符合历史事实”的批评声，葛教授回应道“恰恰是因为我们长期不重视学习真正的历史，或者不想学习真正的历史，认为游戏、影视作品应该承担历史教育的作用。正确的历史是通过上历史课学习

① 《葛剑雄任〈王者荣耀〉学术顾问，“对结果不负有责任”》，https://mp.weixin.qq.com/s/deSvRgD5PS5Y3eBnY9A-iA。

② 《多位大学者加盟〈王者荣耀〉究竟想做啥？听听他们怎么说》，http://news.17173.com/content/08192017/165954725_all.shtml。

③ https://mp.weixin.qq.com/s/poGYYlvaPHdbAMIl16F4oQ。

的，认为游戏是历史，这本身就是错误的”。面对当下学者与公众之间交流加深的现象，葛教授认为历史学家要关心民众，要面向公众，要听取公众意见，同时他也分享了所谓“好的历史科普”应具备的特质，即第一，严格地遵照历史事实，不能去虚构；第二，要保证价值观的正确；第三，文字表达上要让人看得懂。①

李郇南在《中华艺术报》发表评论称，最火爆游戏之一的《王者荣耀》与著名历史学家的相遇，“反映了社会对网游不断升温的文化期待”，不妨视之为中国网游的发展史上具有标志性的举动，“网游企业建立顾问制度的试水”。② 有研究指出，《王者荣耀》存在游戏人物形象与史实不符的现象，且游戏确实影响玩家对史实的认知产生误解和偏差，③ 网络游戏聘请学术顾问的做法，则能更好地引导公众把握历史真实与文艺创作之间的尺度。

19 日

“2020 丝绸之路周”启动。

“2020 丝绸之路周”主场活动由国家文物局和浙江省人民政府主办，以“互学互鉴促进未来合作”为主题，举办包括“众望同归：丝绸之路的前世今生”和“一花一世界：丝绸之路上的互学互鉴”两大特展在内的多项活动，向公众介绍丝路文化遗产的无穷魅力。④

28 日

国家社科基金重大项目“当代中国公众历史记录理论与实践研究”开题报告会在宁波大学召开。

课题总负责人钱茂伟就课题研究状况和选题价值、总体框架和预期

---

① 《有家长批王者荣耀不符历史，葛剑雄举了〈哈利·波特〉例子》，https://mp.weixin.qq.com/s/yGLL5g65hMMGbeUCacgPpA。

② 李郇南：《当葛剑雄遇上〈王者荣耀〉：争议背后是社会对网游的文化期待》，《中国艺术报》2020 年 6 月 22 日。

③ 何威、李玥：《戏假情真：〈王者荣耀〉如何影响玩家对历史人物的态度与认知》，《国际新闻界》2020 年第 7 期。

④ 《中外文化遗产界启动“2020 丝绸之路周”》，http://sl.china.com.cn/2020/0622/88532.shtml。

目标、研究思路和研究方法、重点难点和创新之处等进行详细的报告。北京师范大学教授陈其泰等评议专家组成员指出，要强化问题意识、课题的结构性问题等。①

是月

林发钦主编《邻里杂货：澳门士多店主口述历史》由广西师范大学出版社出版。

该书为“澳门口述历史丛书”之一，主要由对十一位澳门士多店主的访谈整理而成。该书展现了澳门“士多”（store）这一便利社区居民、联络邻里感情的载体从兴起到繁盛，再至逐渐衰落的历程，同时也从侧面反映了澳门近几十年的历史变迁和经济发展。

《南京社会科学》第6期推出“口述史研究”专题。

该专题由三篇文章组成。《见证历史，也建构历史：口述史中的社会建构》指出口述史所依靠的个体的记忆具有社会性，说明口述史具有建构性。《口述史记忆的主体特征及其社会学意义》以口述主体为讨论对象，说明口述主体的生命内在的深层结构，提供了社会学意义上了解不同“世界”的入口。《口述史与田野访谈：梳理与比较》比较了人类学的田野访谈和口述史在核心问题、历史脉络、访谈形式、方法论取向上的异同。

曹牧在《鄱阳湖学刊》第3期发表《口述环境史：概念、方法与价值》。

文章试图在总结国内外环境口述成果的基础上厘清“口述环境史”的概念、研究对象、方法和价值。口述环境史是一种结合口述史研究方法的环境史学，研究对象大体包括具体环境问题、个人环境记忆、地域与人的关系三个部分，口述史能够为环境史提供更鲜活晚近的资料、展现不同的观察视角、从重现个人故事的角度更好地完成探寻人与自然关系的工作。

任慈在《世界民族》第3期发表《可用的过去：近五年来美国学

---

① 《国家社科基金重大项目“当代中国公众历史记录理论与实践研究”开题报告会召开》，http://www.cssn.cn/zgs/zgs_jl/202006/t20200630_5149772.shtml。

界移民和族裔史研究的新趋势——兼对美国移民研究史的述评》。

文章回顾了在“可用的过去”的旨趣下美国近五年移民史研究的成果，说明移民史研究中呈现出的研究新趋势。在研究取向上，去美国中心化的“跨国主义”路径流行开来。在叙事主题上，多元的复杂叙事力图突破经典的“受害者”“英雄”的二元框架。在美国国内对移民问题的针锋相对中，移民史家以公共史学的形式，通过参与、制定“移民教学课程大纲”等线上课程，引导民众对移民问题的认识。

吴世文在《新闻记者》第 6 期发表《互联网历史学的理路及其中国进路》。

文章说明了研究互联网史学的必要性，回顾了互联网史学的发展历程、研究主题、研究方法，以及互联网史学在网络档案的保存、检索上面临的困难和挑战，同时对中国互联网历史研究如何寻找自己的进路提出建议。作者认为中国互联网历史研究可以在继承中国史学传统的同时，采取“以人为中心”自下而上的视角，注重公共性、鼓励公众参与书写互联网历史。

苏全有、李萌在《社会科学动态》第 6 期发表《对民国时期口述史研究的回顾与反思》。

文章回顾了民国时期口述史研究，总结了民国时期口述史研究呈现出以少数民族、著名人物、重要历史事件、地区调查、所涉专业等为主的特征，并针对民国时期口述史研究存在的问题，提出应关注中下层群体、重视利用口述史料并加快获取口述史料等意见。

楼婷主编，罗铁家副主编《桑下记忆：纺织丝绸老人口述》由浙江大学出版社出版。

辛文静在《传媒论坛》第 3 期发表《影像史学的虚实结合——对陈凯歌微电影〈百花深处〉的思考》。

7 月

10 日

祝晓东在《中国文物报》发表《开展公共考古活动应找准切入点》。

该文就出土于河南省三门峡市的青铜器网络“走红”事件，说明挖掘文物自身特性找准切入点，才能更好地开展公共考古活动。

14 日

《探索与争鸣》编辑部与华东师范大学历史学系联合举办“大众历史文化变革的新挑战：当代历史学何以凝聚文化认同感”圆桌会议。

此次会议以网络会议的形式举办，复旦大学葛剑雄、李宏图，华中师范大学马敏，中国社会科学杂志社副总编辑李红岩，华东师范大学沐涛、孟钟捷、瞿骏，上海师范大学陈恒等学者就专业史学和公共史学发展过程中出现的一些问题和挑战，包括“公众史学”“大众历史教育”“自媒体时代与历史研究”“大学历史教学研究”“新媒介与中国青年历史观”等议题进行了共同探讨。本次会议的发言稿刊载于《探索与争鸣》第 9 期。①

28 日

动画纪录片《大唐帝陵》播出。

《大唐帝陵》是继《西汉帝陵》之后的又一部历史题材动画纪录片，运用动作捕捉技术、数字动画技术讲述大唐帝国的 10 位帝王及其陵墓之间神秘莫测、荡气回肠的千古故事。该片同时在央视纪录频道及优酷、爱奇艺、腾讯和哔哩哔哩四大新媒体平台播出。

是月

马伯庸著《两京十五日》由湖南文艺出版社出版。

该书是以《明史》中关于宣德帝的一段记载为缘起创作而成的长篇历史小说，通过一个小捕快、一个女医生、一个芝麻官和一个当朝太子的心灵之旅构成故事主线，从而描绘出明代大运河沿岸鲜活风情。该书出版后，引起了较大反响，迅速成为畅销书。

《天津社会科学》第 4 期推出“口述历史与社会记忆研究”专题。

该专题发表 3 篇文章。周晓虹《口述历史与集体记忆的社会建构》

---

① 《圆桌会议“大众历史文化变革的新挑战：当代历史学何以凝聚文化认同感”顺利举行》，http://history.ecnu.edu.cn/c1/14/c21733a311572/page.htm。

一文认为口述史所传达的个人叙述为何能够体现集体记忆，以及集体如何通过建构个人认同表现集体记忆，是口述史和集体记忆研究中最受争议的两个问题。作者通过梳理口述史与集体记忆的概念说明了表达下层、边缘、个体声音的口述史提供了重现集体记忆的可能。朱义明《口述历史的主要矛盾、基本结构及其理论解析》一文将口述历史分解为包括行动要素、对象要素、内容要素、时间要素和空间要素在内的五大要素，以要素为坐标建立口述历史的结构图，阐明口述历史存在时间维度、空间维度、主体维度，由结构图而概括出口述历史的基本属性为历史性、社会性和文学性。周海燕《史料、社会建构与行动：口述历史的三重理论向度》一文从口述历史在信度和效度方面引发的质疑入手，梳理出三重理论向度的口述历史，即作为史料的口述历史、作为社会建构的口述历史、作为行动的口述历史。

周晓虹在《学习与探索》第 7 期发表《口述史、集体记忆与新中国的工业化叙事——以洛阳工业地和贵州“三线建设”企业为例》。

文章以新中国的工业化叙事为研究对象，说明口述史从个人叙事的角度补白了国家层面的宏大叙事，而个人叙事又与集体记忆勾连在一起，映照出新中国工业化不同阶段的时代共相。

赵省伟主编，邱丽媛、李姝姝、邹静译《〈远东〉杂志记录的晚清》由广东人民出版社出版。

该书收录了流行于 19 世纪 70 年代在华外国人社区的《远东》杂志有关中国的原刊报道及照片。

中共安徽省委党史研究院编《决战决胜最前沿：驻村扶贫干部口述》由安徽人民出版社出版。

浙江省黄埔军校同学会编《浙江黄埔老兵的人生纪实》由华文出版社出版。

金世余著《隐藏的历史：岭南民间音乐传承人口述史》由北方妇女儿童出版社出版。

蒋国新编《河北省老艺术家（戏曲类）口述实录》由河北科学技术出版社出版。

封面新闻编《蜀地文心：四川文艺大家口述历史》由四川文艺出版社出版。

赵洋主编《丝绸之路儿童历史百科绘本》由化学工业出版社出版。

8月

1日

“事件·口述·记忆”工作坊由南京大学学衡研究院、南京大学当代中国研究院主办，南京大学出版社协办。[①]

此次会议以网络会议的形式举办，持续到9日。工作坊聚焦现代中国的公共记忆、口述史方法论、记忆理论的运用进行共同探讨。

6日

六集大型人文历史纪录片《大儒朱熹》在中央电视台纪录频道播出

该片由中央广播电视总台、福建省委宣传部、福建省广播电视局、福建省广电集团共同策划拍摄，共6集，分别为《家国天下》《源头活水》《大道集成》《春风化雨》《一片丹心》《棹歌四海》，在再现朱熹人生轨迹的同时，也关注朱熹思想对今天中国人思维方式、伦理教育等方面的影响，见证朱子学的长久生命力和持续影响力。

20日

纪录片《八大作》在腾讯和B站播出。

该片由故宫博物院出品，以“官式古建筑营造技艺”为主要内容，通过每集5分钟左右的内容，向观众呈现土作、石作、搭材作、木作、瓦作、油作、彩画作、裱糊作“八大作”在紫禁城建造和修缮中的工艺技法和应用实践。

31日

八集系列纪录片《亚太战争审判》在东方卫视播出。

---

① 《预告丨唤起的空间——“事件·口述·记忆”工作坊》，https://mp.weixin.qq.com/s/8J1gxZXu4cB-fhaLZjGrsg。

该片是上海广播电视台纪录片中心承制的中宣部重大项目，围绕海内外最新的研究成果，挖掘独家罕见历史影像、文献、证据，通过在世界各地的实地拍摄和采访，首次向世人揭开这一段鲜为人知的历史。

是月

教材《公共史学概论》由高等教育出版社出版。

该书为国内第一部公共史学的教材，以理论梳理为底色、实践操作为导向、素养提升为目的。该书讨论了公共史学的含义、公共史学的理论基础和学科框架、通俗史学、口述史学、影像史学、物质文化遗产保护与开发、非物质文化遗产保护与开发、数字公共史学的基本理论和实践经验等主题，介绍了公共史学的学术积累与发展成果。每章附有延伸阅读和问题思考，供读者进一步研修。第一章“公共史学的理论基础和学科发展”介绍了公共史学相关概念、公共史学的理论基础、公共史学与学院派史学的关系。第二章“通俗史学”介绍通俗史学的概念、历史源流、现代化转型及通俗书写创作分析。第三章“口述史学”对口述史学的兴起与发展、概念界定、价值及功用、挑战和回应进行了梳理与总结。第四章“影像史学”介绍了影像史学的概念及范围、历史剧、历史纪录片的理论与实践。第五章“物质文化遗产保护与开发”与第六章“非物质文化遗产的保护与开发”，分别就物质文化遗产与非物质文化遗产的概念与类型、结合期保护理念和研究视野与具体的实践案例进行全面的说明。第七章“数字公共史学”介绍了数字公共史学对历史研究的意义作用，说明了数字公共史学的实践方法，并介绍了重要的实践案例。

该教材由来自中国人民大学、南京大学、中国政法大学、北京联合大学、杭州师范大学、温州大学等机构的8位学者编纂，姜萌担任主编，杨祥银、周东华担任副主编。

李开元著《秦谜：重新发现秦始皇（插图增订版）》由上海人民出版社出版。

这是秦汉史专家李开元教授一部破解秦始皇谜团的历史推理作品。作者结合田野调查、出土文物、文献记载等，讨论了秦始皇的生父是不是吕不韦、昌平君的双重身份、秦始皇的皇后是谁、焚书坑儒的真相等问题。

王立桩在《教师》第24期发表《公共史学人才培养与应用型高校的转型发展》。

文章阐述了将公共史学发展与地方高校的转型发展有机结合的改革方向，并认为这不仅能打破两者成长所受的束缚，而且也能拓展各自的发展空间。

张志杰著《器局方概——乐清工艺美术口述史》由生活·读书·新知三联书店出版。

余媛媛著《斯里兰卡华侨华人口述史》由中国华侨出版社出版。

马丁·梅乐西、梅雪芹、黄秐子在《鄱阳湖学刊》第4期发表《公众史学与环境》。

刘金泉在《中北大学学报》（社会科学版）第5期发表《“影像史学”探析：概念、对象与操作》。

项继发在《山西农业大学学报》（社会科学版）第5期发表《乡村社会记忆研究的口述史方法》。

9月

1日

中央广播电视总台影视剧纪录片中心推出大型抗战纪录片《他们与天地永存》。

该片选取杨靖宇、张甲洲、张自忠、戴安澜、谢晋元等16个抗战人物和集体，深入挖掘他们的崇高精神，再现民族英雄群像。

6日

南京大学中国研究院举办“当代中国研究：口述历史、集体记忆与社会认同”论坛。①

---

① 《通过集体记忆建构集体群像》，http://news.cssn.cn/zx/bwyc/202009/t20200912_5182064.shtml。

该论坛是中国社会学会2020年学术年会分论坛之一，以线上方式举行。与会学者以“口述历史、集体记忆与社会认同”为主题，围绕口述史、集体记忆与中国工业化的叙事，新技术背景下口述史研究的变迁，个体经验如何进入“大写的历史”等议题，共同探讨对中国经验、中国体验的理解和研究。

23日

南昌汉代海昏侯国遗址公园开园。

遗址公园规划总面积12.03平方公里，由南昌汉代海昏侯国遗址博物馆、海昏侯刘贺墓园、南昌汉代海昏侯国考古遗址公园游客中心等组成。遗址博物馆常设展厅分为基本陈列和专题陈列两个部分，展陈海昏侯国遗址各类出土文物1200余件。①“金色海昏——汉代海昏侯国历史文化展”，是海昏侯国遗址博物馆的基本陈列，以夯土的“黄”、漆器的“红”与“黑”为主色调，复原了气势雄壮的西汉王侯出行车马仪仗，还有恢宏大气的礼乐场景。“书香海昏——海昏简牍展”主要展示海昏侯国遗址出土文物中学术价值最高、备受国内外学术界关注的海昏简牍的复制品，其在海昏侯墓出土简牍当中最具代表性。

24日

北京市文物局在北京“京杭对话”活动期间，组织以“数字大运河：文化遗产的价值阐释与展示”为主题的文化遗产数字化论坛。②

由河南华之杰文化传播有限公司制作的实验型纪录片《上线了文物》播出。

29日

《青春热血保家乡——抗战老兵口述史展》在旅顺日俄监狱旧址博

---

① 《今天，海昏侯国遗址公园开园啦!》，https://baijiahao.baidu.com/s? id = 1678603462382892829&wfr = spider&for = pc；《南昌汉代海昏侯国遗址公园盛大开园》，http://www.jiangxi.gov.cn/art/2020/9/24/art_393_2839485.html。

② 《“数字大运河：文化遗产的价值阐释与展示”主题论坛在京召开》，http://www.cssn.cn/zx/zx_gjzh/zhnew/202009/t20200925_5187574.shtml。

物馆开展。①

展览由大连市公共文化服务中心和大连市财政局主办，南京民间抗日战争博物馆和旅顺日俄监狱旧址博物馆联合承办。

是月

首都师范大学公众考古学中心编，王涛主编，范佳翎副主编《公众考古学》第1辑由上海古籍出版社出版。

该辑主题为“何谓公众考古学”，共包括七个部分：大家观点、主题研讨、公众实践、研究新识、考古手记、他山之石与资料汇集。在“大家观点”部分中，《什么是考古学》一文是根据严文明先生2015年3月18日在首都师范大学所作讲座的录音整理的文字稿。《学者访谈》一文是首都师范大学历史学院对伦敦大学学院教授TimSchadla - Hall公共史学实践的采访整理稿。“主题研讨”部分中刊登的八篇文章则围绕“如何建立公众考古学”“公众考古学对考古学的推动”“公众考古的利益攸关方”“作为学科的公众考古学与作为观念的公众考古理念之间的辨析”“公众考古的实践方式”等议题展开。“公众实践”部分中刊载的七篇文章则以遗址开发、文创产品、大众传媒、博物馆实践的个案，展现了公众考古的不同实践方式。“考古手记”部分收录的四篇文章则为学者参与公众考古的亲身实践记录。“他山之石”部分中刊登的六篇文章则介绍了西方的公众史学理论。“资料汇集”部分刊登的三篇文章为关于公众考古的年鉴、资料汇编及著作导读。

葛剑雄在《探索与争鸣》第9期发表《警惕“历史热”背后的史学民粹化倾向》。

文章就公共史学被误解的现象进行了澄清，指出需警惕民众滥用公共史学所导致“历史热”背后的史学民粹化倾向，提出应当由专业史学家来引导公共历史实践。作者认为，公共史学并没有对专业历史学造成实际的冲击，公众可以参与到历史研究中，但历史研究不能一味地去迎合公众。

---

① https://mp. weixin. qq. com/s/l6PxIT3svyJ - uudphPsSxQ。

李红岩在《探索与争鸣》第 9 期发表《如何应对“人人都是历史学家”的时代》。

文章就业余历史学自然兴起的现象，指出公共史学在扮演专业史学与公众之间“沟通者”角色的同时，专业史学家应肩负起支持和引导公共史学的责任，以正确的历史教育来应对公共史学兴起的挑战。作者认为，新时代的历史教育要以当代中国的马克思主义为指导、坚持和发展高水平的马克思主义、要积极而科学地回应包括虚无主义在内的挑战。

陈恒在《探索与争鸣》第 9 期发表《今天我们需要什么样的历史学家》。

文章围绕“历史知识”的主题，以“世界史”为例，通过阐发历史知识的地位变化和历史学所具有的解释功能，说明当今历史学家需要具备的素质。作者认为，我们需要具有世界眼光的历史学家，在把握历史解释权的同时，具备构建历史解释体系的能力。

马敏在《探索与争鸣》第 9 期发表《历史观、价值观是当代历史教育的关键——以青少年历史教育为中心》。

文章以大众历史教育中被忽视的一环——青少年历史教育为主题，从“大众历史教育”和“教科书与历史教育”两方面提出针对青少年历史教育需重点关注的问题。作者认为，要加强历史教科书建设和课堂历史教学主阵地对青少年历史教育的影响。在青少年历史教育方面，应重视和加强历史观的教育、重视中华优秀传统文化的教育、重视中国近代和当代历史的教育、重视世界历史的教育，重视历史教育方法的研究。在历史教材方面，作者以 2019 版新编高中历史教材为例说明教材编纂中存在的不足。

李宏图在《探索与争鸣》第 9 期发表《历史教育需要立足全球化时代的“文明标准”》。

文章从当前世界“全球化”的背景切入，指出历史教育面向“全球化”的必要性。作者认为，历史教育面向“全球化”，应处理好“全球化”背景中个人身份问题的指涉、坚守在全球视野中把握国家本位、启发思考“人类命运共同体”的未来等主题，从而建设起担当培养全球性文化认同的历史教育。

孟钟捷在《探索与争鸣》第9期发表《公众历史教育的当前挑战与机制建设》。

文章梳理出当前公众历史教育所面临的挑战，并提出以历史学家和受过专业训练的“历史人”为公众历史教育的引导人的应对机制。作者认为当前公众历史教育的挑战来自五个方面：第一，公众历史教育的主体构成多元并存的格局；第二，公众历史教育的客体呈现出不确定和复杂的特点；第三，公众历史教育的内容跟不上公众兴趣的转移；第四，公众历史教育的媒介选择更显多样化；第五，公众历史教育的效果评价尚无有效手段。针对上述情况，作者认为公众历史教育的引导实践应由职业历史学家和专业“历史人”进行，从而达成健康的公众历史文化。

王锐在《探索与争鸣》第9期发表《走向“政治成熟”的契机——新媒介与当代中国青年新历史观的形成》。

文章概述了当代历史知识传播的新媒介平台、对应平台的传播方式、新媒介下历史知识传播的特点、新媒介下历史知识的传播对当代中国青年历史观形成的影响。作者认为，成长于中国综合国力迅速提高时期的90后与00后青年，能够重新思考中国近现代史，对欧美发达国家也不再抱有“历史终结论”的观点。同时，当代中国青年的历史观还存在不严谨与不成熟之处，历史教育应承担起引导的责任。

袁梦倩在《南京社会科学》第9期发表《讲述家庭故事：媒介记忆实践、界定仪式与传播赋权——基于“族印”口述历史纪录片计划的个案研究》。

文章以讲述家庭的口述史纪录片为研究对象，探讨了该类口述史纪录片的意义和功能。家庭类口述史纪录片在讲述个体故事、家庭故事的同时反映出历史情境中社会深层结构的矛盾，具有界定社会身份、凝结认同的功能，给予边缘的、弱势的、普通个人和群体表达权的作用。

中央党史和文献研究院编《口述抗战》由中共党史出版社出版。

西柏坡纪念馆编《西柏坡口述历史》由河北人民出版社出版。

邓佑玲、江东编《中华舞人口述志实录（2010—2014）》由文化艺术出版社出版。

《墙书：中国服饰通史》由江苏凤凰少年儿童出版社出版。

北京教育系统关心下一代工作委员会编《我与共和国——北京教育界老教师口述实录》由人民出版社出版。

陈磊著《半小时漫画中国史 5》由文汇出版社出版。

杨秋濛在《图书馆理论与实践》第 5 期发表《基于记忆理论研究的口述历史采访方法》。

田苗、韩尉、戴晓晔在《图书情报知识》第 5 期发表《口述史学科发展背景下的中国图书馆界口述文献建设概述》。

王阮、邓君、钟楚依、孙绍丹、宋先智在《图书情报工作》第 17 期发表《我国口述历史建设可持续发展保障机制研究》。

10 月

8 日

《社会科学报》发表《让公众历史记录成为普遍现象》。

该文为“公众单位史编纂模式”研讨会的会议记录。钱茂伟认为公众历史书写发展应建立书写单位的多层化和编纂流程的模板化。全根先认为公众影像史学实践需要兼备多学科知识和相应的操作规范。

12 日

由中央广播电视总台《国家记忆》栏目摄制的大型历史纪录片《抗美援朝保家卫国》在中文国际频道上映。

该片以抗美援朝战争历程为叙事主线，首次全景、真实、权威地披露了决策内幕和历史细节。该片以纵向时间线的形式梳理了党中央艰难决策、志愿军秘密赴朝作战、历次重大战役、朝鲜停战谈判、志愿军凯旋归国等历史事件的发展脉络，同时从历史的叙事视角出发，引入了中美双方权威专家的观点，为历史提供权威的观点和理性的分析。此外，该片以丰富的文献为历史提供了真实的注解，部分历史影像画面的首次公开还为历史的还原揭开了神秘的面纱。①

15 日

北京广播电视台推出的20集影视剧汇编特别节目《记忆的力量·抗美援朝》播出。

该节目以抗美援朝历史中的关键事件为线索，选取与之相关的经典影视剧片段，穿插嘉宾访谈、静物拍摄等辅助手段，将影视剧和纪录片等艺术表现形式有机结合在一起，展现抗美援朝整个历史。

17 日

由北京市委宣传部策划、北京广播电视台承制的抗美援朝纪录片《英雄》播出。

该片以抗美援朝战争的进程作为时间轴，以人物为切入点，聚焦于抗美援朝战争中为祖国无私奉献和英勇献身的中华儿女。该片发掘朝鲜战争的相关档案资料及视频音频素材，有大量独家对手视角的档案素材，同时拍摄、采访抗美援朝老兵，着力探寻英雄人物的成长轨迹。

18 日

大型历史纪录片《为了和平》在央视综合频道播出。

该片是为纪念中国人民志愿军抗美援朝出国作战70周年而作，由中央军委政治工作部宣传局、国家广播电视总局宣传司、中央广播电视总台总编室出品；解放军新闻传播中心监制；解放军新闻传播中心广播电视部、中央广播电视总台军事节目中心联合摄制。该片共6集，分别为《正义担当》《殊死较量》《血性迸发》《英雄赞歌》《万众一心》《伟大胜利》，采取史论结合、故事表达的方式，呈现中国共产党领导抗美援朝战争的光辉历程和宝贵经验。

20 日

由哔哩哔哩出品，五星传奇联合出品的历史纪录片《逐鹿：古战场往事》在B站播出。

---

① 刘畅：《纪录片〈抗美援朝保家卫国〉：文献影像中的国家记忆》，https://mp.weixin.qq.com/s/zufXHXWMdW9fUfr6BudC0w。

该片号称融合真实历史与故事演绎，恪守着史实不虚、叙说不拘的态度，从不同维度、迥异视角，讲述人们熟知的官渡之战、马陵之战，带观众重回尘埃落定的古战场。播出之后引发了一定争议。

23 日

《桐乡往事》研讨会暨多学科共同承担参与制作《江南往事》启动仪式在上海举行。[1]

活动由复旦大学中华文明国际研究中心、浙江传媒学院、上海大学新闻传播学院、青浦—复旦江南文化研究院、中央新影集团发现之旅频道、SMG 纪录片中心联合主办。

24 日

抗美援朝题材电视剧《战火熔炉》在央视电视剧频道与优酷同步开播。

该剧为纪念中国人民志愿军抗美援朝出国作战 70 周年的主旋律电视剧，选取抗美援朝战争期间志愿军的一个连队为视角展开叙事，塑造了中国人民志愿军“四连”这样一个英雄团体，也真实细致反映了我军连队的具体工作方式。

27 日

安徽卫视推出大型历史纪录片《刘铭传在台湾》。

是月

林发钦主编《百年节诞：澳门庙宇文化口述历史》由广西师范大学出版社出版。

该书对澳门土地诞、包公诞、北帝诞、妈祖诞、鱼行醉龙节、浴佛节、谭公诞、哪吒诞、鲁班诞、观音诞、关帝诞、康公诞、华光诞 13 种百年节诞活动进行了介绍，并通过对相关庙宇的庙祝或有关负责人的深入访谈，鲜活地展现了澳门庙宇文化及百年节诞的历史与现况。书中附有大量节诞活动及庙宇图片，书末所附访谈主题、叙述者名单、访谈日期和地点等“口述历史资料”，为难得的第一手资料。

---

① https://fddi.fudan.edu.cn/d1/5f/c18985a250207/page.htm。

周勇等著《〈苦干〉与战时重庆——影像史学视野下的战时首都》由重庆大学出版社出版。

该书以由美籍华人李灵爱于1939—1940年策划、出资，美国记者雷伊·斯科特赴中国重庆等地拍摄的美国电影纪录片《苦干》为研究对象，运用影像史学的理论与方法，以《苦干》影像资料考订电影画面，还原、解读、呈现抗战时期中国战时首都重庆的历史。

刘文编《时代领跑者：上海劳模口述史》（二）由上海人民出版社出版。

王笑航在《黑龙江史志》第10期发表《试论公众史学视野下的村史编纂——以〈史家码村史〉〈江六村史〉为例》。

11月

2日

第六届中国口述历史国际周启动。

第六届中国口述历史国际周由中国传媒大学崔永元口述历史研究中心主办，本届活动持续到了8日。活动包括口述历史国际研习营、年度纪录影像展映、国际口述历史项目展示和“口述历史在中国”国际研讨会等品牌版块，以及作为口述历史国际周特别版块的“口述历史之夜”。纪录影像展映于11月2—4日进行，纪录片《零零后》《中国医生·战疫版》《英雄儿女》连续三晚放映。11月3—6日，口述历史国际研习营在线上进行，围绕国际周主题——“融合·发展——口述历史的多元呈现与数字化建设”进行连续四场系统深入的教学、训练和探讨。“口述历史之夜”于11月7日19：00在线举行，“口述历史之夜”的内容是组委会甄选出的年度优质口述历史项目和学术书籍，各发言代表在线上分享实践过程中的所得和所感。分享采用“3+2+1”的模式：3个项目，2本专著，1个特别分享。3个项目分别为《见证者计划——疫情口述史》《大庆精神铁人精神口述历史研究》《骆骆声——岭南非物质文化遗产传承人口述史》；2本专著为《“文物人”与“人文物”——常人春、常寿春兄弟口述》《公共史学概论》。同时，中国传媒大学崔永元口述历史研究中心在本次活动的压轴环节中，首次对外公开发布了新开发的口述历史数据库，相关负责人分享了在系统搭建过程中的成果与经验。①

16日

纪录片《沉银追踪》在央视纪录频道和四川卫视播出。

该片由中央广播电视总台与四川广播电视台、眉山市人民政府联合出品，以专业科学手段对彭山江口明代战场遗址的沉银之谜进行探究，探寻明末清初中国西南的一段风云传奇。

18日

纪录片《西泠印社》在浙江卫视播出。

纪录片《西泠印社》以中国研究金石篆刻最负盛名的民间学术团体——西泠印社作为中国文化的优质样本，沿着印社中人的足迹问道天下，回望金石学的发展历程与金石学家们的人文风骨。

25日

谭星在《中国社会科学报》上发表《提升公众史学的专业性和公众性》。

是月

赵彦民在《民俗研究》第6期发表《公共史学入门——挑战开放的历史学》。

该文介绍了日本东京大学教授菅丰等编撰的《公共史学入门——挑战开放的历史学》一书，说明了日本学界对公共史学的探索，及公共史学在日本的发展过程及可能性。

梅雪芹在《史学理论研究》第6期发表《以景观为媒——英国史学家威廉·霍斯金斯的乡土情怀及公众史学实践探析》。

文章回顾了霍斯金斯在景观史领域的开创之功，说明了景观史在凝聚集体记忆和塑造认同方面的功能。

---

① 《第六届中国口述历史国际周顺利举办》，http://www.cuc.edu.cn/news/2020/1113/c1976a175533/page.htm。

余竞璇主编《古巴华侨口述史》由暨南大学出版社出版。

潘讯著《苏州评弹口述历史》由苏州大学出版社出版。

上海国家会计学院会计口述历史项目工作组编《会计口述历史》第2辑由立信会计出版社出版。

趣哥著《趣说中国史》由台海出版社出版。

12月

3日

全国第二届体育口述历史高峰论坛在山东体育学院举行。[①]

论坛为期两天，主要围绕体育口述史的理论价值与意义、中国体育口述史研究现状、体育口述历史知识生产、体育口述史研究视角和路径、体育口述史教育探索、体育口述史实践、口述历史资料的保护与整理等展开研讨。

5日

第十届中山大学全国大学生口述史成果交流赛决赛在中山大学举行。

第十届中山大学全国大学生口述史成果交流赛由中山大学和中华口述历史研究会共同主办，以“时代在我身边”为主题，本次比赛的评委有中国社会科学院古代史研究所定宜庄研究员、华南师范大学历史文化学院左双文教授、中山大学历史学系曹天忠教授等。各支队伍以团队展示和答辩形式进行角逐。经过评委会的认真讨论和严格审核，共评选出一等奖两名，二等奖四名，三等奖四名。来自南京大学和湖南师范大学的两支队伍共同摘得桂冠。[②]

由宁波大学公众史学研究中心主办的第七届中国公众史学研讨会召开。

---

① 《第二届全国体育口述历史高峰论坛在济南召开》，https://www.163.com/dy/article/FTAN7DUN0514R9KU.html。

② 《第十届中山大学全国大学生口述史成果交流赛举行》，http://news2.sysu.edu.cn/news01/1384021.htm。

研讨会以线上方式进行，邀请了来自国家图书馆、河南师范大学、江苏省委党校、中国科学技术大学等机构的四十余位专家教授与会，就中国公众史学中各领域的内容进行探讨与经验分享。会议共包括四场，分别以口述史、影像史、村史志、家族史为主题。①

6 日

“公共史学教学暨《公共史学概论》交流会”在京召开。

本次研讨会由中国人民大学史学理论研究所主办，采取线上会议的方式进行，邀请来自北京师范大学、中山大学、美国宾州印第安纳大学、南京大学、华中师范大学、中央民族大学、中国传媒大学、西北大学、北京联合大学、河北师范大学、中国人民大学等高校，以及故宫博物院、高等教育出版社、北京市陈经纶中学等科教机构的 37 名专家学者与会。与会学者就“公共史学与历史非虚构写作”“公共史学学科建设”“数字公共史学”“文化遗产与公共史学”“《公共史学概论》教材的编纂与出版”“如何开展公共史学课程教育”“公共史学教育实践”“公共史学理论建设”等主题展开交流与讨论。与会学者一致表示，本次研讨会为各地方高校从事公共史学工作的教研者提供了展示自己的平台，也为国内公共史学的开展尤其是各地方高校公共史学教研工作的推进提供了理论和实践方面的指导；同时为公共史学在结合地方开展方面提供了多元化的发展思路。②

文博探索节目《国家宝藏》第三季在央视综艺频道播出。

由于蕾执导，张国立担任 001 号讲解员的《国家宝藏》第三季不局限于展示文物本身，还将视野延伸到故宫、西安碑林、苏州古典园林、西藏布达拉宫、莫高窟、秦始皇陵、孔庙孔林孔府、三星堆、安阳殷墟 9 处历史文化遗产之外，更将文物放置到更广阔的时空坐标系里展现。

① 《第七届中国公众史学研讨会顺利召开》，https://www.sohu.com/a/436517056_491059。

② 《研讨会｜学科建设、数字化、课程教育：公共史学的机遇与挑战》，https://m.thepaper.cn/newsDetail_forward_10299510。

7 日

大型历史纪录片《中国》第一季在湖南卫视、芒果 TV 双平台播出。

该片由湖南卫视、芒果 TV、北京伯璟文化联合出品，以思想与制度为主线，挖掘从春秋时期开始，对今日中国最具有影响力的人和故事，再现中国历史群星的闪耀瞬间，向大众展现中国精神、中国价值、中国力量。该片播出以后，获得良好反响。

15 日

石甜在《中国社会科学报》发表《运用短视频媒体促进非物质文化遗产传播》。

文章以抖音为例，说明短视频媒体在促进非遗传播，吸引年轻用户关注和了解非遗，提高文化素养方面的作用。

17 日

三集纪录片《重返刺桐城》在央视纪录频道播出。

该片以史料为证，全面考证梳理了从古刺桐城到今天泉州城的历史沿革，延伸了中国海洋文明的历史轴线。2021 年 7 月 25 日，第 44 届世界遗产大会通过审议，由 22 处代表性古迹遗址及其关联环境和空间构成的“泉州：宋元中国的世界海洋商贸中心”成功入列《世界遗产名录》，正式成为我国第 56 处世界遗产。后该片在国家地理频道播出，是泉州申遗成功后国际主流媒体对这项遗产的一次积极关注与有力宣传，也为了解古代中国与世界海洋商贸往来、文化交流互鉴打开一扇窗。

19 日

江苏省口述历史研究会 2020 年会暨口述史与文化强国建设高层论坛在江苏省委党校举行。①

27 日

由央视总台出品的“理想照耀中国”献礼大剧——《跨过鸭绿江》在央视综合频道开播。

---

① http://www.jntimes.cn/jsdt/nj/202012/t20201221_6920513.shtml。

该剧以抗美援朝战争历程为叙事主线，高度还原了战争全貌，场面宏大、真实震撼，炮火连天、惊天动地，逼真地再现了立体的现代化战争。是70年来首部全景式展现抗美援朝战争和抗美援朝运动的电视剧作品，填补了70年的荧屏空白，引导观众铭记历史，致敬英雄，全面、客观地认识抗美援朝战争和抗美援朝运动。

是月

姜萌、滕乐主编《中国公共史学集刊》第三集“影像史学专号Ⅱ”由中国社会科学出版社出版。

本集共分6个栏目，刊发了11篇文章。“工作坊传真”栏目，刊登2019年10月15日“公共史学工作坊”录音整理稿。“专题研究”栏目刊登了6篇论文：《图像史视野中的“通州八里桥之战”》一文在史料梳理的基础上，借助图像分析了八里桥之战英法联军和清军的军械及战术差异等；《晚清的影像与中国人形象认知》一文对晚清时期外国人拍摄的照片进行了分析，指出这些照片其实是晚清西方人对中国人意识的一种产物，反过来又刺激了中国人的自我认知更新和反思；《影像史学视域下傣族“琵琶鬼”认知变迁研究——以电影〈摩雅傣〉〈孔雀公主〉为例》一文分析了傣族群众在1949年前后对“琵琶鬼”的认知变迁，揭示了影像对于人民大众观念改易的影响力；《中国口述历史类影像作品创作变迁》一文梳理了中国口述历史影像作品创作的历程，提出了当前存在的问题和今后发展的方向；《从大众传播到拟态的人际传播——新媒体环境下传统历史剧的挑战及突破路径》一文分析了当下历史传奇剧大行其道的原因，即新媒体的出现导致传播环境出现了变化，影响历史剧生产的核心因素已经从渠道、内容等，转向了满足受众身份认同的需求。“实践者说”栏目刊登了央视《中国影像方志》执行总导演于洪老师关于《中国影像方志》节目的策划手记。“调查分析”栏目刊登《电视历史剧对当代青年历史认知影响探究——一个跨学科研究的探索》一文，该文研究发现历史剧影响效果的大小与受众受教育程度的高低两个变量间存在反比。“资料整理”栏目与“学术编年”栏目分别刊登《中国影像史学研究论著篇目汇编（续）》和《2019年中国公共史学发展编年》。

马雪萍在《日本侵华南京大屠杀研究》第4期发表《个人·家庭·社群：南京大屠杀幸存者口述史中的历史记忆》。

文章以南京大屠杀幸存者的口述史为分析对象，说明南京大屠杀幸存者的口述中包含着三种记忆：个人记忆、家庭记忆、社群记忆，而这三种记忆共同构成了幸存者对大屠杀的认知。

钱茂伟、董秀娟在《江苏地方志》第6期发表《村志编纂流程机制的探索》。

文章总结了作者在村志编纂流程方面的探索，其环节包括发起与决策、组织团队、资料核对、谋篇布局、编写修订、再次完善和续修。

刘清在《南方文物》第6期发表《公众考古视野下的海昏侯国考古外译问题初探》。

作者从在外译中的自创语词和词义的文化内涵方面提出了规范化的建议，同时从意识与行动、队伍及平台、手段与方法三方面讨论了如何用外语讲述“海昏”故事，向世界展现中国考古的路径与方法。

编后记

集刊第四集完成了定稿，比预想的要晚一些。在确定第四集主题是“历史非虚构写作”时，已经预想到这一集的组稿会困难一些。具体的组稿过程，证明了这一预测的准确性。这是因为虽然历史写作问题这两年已经在史学界有所讨论，但是相关研究成果还不太多。这一选题在推动相关讨论前进的同时，也会给组稿工作带来挑战。幸赖各位作者的支持，才最终使这一集可以面世。本集共分六个栏目，刊发了十一篇文章。和前三集比较起来，看似文章数量略显单薄，但是内容并未减色。

“工作坊传真”栏目，刊登的是 2021 年 7 月 23—25 日“历史的非虚构写作——2021 年鸣沙史学嘉年华系列活动”的三篇活动整理稿。郑庆寰老师主持的社会科学文献出版社历史学分社这几年在历史类书籍出版方面有颇多成绩，他看到集刊第四集的主题是“历史非虚构写作”后，希望能够在这一议题上合作。我们相谈甚欢，决定一起组织一个系列活动，推动这一问题讨论走向深入。经过很多次的沟通协商，包含三个讨论主题的“历史的非虚构写作——2021 年鸣沙史学嘉年华系列活动”在 7 月底登场。王笛、杨念群、祝勇三位老师在第一场围绕历史非虚构写作的理论维度进行了讨论；赵冬梅、张宏杰、郑小悠三位老师在第二场围绕历史非虚构写作的实践问题进行了讨论；罗新、止庵、包丽敏、董风云四位老师在第三场围绕历史非虚构写作的多元解读进行了讨论。参加讨论的各位老师背景各异，或是长期的非虚构写作实践者，或是非虚构作品出版的领军人物，或是对非虚构写作有理论思考，因此三场讲座精彩纷呈，有颇多有价值的观点。这三篇整理稿虽然不是专题论文，但是包含的信息量相当丰富。相信这三篇稿子将会在推动中国非虚构写作方面持续发挥作用，成为未来研究中国非虚构写作不能忽视的文献。

关于这个活动，还有一个需要特别交代的事情。活动海报发出之后，在史学界引起了一场小小的争论。有老师认为：历史与虚构的话题弥久而长新，承认历史写作中存在虚构，并不等于历史学者有意去写作虚构的历史；既然不存在“虚构历史写作”，因此“历史非虚构写作”就不能成立；使用“历史非虚构写作”这个概念，是非常危险的。有老师认为：非虚构是根据表象的事实所进行的写作，自然包括历史著作；非虚构写作是介于历史与文学之间的写作种类，长处在于根据有限的证据和合理的推论重构历史，短处是历史记载太少，既很难证伪，也很难证实。两种观点出现后，各有老师表示赞成或反对。在我看来，这个小小的争论，反映了这个活动的价值：这是个有不同观点的议题，能够自由辩论的议题，能够推动历史学认识的议题。也就是说，作为提出议题的我们，是希望学术界能够对这一问题进行开放多元的讨论，进而提升我们对历史写作的认识高度。

“专题研究”栏目刊登了三篇论文。这三篇论文的作者背景很有意思，滕乐老师是一位在新闻传播学领域工作的历史热爱者，戚裴诺老师是一位史学理论及史学史专业科班出身的研究者，祝勇老师是一位致力于历史再现实践的纪录片导演和作家。这三篇论文也反映了讨论“历史非虚构写作”问题的三个角度：“非虚构”的概念和理念，中国史学传统和遗产，实践经验与反思。刊登的三篇文章，各自都提出了较为鲜明的观点。滕老师的文章，除了对“非虚构”的看法外，还有一些很犀利的小论断，比“对于历史的不严肃表达更多地起源于学术界内部”，《明朝那些事儿》的成功“是人才的成功，而不是题材的成功”等。戚老师认为“非虚构写作”与中国传统史学的一些传统有异曲同工之用，这种文体带来的张力，使得渐行渐远的史学与文学能够再次碰面。祝老师认为对历史表达更加直观的是可以被称为“历史复活术”的历史影像资料；影像资料可以让我们深入历史的肌理中，感受历史的细节，让我们的视觉与心灵，受到强烈的震撼；进行历史非虚构再现或写作时，不能忽视历史影像的重要价值。当然，这些观点能否成立，还要接受读者的检验。

“名家访谈”栏目刊登了两篇访谈。第一篇是李开元老师的《用叙事为历史学创造更大的发展空间》。以“打通文史哲，师法太史公”为目标的李老师，近些年在致力于“复活型历史叙事”的实践。在今年出版《汉兴》后，完成了《秦崩》《楚亡》《汉兴》三部曲，引起了较大的文化反响，获得了较好的市场回报。我自己阅读这三部书的感觉相当愉快，既有行云流水之感，又能获得新知引起深思，还能随着李老师古今自由穿梭。这三部书可谓故事精彩、角度新颖、文字优美、思考深刻。李老师善于发现那些不被注意但确实很重要的历史问题，比如刘邦和秦始皇其实是同龄人、秦始皇没有皇后等。李老师运用文献推理和实地考察的方式解读一些历史记载不清楚或历史记载有抵牾之处，常有让人豁然开朗之感。虽然李老师已经接受过一些采访，谈论过一些自己的学术理念和创作思考，但是可能是限于报刊媒体的体量，都有不透彻之处。于是就想再约李老师访谈一下。李老师慨然应允，在完成《汉兴》出版发行之后，就完成了这篇访谈稿。这篇稿子虽然是访谈稿，但是包含的学术信息绝不比一篇学术论文少。李老师不仅较深入地阐释了自己的学术理念，也分析了自己撰写“三部曲”的心得。相信读者读了这篇文章，绝对会有收获。

第二篇是王笛老师的《我在历史之中》。王老师继《街头文化》、《茶馆》和《袍哥》之后，今年10月又出版了《那间街角的茶铺》。王老师是中文学术界新文化史的领军人物之一，他的研究对准底层社会，尝试用显微镜去观察边缘个体或者微小的公共空间，获得了中外学术界、文化界的认可。《那间街角的茶铺》是一个颇有文学气息的题目，非常不像当代历史学家的作品。实际上，这部新著可以说是《茶馆》的姐妹篇，是一位历史学家用感性语言去再现成都茶馆文化和市民生活的尝试。这部书不仅是写历史，更重要的是写自己能够感悟的有温度的历史。王老师在这篇访谈中说："这本书中，我经常把自己放到场景之中，并发表一些议论。当我阐发这些议论的时候，似乎感觉我在历史之中，表现了我对历史的思考，也有我对现实的关怀。"这篇访谈不仅体现了王老师写作《那间街角的茶铺》的思考，也体现了他对历史学的新认识，值得一读。突然想到，李开元老师和王笛老师都是成都人，两位知名学者都转向感性的历史写作，不知是与重生活的成都文化有联系，还是反映了当代中国史学发展的新动向？

"调查分析"栏目是陈思翰、周若溪、房清怡、刘相宜、颜珂五位同学完成的《历史非虚构写作的公众需求与创作路径探究》。为了相对精准地开展调查研究，同学们对"历史非虚构写作"进行了概念界定："由积极追求真实再现历史事实的作者，依托历史学资料并运用文学叙事手法完成的，在审美价值意义上与传统历史学术作品相区别、在现实相关性意义上与新闻特稿相区别的写作成果。"根据这个概念界定，同学们在对现有文献和市场调研分析后，对这一问题进行了社会学的研究。首先是进行了问卷调研，对社会大众的历史非虚构认知进行定性和定量分析，此后又进行了两个层次的访谈，最后得出被认为是非虚构的历史作品对读者的历史认知有明显影响，但是无论是质量还是数量都不能满足读者需求的结论。同学们的这一调查是在疫情期间进行的，困难较多，但是还能较完整地实现研究计划，确实不容易。在调查研究过程中，还得到了社会与人口学院陶涛老师的热情指导，特别致谢！当然，如果存在不足，一定是我这个指导教师的责任。这几年在指导同学们进行"大创""小创"等课外研究项目时，我总是倾向于指导同学们用社会学的方法去调查分析现实生活中的历史学问题，以求对历史学发展的认识有更多研究基础。由于本人在社会学调查分析方法上只是略知皮毛，本科同学们各种积累训练也还不够，这些调查分析不甚完备，甚至存在一定的数据偏差。但是，不能否认这是近几年历史学界对现实生活中历史学现象少有的调查分析，其价值不言而喻。我们也希望有更专业的学者能对这些问题重新进行更精准的调查分析。

“资料整理”栏目刊登的是孙乙森同学编纂整理的《中文非虚构写作研究论著篇目汇编》。由于考虑到“历史非虚构写作”只是刚刚提出来讨论的一个概念，我建议把搜集整理的眼光扩及新闻和文学领域，这样可以让读者对中国“非虚构写作”的发展有一个更为完整的了解。经过乙森同学几个月的工作，这个篇幅不小的篇目汇编就呈现在读者面前。这个汇编对真正想要了解和研究“非虚构问题”的读者之价值，不用再多言。“学术编年”栏目刊登的孙夏杨同学的《2020 年中国公共史学发展编年》。通过这篇文章可知，2020 年公共史学仍然在稳步向前发展，除了口述史学继续繁荣灿烂以外，公共考古也出现了快速发展的势头，历史类纪录片和通俗史学领域的成果也颇为可观。乙森和夏杨是我指导的硕士生，两位的努力认真已经被读者看到。这两篇成果若有不足，是我指导水平的问题。

集刊出版机构的变化是需要交代的另一个重要事项。从本集开始，集刊出版机构从中国社会科学出版社调整为社会科学文献出版社。此前三集在责编耿晓明女史的努力下，合作愉快，编校均高质量完成，发行亦较顺利，但是由于多个客观原因，这段愉快合作画上了句号。在此对耿老师致以诚挚感谢！希望集刊能够在社会科学文献出版社支持下，继续健康发展！本集在责任编辑赵晨老师的努力下，质量提升了很多。集刊创办以来，获得了各位作者、各界朋友和学院领导的大力支持，不再一一详述，在此一并表示感谢！

经过编辑部讨论，集刊第五集及主题暂定为“口述史学”，诚挚邀请师长朋友们热情惠赐大作。投稿邮箱是 chinapublichistory@ 126. com。稿件刊发不收取任何费用。

最后还要重复那句话，我们办这本集刊，是想效仿《禹贡》《食货》，打造一个以公共史学为主题的交流平台，不拘于文章的形式，不拘于作者身份，不拘于观点是否和我们相近，只看文章的质量和价值。

姜萌

2021 年 11 月 18 日

图书在版编目(CIP)数据

中国公共史学集刊. 第四集，历史非虚构写作专号 / 姜萌，张宏杰主编. -- 北京 ：社会科学文献出版社，2022.3

ISBN 978-7-5201-9475-4

Ⅰ. ①中… Ⅱ. ①姜… ②张… Ⅲ. ①史学-中国-文集 Ⅳ. ①K207-53

中国版本图书馆 CIP 数据核字(2021)第 257719 号

中国公共史学集刊 第四集 历史非虚构写作专号

主　　编 / 姜　萌　张宏杰

出 版 人 / 王利民
责任编辑 / 赵　晨
责任印制 / 王京美

出　　版 / 社会科学文献出版社 · 历史学分社 (010) 59367256
地址：北京市北三环中路甲 29 号院华龙大厦　邮编：100029
网址：www.ssap.com.cn
发　　行 / 社会科学文献出版社 (010) 59367028
印　　装 / 唐山玺诚印务有限公司

规　　格 / 开　本：787mm × 1092mm　1/16
印　张：20　字　数：297 千字
版　　次 / 2022 年 3 月第 1 版　2022 年 3 月第 1 次印刷
书　　号 / ISBN 978-7-5201-9475-4
定　　价 / 128.00 元

读者服务电话：4008918866